国家社会科学基金教育学青年课题
"新型城镇化进程中我国新生代农民工市民化职业教育模式
及推进策略研究"（CFA160177）

新型城镇化进程中

我国新生代农民工
市民化职业教育模式
及推进策略研究

范晓莉 ◎ 著

中国财经出版传媒集团
经济科学出版社
Economic Science Press

图书在版编目（CIP）数据

新型城镇化进程中我国新生代农民工市民化职业教育
模式及推进策略研究／范晓莉著. —北京：经济科学出版
社，2021.11
ISBN 978 - 7 - 5218 - 3052 - 1

Ⅰ.①新…　Ⅱ.①范…　Ⅲ.①民工 - 城市化 - 职业教
育 - 研究 - 中国　Ⅳ.①D422.64

中国版本图书馆 CIP 数据核字（2021）第 229180 号

责任编辑：张　燕
责任校对：蒋子明
责任印制：邱　天

新型城镇化进程中我国新生代农民工市民化
职业教育模式及推进策略研究
范晓莉　著

经济科学出版社出版、发行　新华书店经销
社址：北京市海淀区阜成路甲 28 号　邮编：100142
总编部电话：010 - 88191217　发行部电话：010 - 88191522
网址：www. esp. com. cn
电子邮箱：esp@ esp. com. cn
天猫网店：经济科学出版社旗舰店
网址：http://jjkxcbs. tmall. com
固安华明印业有限公司印装
710 × 1000　16 开　14.75 印张　260000 字
2022 年 1 月第 1 版　2022 年 1 月第 1 次印刷
ISBN 978 - 7 - 5218 - 3052 - 1　定价：75.00 元
（图书出现印装问题，本社负责调换。电话：010 - 88191510）
（版权所有　侵权必究　打击盗版　举报热线：010 - 88191661
QQ：2242791300　营销中心电话：010 - 88191537
电子邮箱：dbts@ esp. com. cn）

前言

　　随着新型城镇化建设的不断推进，新生代农民工作为推动城市经济发展的中坚力量，为我国现代化建设做出了巨大贡献，如何有序实现新生代农民工市民化已经成为亟须解决的问题，也是我国新型城镇化的战略任务。现阶段，我国正处于新旧动能转换和产业结构转型升级的关键期，需要配备拥有现代科技知识和创新能力的高技能人才队伍，而新生代农民工群体是我国现代产业工人的主体和现代化建设的重要力量，为此，学术界和实际工作部门对新生代农民工职业技能提升和综合素质培养高度关注。为实现我国从"中国制造"向"中国智造"转变，对职业教育培养人才需求已提升至更高层次，深化职业教育改革，促进农民工队伍技能素质提升，精准培养适应我国产业转型发展的工匠型高技能产业工人队伍，对于推动各地区经济高质量发展、助力产业结构转型升级尤为重要。因此，应着力帮助农民工特别是新生代农民工增加受教育培训的机会，提高其专业技能和胜任岗位的能力，将其培养成为高素质技能劳动者和稳定就业的产业工人。同样，新生代农民工市民化需要解决的关键问题之一为如何实现高质量稳定就业，但专业技能缺乏、流动频率高、择业要求高、对农村的认同感低等一系列问题导致新生代农民工在城市工作和生活面临着较大的经济和心理层面压力，这也影响着新生代农民工市民化进程。

关注农民工群体城市融入过程中所产生的新诉求、新问题是解决好新生代农民工市民化问题的重中之重。从世界上其他国家的发展历程来看，城镇化建设首先要解决的是农业转移人口问题，实现这一群体更好地融入城镇。推动农民工迅速转化为城市人口的一个重要条件就是农民工在城市获得稳定就业，而农民进城务工的就业综合能力与其自身的人力资本和职业技能水平息息相关。因此，加强新生代农民工职业技能培训，是解决新生代农民工就业问题的重要途径，不仅能为新生代农民工市民化提供人力资本禀赋，还关乎新型城镇化建设质量和新生代农民工个人价值实现，对中国社会和谐稳定和实现经济高质量发展具有现实意义。

自"新型城镇化"概念提出以来，我国新型城镇化建设已迈上了新台阶，提出以"人"为核心、提高质量为导向的新型城镇化战略。目前，我国新型城镇化建设已经进入成熟阶段，随着产业结构优化升级和经济发展方式的转变，对劳动者技能水平要求不断提升，高技能水平的新生代农民工已然成为城市经济发展的重要人力资本基础，尤其是需要具备尖端技术水平的新生代农民工群体。2019年，人力资源和社会保障部印发《新生代农民工职业技能提升计划(2019~2022年)》的通知，为新生代农民工职业技能培训提供了宏观政策支持。因此，加强对新生代农民工的职业技能培训十分重要，已深刻影响到新生代农民工未来职业的可持续发展和自我价值的提升。

本书以城市经济学和农村经济学相关理论为基础，结合城市社会学、劳动经济学、制度经济学、社会经济学等理论，综合运用数理分析、统计分析、计量分析等方法，辅以专家咨询、问卷调查和实地调研等方式，深入研究新型城镇化进程对新生代农民工市民化职业教育的现实需求、新生代农民工市民化的多层次原因和机理以及新生代农民工市民化成本、职业教育模式、政策组合等问题，注重分析对象、分析方法和分析内容之间的逻辑一致性。首先，结合我国不同地区新生代农民工发展的现状，深入分析推动新生代农民工市民化的多层次原因，以"职业依赖"为特征深入分析我国新生代农民工市民化的动态经济效应及影响的内在机理。其次，在厘清新型城镇化与新生代农民工市民化之间关系的基础上，以新生代农民工为研究对象，分别从市民化、基本公共服务均等化和共享经济视角开展新型城镇化进程中新生代农民工城市融入调查分析，提出新型城镇化进程中新生代农民工市民化亟待解决的问题。再次，以问题为导向，对包括城市生活成本、教育成本、社会保障成本、公共基础设施成本、住房成本等市民化成本进行测算，并结合新生代农民工市民化的多层次原因和内在机理，运用结构方程模型开展新生代农民工职业转换能力的影响因素分析，据此提出成本分担以及推进职业顺利转换的基本思路，为探究新型城镇化进程中新生代农民工市民化职业教育模式提供实证基础。在此基础上，借鉴英国、美国、德国、日本、法国等发达国家以及印度、巴西等发展中国家农民市民化职业教育的经验，构建高效率的基于新型城镇化的多层次、差异化的新生代农民工市民化职业教育模式。最后，以制度创新为手段，从政府、学校、企业以及社会等方面设计具有较强现实操作性的、保障新生代农民工市民化职业教育模式有效运行的政策组合。

本书尝试构建一个基于新型城镇化的我国新生代农民工市民化职业教育问题研究的基本框架，力求从两个方面进行突破：一方面，研究新型城镇化对我国新生代农民工市民化职业教育的现实需求，探索新生代农民工市民化的多层次原因，以"职业依赖"为特征揭示我国新生代农民工市民化的动态经济效应及内在机理，有助于丰富中国的城市经济学和劳动经济学理论；另一方面，开展新生代农民工城市融入调查和新生代农民工职业转换能力的影响因素实证研究，并构建基于新型城镇化的多层次、差异化的新生代农民工市民化职业教育模式，据此设计操作可行的政策组合，有助于推进我国农村进城务工青年职业技能水平提升及城市融入的实践工作，为推进新型城镇化以及实现城乡一体化提供决策参考。

范晓莉

2021 年 11 月

目　　录

第一章

绪　　论

第一节
选题背景与研究意义

一、研究背景

随着我国经济发展进入新常态，经济由高速增长逐步向中高速增长转变，"以人为本"的新型城镇化发展理念成为必由之路。党的十九大报告明确提出，要"以城市群为主体构建大中小城市和小城镇协调发展的城镇格局，加快农业转移人口市民化"。根据国家统计局调查数据显示，2018年我国农民工总量达到28836万人，而我国2018年城镇人口比2017年增长了1790万人，其中至少有1200万的新生代农民工实现了农业户籍转非农业户籍。2018年常住人口城镇化率为59.58%，户籍人口城镇化率为43.37%，行政区划的重新设定及放宽户籍政策在一定程度上显著提升了城镇化率，但户籍人口城镇化率显著低于常住人口城镇化率，城镇化滞后于工业化的局面依然存在，绝大部分新生代农民工仍处于"漂浮"状态且难以融入城市，地区、企业用工需求与劳动力供给的结构性矛盾逐渐突出，这也制约了我国经济的高质量发展，成为现阶段各界广泛关注和亟待解决的热点问题。

"三农"问题历来是关系民生的重要议题，也是全党工作的重中之重。有序推进新生代农民工市民化进程，加快城市融入，对于解决"三农"问题具有重要意义，也是推进新型城镇化进程中面临的一个阶段性"考卷"。从党的十八大提出"有序推进农业转移人口市民化"，开启农民工市民化发展新阶段，到中央发布的《国家新型城镇化规划（2014~2020年）》《国务院关于进一步做好为农民工服务工作的意见》等一系列重要会议和文件，体现了中央对新型城镇化进程中新生代农民工市民化问题的高度重视。

我国正处于经济结构调整和产业转型升级的关键时期，要充分发挥职业教育优势，发掘和释放新型城镇化蕴含的巨大动力和潜力，通过职业教育提升新生代农民工的职业技能水平，提高其职业转换能力，促进新生代农民工实现市民化身份转换，助其更快融入城市发展，是解决农民工问题的关键所在，也是当前持续深化中国特色新型城镇化的重要实践。另外，精准扶贫是促进特定群体社会融合的一项社会政策，是缓解该群体经济贫困、能力贫困的根本路径，也是推进新生代农民工这一特殊群体城市融入，实现"人的城镇化"的内在要求。而教育培训则是帮助新生代农民工群体精准脱贫的内生动力，是提升其综合素质能力的有效方式，是扶贫先扶智的重要路径。现阶段，"职教扶贫"已成为社会各界的普遍共识，接受中等（含技工学校）或高等学历职业教育，实现知识、能力和素质"三位一体"职业转换能力提升是当前新生代农民工市民化的现实选择。

新生代农民工作为新型城镇化建设发展中宝贵的人力资源，为制造业重点领域、现代服务业和乡村振兴提供了大量的技能人才，需要重点关注这一群体的社会归属问题，建构一种合理的农业人口转移制度，满足新生代农民工融入城市的多方面需求，从而有序实现新生代农民工市民化。特别是随着传统的人口红利和全球化红利呈现衰退趋势，经济增速逐渐开始走向更加追求质量和效益的中高速增长，需要着力推进以人为核心的新型城镇化。而新生代农民工市民化不仅是支撑我国经济保持中高速增长、完成顺利对接"两个一百年"奋斗目标的重要条件，也是解决"三农"问题的核心，更是破解二元结构、推进供给侧结构性改革、促进城乡区域协调发展的重要途径，因此，如何提升新生代农民工职业能力，探寻针对这一群体的职业教育模式及解决策略，对于推进新型城镇化进程、城乡一体化及"和谐社会"发展目标均具有重要意义。

二、选题的价值和意义

在城乡统筹发展和中国新型城镇化的时代背景下，新生代农民工开始成为农民工队伍的主力，而新生代农民工教育的缺失严重制约着市民化的进程，也影响着自身就业、日常生活等各个方面。新生代农民工市民化教育问题不仅关系到中国工业化、城镇化的健康发展，也关系到"三农问题"的根本解决，对于改革发展稳定和社会主义现代化进程具有全局性的重要意义。因此，本书对于探索我国新型城镇化进程中的新生代农民工市民化职业教育模式、提升新生代农民工的素质和推进城乡一体化，具有重要的理论价值和现实意义。

（1）理论价值：在分析新型城镇化对我国新生代农民工市民化职业教育的现实需求基础上，以"职业依赖"为特征运用数理分析方法揭示我国新生代农民工市民化的动态经济效应及内在影响机理，有助于完善新型城镇化理论，在一定程度上推动城市经济学科和农村经济学科的发展。同时，也为我国进行城乡二元制度改革，推进农民工市民化进程、最终解决农民工问题提供理论依据。

（2）现实意义：初步构建基于我国新型城镇化的、多层次、差异化的新生代农民工职业教育模式，并尝试设计保障这种职业教育模式有效运行的政策组合，能够为国家有关部门和地方政府的宏观决策提供科学参考。

第二节

文献综述

城镇化的关键在于合理有序地实现农村剩余劳动力向城市的转移，而新型城镇化则更加强调以人为本，即以人的城镇化为首要任务。党的十九大报告提出促进农民工多渠道就业创业，全面建成覆盖全民、城乡统筹、权责清晰、保障适度、可持续的多层次社会保障体系，体现出国家对新生代农民工群体的重视和关怀，新生代农民工融入城市问题已成为各界关注的焦点。目前，针对新型城镇化背景下新生代农民工职业教育研究，主要集中在新型城镇化对职业教育的需求、教育因素对农民工市民化的影响、农民工市民化水平测度、新生代农民工市民化的职业教育研究、新生代农民工职业教育需求、存在的问题及对策研究。

一、新型城镇化对职业教育的需求研究

学术界关于职业教育与新型城镇化的相互作用早有研究。部分观点认为，城镇化进程需要大量的高技能人才支持，由此产生了大量职业教育的需求。蒋乃平（2002）认为，我国城市化带来的高技能人才缺口以及提高转移农民素质对职业教育提出了更高要求，因此应强化职业教育在城市化中的作用。宁永红等（2005）研究了城市化进程中农村剩余劳动力转移与初等职业教育的关系，认为我国农村正面临着结构调整和工业化、城市化的严峻挑战，急需大批高素质的农业生产、经营和开发人员，职业教育对于提高农村劳动者的劳动技能，促进农村劳动力转移具有更现实的意义和更直接的作用。范其伟（2014）认为，要实现人的城市化、实现农村剩余劳动力向城市合理有序地转移，就必须提高其职业素质和职业技能等。褚宏启（2015）认为，在新型城镇化视角下，要通过教育促进人的城镇化，促进农村转移人口的市民化，促进社会融合、政治民主、经济发展。由此，要实现这些目标，必须完善教育体系结构，调整教育空间布局，改革教育制度以及相关的行政管理制度、户籍制度、财税制度等。通过这些变革，使教育能够主动适应并积极促进我国新型城镇化进程。杨海华和俞冰（2017）提出新型城镇化对于职业教育的需求，提出新型城镇化进程中职业供给侧改革的思路与路径，即加大职业教育资源供给、扩大职业教育供给主体、改革职业教育供给模式等。张旭刚（2018）提出，以新发展理念引领农村职业教育服务乡村振兴实践，构建多元协同参与的农村职业教育发展新格局，从而突破农村职业教育自身发展及其服务乡村振兴的实践困境，从根本上保障乡村振兴战略的顺利推进。蔡兴（2019）利用省级面板数据得出教育发展对我国城镇化水平具有显著的促进作用。曹锐和钱海婷（2020）从农村人力资源现状出发，分析了城镇化发展对人力资源需求与农村人力资源供给之间存在的问题，指出从政策支持和人力资源能力培训等方面提高农村人力资源有效利用水平，促进经济社会快速稳定发展。因此，职业教育是农民工市民化的有效路径，而新型城镇化的发展又为职业教育水平提升与体系提升和完善提供了合理需求。

二、教育因素对农民工市民化的影响研究

大多数研究结果表明，教育程度、培训状况、个人技能等要素对新生代农民工市民化有重要的影响。教育程度越高更有利于降低劳动力寻找工作的信息成本，使农民工更容易在劳动力市场上找到工作，从而增加就业的可能性。其中，国外学者阿玛蒂亚·森（1999）认为，若能力出现贫困，则会导致自由的丧失，不利于个人生活质量的提升和良好生活状态的改善。国内学者则将更强调新生代农民工职业化的重要性。冯虹等（2014）提出，要大力发展职业教育，构建职业化的就业体系，在此基础上实现新生代农民工的职业化。肖凤翔和刘晓利（2014）指出，工业化、城镇化进程中新生代农民工逐渐成为我国产业工人的主体，但生存技能和发展技能短缺成为新生代农民工市民化的巨大障碍，因此职业培训缺失是新生代农民工技能短缺的关键因素。同样，职业教育提升了新生代农民工的人力资本水平，从而助推其市民化进程。马欣悦等（2015）认为，提高人力资本是新生代农民工市民化的根本路径。李中建等（2016）认为，应通过职业技术教育体系的优化，提高职业技术教育的综合性、实效性、灵活性和前瞻性，帮助新生代农民工顺利实现向上流动，加速其市民化进程。随着研究的深入，学者们更为关注如何提升新生代农民工群体的整体素质，精准对接市民化需求。姜乐军（2018）提出，职业教育的公平性、技能性和发展性可以提升新生代农民工群体的整体素质、职业能力和辨识能力，实现新生代农民工教育、职业和价值的市民化，并通过精准施策、精准布局、精准设置等策略和路径，有效推进新生代农民工市民化进程。蒋笃君（2019）认为，加快新生代农民工市民化的进程，必须从技能培训、子女教育、权益保障等方面精准解决，探索适合当前我国经济社会发展状况的市民化模式和制度保障，从而科学高效有序地促进我国新型城镇化建设。

三、农民工市民化水平测度研究

目前对新生代农民工市民化水平测量尚未形成统一的指标体系，具有代表性的研究包括两个方面。一是国家层面的研究。刘传江等（2009）运用层次分析法从生存职业、社会身份、自身素质、意识行为四个方面构建指标体系，

测出我国新生代农民工的市民化水平为45.53%，且市民化程度提高了3.5%。杜帼男等（2013）从社会保障、住房及子女教育三方面构建市民化程度系数，测得我国实际城市化水平达到48.86%。鲁强等（2016）基于TT&DTHM模型，从内部农民工因素和外部制度因素两个方面测得我国农民工市民化进程为50.2%。蔡继明等（2019）以城镇户籍人口作为参照系，通过分别测算非户籍常住人口就业、居住、社会保障、子女教育和公民权利的市民化程度并赋予一定权重，得出市民化程度系数，并与国际比较发现，我国的城镇化率相较于经济发展水平还有待提高。谢勇和王鹏飞（2019）则从降低收入和支出的不确定性、改变消费观念和消费文化两个渠道分析了市民化水平影响农民工家庭消费的内在机制。二是区域层面的研究。刘传江和程建林（2008）从个人素质、收入水平、城市中的居住时间以及自我认同等四个方面测得武汉市新生代农民工的市民化水平为50.23%。任娟娟（2012）通过构建刚性维度（经济生活、政治参与）和柔性维度（社会交往、文化心理）对西安市新生代农民工的市民化水平进行测量，认为西安市新生代农民工的市民化程度总体偏低，未达到"半"市民化或中市民化水平，而且维度之间发展很不平衡。张佳书等（2015）基于居住条件、经济条件、社会公共服务享有、社会融入、政治参与、心理适应六个方面测算市民化水平，研究显示，需要进一步加大教育、医疗和住房保障等公共服务的提供力度。王腊芳和朱丹（2018）基于长沙市的调查数据开展城市农民工市民化水平评价及影响因素分析，发现这一群体的政治参与、社会关系和居住条件的市民化程度均偏低。倪超军（2020）则以新疆少数民族农民工为研究对象，从就业、收入、社会保障、居住环境、身份认同和社会融合等六个方面评价了新疆少数民族农民工市民化水平，发现这一群体在就业和收入方面更具优势。

四、新生代农民工市民化的职业教育研究

新生代农民工市民化会推进劳动力质量提升，也会导致供给市场结构的变化，因此，研究新生代农民工市民化的职业教育十分必要。高伟洪（2013）认为，新生代农民工市民化教育机制应该从培养市民化教育的大环境、建立市民化教育培训体系、构建市民化教育投入的长效机制三个方面提升农民工人力资本。马建富（2014）认为，人力资本缺失成为影响我国农民工市民化的主

因，应强化以新生代农民工为主体的补偿职业教育培训，加强对农民工市民化职业教育培训的制度配置与政策创新。马欣悦等（2015）研究显示，新型城镇化进程中新生代农民工呈现出强烈的市民化意愿，但其市民化能力相对较弱且成本相对较高，应构建以新生代农民工为主体的现代职业教育与培训体系。李强（2016）认为，以推广职业资格和技能认证为重点对接农民工人力资本积累是实现农民工市民化的路径之一。黄浩（2019）认为，通过使新生代农民工掌握就业新技能，可以更好地适应各种职业对熟练劳动力和对各方面专业人才的需求，有助于实现新生代农民工市民化。李友得和范晓莉（2019）提出，在市民化进程中，应在明确新生代农民工职业教育需求的基础上，构建"三位一体"学历职业教育、"二技相长"职业技能培训模式。

五、新生代农民工职业教育需求、存在的问题及对策研究

关于新生代农民工教育需求的相关研究，黄晓赟和马建富（2010）研究发现，新生代农民工对能够改善工作环境和地位的专业培训有着较强的需求，更倾向于接受在工作中能直接发挥作用的技能培训。邓玲娟等（2011）认为，新生代农民工想通过参加教育培训的形式来提高自身水平的人占比很多且新生代农民工潜在的教育需求非常强烈。胡方卉和缪炯（2011）认为，接受职业教育培训是新生代农民工个人发展及市民化的需要，产业结构调整对新生代农民工提出更高职业技能的要求。吕莉敏（2013）分析并归纳了当前农民工接受职业教育的三种需求：一是社会需求，引导和帮助剩余劳动力由农村向城镇非农业的转移，推进城乡一体化进程；二是个人需求，提高人力资本水平，加快融入城市生活的进程；三是企业需求，提高员工整体素质，促进企业可持续健康发展。田书芹和王东强（2014）认为，应构建完善的政府管理体系，发挥政府的核心作用以满足新生代农民工职业教育培训需求。周桂瑾等（2018）通过深入研究新生代农民工终生教育需求及职业转换结果，提出新生代农民工通过向上职业转换来实现城镇化及经济、社会地位的提升。杨慷慨（2019）认为，经济增长方式的转变、产业结构的调整与升级、科技成果的推广与应用对城镇化过程中的新生代农民工技能、知识、观念和制度的文化适应性提出了新要求。

关于新生代农民工教育存在的问题研究，吴济慧（2010）认为，就业问

题是新生代农民工系列问题中的首要问题，而职业教育可以提高农民工的就业能力。杨海芬等（2010）、唐踔（2011）认为，新生代农民工的教育培训非常重要，但仍缺乏有效的制度保障。陈维华（2012）、吴玲燕等（2012）从职业技能培训角度分析了新生代农民工存在的问题。李雪燕（2013）基于需求角度，提出政府、社会以及用人单位对新生代农民工教育的责任分担存在问题。胡文燕（2018）认为，我国新生代农民工职业教育存在户籍壁垒导致教育机会缺失、供求脱节导致职业教育市场结构性失衡、政策单一导致投入不足等政策困境。杨立等（2019）认为，与老一代农民工相比，新生代农民工价值观与利益诉求出现重大分化，且女性农民工与男性农民工在生理、心理等方面有其个体特征及所受到的制度约束差异。傅航（2020）认为，随着经济的发展，我国高等职业教育最为核心的问题主要体现在我国职业教育体制上。

关于新生代农民工教育问题的对策研究，韩云鹏（2010）、王巧等（2012）、冯莉和安宇（2011）、龚丽娜（2011）、孙苏贵等（2011）、孙学敏和朱凤丽（2011）、张梓英（2012）、林碧瑜（2012）分别从不同角度提出了新生代农民工职业教育及技能培训的相关政策。吴庆国（2018）发现，新生代农民工职业教育存在诸多困境，要破解困局，需要将新生代农民工职业教育纳入国家职业教育和企业技术创新体系，推进现代职业教育体系建设。朱益新和郑爱翔（2020）基于区块链技术构建了新生代农民工终身职业技能培训体系。王鑫明（2020）认为，通过出台新生代农民工精准脱贫的职业教育政策、职业教育体系框架与组织形式、培育职业教育培训项目、设置专门的职业教育培训课程来实现职业教育精准助力新生代农民工脱贫。傅航（2020）在供给侧结构性改革背景下提出我国新生代农民工的职业教育策略，为提高这一群体在城市中的职业转化率提供了对策建议。

六、文献评述

通过上述综述可以看出，国内已对新生代农民工市民化职业教育问题进行了较深入的研究。但还需在以下方面完善：首先，需要结合新型城镇化的现实背景和需求，以"职业依赖"为特征运用数理分析方法揭示我国新生代农民工市民化的动态经济效应及影响的内在机理。其次，需要根据新生代农民工市民化的多层次原因及内在机理，构建多层次、差异化的新生代农民工市民化职业教育模式，以满足新型城镇化建设及推进城乡一体化的具体要求。最后，需要结合我国新生代农民工市民化职业教育模式良性运行的现实需要和新型城镇化战略有序推进的客观要求，设计具有现实可操作性的农民工市民化教育的政策组合，以保障新生代农民工市民化职业教育模式的有效运行。本书尝试以上述需要完善之处为研究主线，来进行较为详细、深入、系统的研究。

第三节

本书的研究内容、思路方法与创新点

一、研究内容与基本观点

（一）主要内容

（1）新型城镇化对新生代农民工市民化职业教育的现实需求。结合新型城镇化的内涵、主要特征及其推进中的关键问题，总结和提炼新型城镇化对我国新生代农民工市民化职业教育的现实需求。

（2）新生代农民工市民化的多层次原因及内在机理分析。结合我国不同地区新生代农民工发展的现状，深入分析推动新生代农民工市民化的多层次原因，以"职业依赖"为特征运用数理分析方法揭示我国新生代农民工市民化的动态经济效应及影响的内在机理。

（3）新生代农民工城市融入调查与职业转换能力形成的实证分析。在厘清新型城镇化与新生代农民工市民化之间关系的基础上，开展新型城镇化进程中新生代农民工城市融入调查分析，并测算不同规模城市的市民化成本，结合新生代农民工市民化的多层次原因和内在机理，运用结构方程模型开展新生代农民工职业转换能力影响因素的实证模型，为探究新型城镇化进程中新生代农民工市民化职业教育模式提供实证基础。

（4）城镇化进程中农民市民化教育模式的国际经验比较与借鉴。全面、系统地考察英国、美国、日本等发达国家以及印度、巴西等发展中国家农民市民化的教育经验，并进行有效比较，为我国新生代农民工市民化职业教育模式提供有益的借鉴。

（5）基于新型城镇化的多层次、差异化的新生代农民工市民化职业教育模式构建。在比较和借鉴国际经验的基础上，结合新型城镇化对新生代农民工市民化培养的现实需求以及新生代农民工市民化的教育成本与城市规模的实证结果，尝试构建基于新型城镇化的多层次、差异化的新生代农民工市民化职业教育模式。

（6）保障我国新生代农民工市民化职业教育模式有效运行的政策组合设计。基于保障新生代农民工市民化职业教育模式良性运行的现实需要和新型城镇化战略有序推进的客观要求，从政府、学校、企业以及社会等方面设计一系列现实可操作性强的政策组合。

（二）基本观点

（1）农民工市民化是推进我国新型城镇化、缩小城乡收入差距的有效路径。农民工市民化职业教育过程中带来的人力资本积累效应有利于促进新型城镇化进程，直接影响我国未来城镇化的质量和发展空间。

（2）在新型城镇化进程中，以"职业依赖"为特征的新生代农民工市民化正成为我国不同规模城市普遍存在的现象，因此应优先新生代农民工市民化职业教育。

（3）从历史演进、形成原因、发展模式等方面，中国农民工市民化与国外的农民市民化教育存在明显的相同之处和不同之处，因此需要有选择地借鉴国外农民市民化教育的成功经验。

（4）从推进新型城镇化、缩小城乡收入差距的现实需要以及实现城乡一体化的战略需求来看，迫切需要构建高效率、多层次、差异化的新生代农民工市民化职业教育模式。

（5）进行新生代农民工市民化职业教育的相关制度创新和创造健全的政策环境，对于实现新生代农民工市民化职业教育模式的有效运行具有重要的现实意义。

二、研究思路与研究方法

（一）研究思路

以我国新型城镇化为现实背景、切入视角和逻辑起点，首先，结合我国不同地区新生代农民工发展的现状,深入分析推动新生代农民工市民化的多层次原因,以"职业依赖"为特征深入分析我国新生代农民工市民化的动态经济效应及影响的内在机理。其次,在厘清新型城镇化与新生代农民工市民化之间关系的基础上,以新生代农民工为研究对象,分别从市民化、基本公共服务均等化和共享经济视角开展新型城镇化进程中新生代农民工城市融入调查分析,并测算不同规模城市的市民化成本,结合新生代农民工市民化的多层次原因和内在机理,运用结构方程模型开展新生代农民工职业转换能力影响因素的实证模型,为探究新型城镇化进程中新生代农民工市民化职业教育模式提供实证基础。再次,在此基础上,借鉴农民工市民化职业教育的国际经验,构建高效率的基于新型城镇化的多层次、差异化的新生代农民工市民化职业教育模式。最后,以制度创新为手段,从政府、学校、企业以及社会等方面设计具有较强现实操作性的、保障新生代农民工市民化职业教育模式有效运行的政策组合。

(二) 研究方法

以城市经济学和农村经济学相关理论为基础,结合城市社会学、劳动经济学、制度经济学、社会经济学等理论,综合运用数理分析、统计分析、计量分析等方法,辅以专家咨询、问卷调查和实地调研等方式,深入研究新型城镇化进程对新生代农民工市民化职业教育的现实需求、新生代农民工市民化的多层次原因和机理以及新生代农民工市民化成本、职业教育模式、政策组合等问题,注重分析对象、分析方法和分析内容之间的逻辑一致性。

具体来讲,本书将沿着以下技术路线进行研究(见图1-1):研究对象界定——理论综述、历史经验考察——问卷设计与实地考察——现实问题总结——影响变量识别——分析模型构建——关键特征表述——实证调研和统计归纳——结论与政策分析。

三、创新之处

本书尝试构建一个基于新型城镇化的我国新生代农民工市民化职业教育问题研究的基本框架,为探索新型城镇化道路及实现城乡一体化发展做铺垫。具体创新点有以下三方面。

(1) 研究新型城镇化对我国新生代农民工市民化职业教育的现实需求,

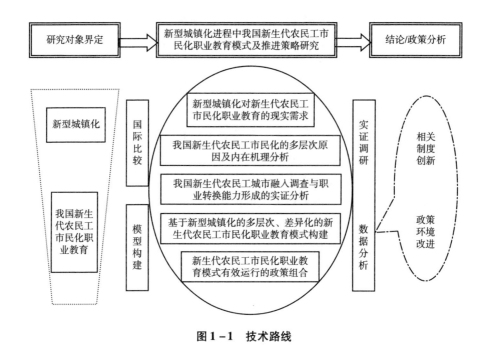

图 1-1　技术路线

探索新生代农民工市民化的多层次原因，以"职业依赖"为特征揭示我国新生代农民工市民化的动态经济效应及内在机理，有助于丰富中国的城市经济学和劳动经济学理论。

（2）开展新生代农民工城市融入调查和新生代农民工职业转换能力的影响因素实证研究，并构建基于新型城镇化的多层次、差异化的新生代农民工市民化职业教育模式，有助于指导推进我国农村进城务工青年职业技能水平提升的实践工作。

（3）运用制度创新手段，从政府、学校、企业以及社会等方面设计以保障我国新生代农民工市民化职业教育模式有效运行为目标的政策组合，为推进新型城镇化以及实现城乡一体化提供决策参考。

第 二 章

新型城镇化对新生代农民工市民化
职业教育的现实需求

随着我国新型城镇化进程的不断推进，大量农村青年群体向城市迁移并在城市获得就业，但由于二元户籍制度以及农民工群体职业技能匮乏等原因，使其处于城市边缘，在农村和城市之间游离，在一定程度上也制约了我国的新型城镇化进程。由此，本章探讨新型城镇化的内涵和特征，识别其推进过程中的关键问题，进一步剖析新型城镇化对新生代农民工市民化职业教育的必要性和现实需求。

第一节
新型城镇化的内涵、特征与推进中的关键问题

关于城镇化的内涵，马克思认为生产力的快速发展会促进人口迁移，列宁指出农村剩余劳动力向城市的转移有助于消除城乡差别，即农村人口的流动是城镇化产生的原因。新型城镇化建设是党的十八大报告明确提出的新要求，充分认识新型城镇化的内涵和特征、找出新型城镇化推进过程中的关键问题，对于缩小城乡收入差距、推进我国全面建设小康社会具有重要意义。

一、新型城镇化的发展阶段

（1）新型城镇化的初探与萌芽阶段（2002～2012 年）。这一阶段结合传

统城镇化进程中出现的问题，党的十六大首次提出"新型城镇化"并"走中国特色的城镇化道路"，这正式标志着我国由传统城镇化迈入新型城镇化建设阶段。党的十七大报告提出促进科学发展观的新的城镇化，后续部分地方政府开始探索实践，如江西省于 2007 年印发《江西省新型城镇化"十一五"专项规划》。2008 年国际金融危机后，我国高度重视城镇化发展并旨在通过城镇化扩大内需、拉动经济新一轮增长。

这一阶段探讨了新型城镇化的内涵、特征、原则等相关理念，很少谈及"为什么和如何走新型城镇化道路"的问题，表明新型城镇化的理论框架还未成型，尚未上升为国家战略。

（2）新型城镇化的全面探讨与初步形成阶段（2012～2020 年）。如何在城镇化率不断提高的同时更加重视城镇化的质量和水平成为这一阶段的紧迫课题。2012 年党的十八大报告正式提出新型城镇化建设方针，明确了新型城镇化的发展路径，即"坚持走中国特色新型工业化、信息化、城镇化、农业现代化道路，推动信息化和工业化深度融合、工业化和城镇化良性互动、城镇化和农业现代化相互协调，促进工业化、信息化、城镇化、农业现代化同步发展"。尤其是 2012 年 12 月召开的中央经济工作会议首次正式提出"把生态文明理念和原则全面融入城镇化全过程，走集约、智能、绿色、低碳的新型城镇化道路"。2013 年 12 月召开中央城镇化工作会议，会议指出："走中国特色、科学发展的新型城镇化道路，核心是以人为本，关键是提升质量，与工业化、信息化、农业现代化同步推进。"会议强调中国城镇化发展要"稳中求进"、努力实现"人的城镇化"等方针。2014 年 3 月正式发布《国家新型城镇化规划（2014～2020 年）》，标志着中国城镇化发展的重大转型。2014 年 12 月国家公布了首批 62 个地区和 2 个城镇的新型城镇化试点，并计划在 2017 年各个阶段实现试点的预期成效，这表明我国新型城镇化已从理论转移到实践。此后，我国对新型城镇化的重视程度越来越高，于 2015 年 12 月召开改革开放以来首次中央城市工作会议，2016 年 2 月国务院印发了《关于深入推进新型城镇化建设的若干意见》等。2017 年 3 月，国务院总理李克强在作政府工作报告时提出优化区域发展格局，支持中小城市和特色小城镇发展。"特色小镇"首次被写入政府工作报告，这意味着新型城镇化已经上升到国家战略。2019 年国务院总理李克强在政府工作报告中提出"提高新型城镇化质量""新型城镇化要处处体现以人为核心"，2020 年政府工作报告再次强调"深入推进新型城镇化，发挥中心城市和城市群综合带动作用"，标志着我国已迈向重点关注中心城市、都市圈、城市群和高质量发展的新型城镇化下半场。

这一阶段的新型城镇化研究以"道路"为核心，理论与实践相结合，初步回答了新时代条件下"为什么走新型城镇化道路，新型城镇化道路是什么以及如何推进"的问题，并形成新型城镇化的选择依据、发展目标、发展阶段、发展动力、影响因素、规划布局、战略重点、推进思路、评价指标，以及与"四化"、农民工、"三农"等问题相关的研究，初步形成了相对完整的理论体系。但我国新型城镇化建设仍处于试点阶段，会随着新型城镇化实践的发展而得到进一步的丰富和完善。

（3）新型城镇化的深入推进与成熟阶段（2020 年以后）。当前新型城镇化处在"两个百年"历史交汇期，即将迈入全新发展阶段。2020 年 4 月 9 日，《2020 年新型城镇化建设和城乡融合发展重点任务》要求加快实施以促进人的城镇化为核心、提高质量为导向的新型城镇化战略。国务院总理李克强关于新型城镇化建设作出多次报告。2020 年 5 月 22 日，李克强总理向十三届全国人大三次会议作政府工作报告，报告中两次提及新型城镇化，第一次是提出重点支持"两新一重"建设，其中两新之一就有"新型城镇化建设"；第二次是提出"深入推进新型城镇化"。2020 年 7 月 22 日，李克强总理主持召开国务院常务会议，部署加强新型城镇化建设，指出推进以人为核心的新型城镇化是内需最大潜力所在和"两新一重"建设的重要内容。2020 年 7 月 30 日召开的中共中央政治局会议指出，新型城镇化应带动投资和消费需求，推动城市群、都市圈一体化发展体制机制创新。

这一阶段涉及国家中心城市、区域协调发展、创新驱动、绿色发展、发展质量、城市转型等内容，表明我国新型城镇化要走健康可持续发展的道路，未来城镇化的挑战是从高质量的城镇化走向全面现代化的城镇化。

二、新型城镇化的内涵及主要特征

（一）新型城镇化萌芽阶段与初步形成阶段的内涵及特征

新型城镇化是以人为核心，与工业化、信息化、农业现代化协调发展，推动优势资源与生产要素在农村与城镇之间合理流动，走集约、高效的可持续发展道路的过程（王小刚、王建平，2011），这一过程的重点是实现新生代农民工的有序市民化和公共服务的均等化（张占斌，2013），促进新生代农民工的全面发展，以建设包容和谐的城镇。新型城镇化的对象主要包括三大群体：一是常规进城务工群体；二是城郊农民群体；三是往返于城乡之间的"两栖"农民群体（文军，2013）。

（1）新型城镇化注重城镇化"质"的提升。新型城镇化萌芽阶段是在反思传统城镇化出现问题的基础上提出新型城镇化需摒弃传统的粗放发展方式，以及如何在城镇化率不断提高的同时更加重视城镇化的质量和水平。这俨然已成为新型城镇化初步形成阶段的紧迫课题，进一步表明新型城镇化的这两个阶段均注重"质"的提升。重点通过分类引导城市产业布局，优化城市空间布局，改进城市公共资源配置，提升新型城镇化建设水平。

（2）新型城镇化具有全面性、整合性。新型城镇化是一个内容全面的系统，通过统筹城乡发展和区域发展，构建出符合经济社会发展客观规律的大、中、小城市和小城镇的协调发展体系（王素斋，2013）。在发展过程中体现出整合性逻辑，即工业化、城镇化、现代化的协调与整合，政治、经济、社会、文化、生态的协调与整合，以及大、中、小城市和城镇发展之间的协调与整合（徐选国、杨君，2014），朝着低碳、绿色、智慧、生态宜居的方向发展（李程骅，2013）。

（3）新型城镇化建设主体具有多元性。新型城镇化建设倡导多元主体的建设思路，坚持走政府主导、群众主动、市场运作的联合推动之路，建立政府主导统筹、政策规范引导、群众主体自愿、市场规则运作的城镇化稳健推进机制（徐选国、阮海燕，2013），市场及经济社会的客观发展对新型城镇化起到的重要作用使得新型城镇化可以理解为"主动的城镇化"。

（4）新型城镇化建设本质具有人本性。新型城镇化建设要以人为核心，保证转移人口与提升人口同步进行、提供服务保障与提升人的现代思维方式以及行为习惯等同步进行，真正实现农村转移人口的城镇化及市民化，促进人的全面发展，注重满足人民美好生活需求。

（二）新型城镇化深入推进阶段的内涵及特征

（1）城镇化基础更加雄厚。新型工业化与信息化的深度融合发展以及新技术、新模式与新业态的出现，为新一轮中国新型城镇化提供了优越条件。伴随着新一轮中国城镇化的进程以及都市圈建设的稳步推进，治理体系逐步完善，治理能力显著提升，公共服务供给体系更为完备，这都为新型城镇化建设提供了坚实基础。

（2）新生代农民工年龄结构"年轻化"优势逐步消失。从年龄结构来看，30岁以下的新生代农民工比例大幅下降，从2010年的42.4%下降到2019年的25.1%，且外出农民工平均年龄为36岁，本地农民工平均年龄为45.5岁，两者相差接近10岁①，表明随着年龄的增长，未能落户的农民工迁移意愿明显下降。

（3）人口老龄化社会带来新一轮的产业转型升级。2018年中国老龄人口达2.49亿人，养老服务需求日渐增多，在人口老龄化快速发展、老年人养老服务需求日益旺盛、政府扶持政策进一步加大力度的大背景下，中国老龄产业发展将迎来极大的市场潜力和上升空间。同样，新型城镇化所带来的生产要素和需求聚集效应也为老龄产业发展提供了新空间，数字经济也将为老龄产业转型升级提供更加有力的信息化技术和原创性技术创新支持。

（4）高质量城镇化向全面现代化城镇化的转变。新型城镇化的理念开始探索区域均衡、建立新型城乡关系、经济发展动能转化以及绿色化等。而到新型城镇化相对成熟阶段，体现为人的素质提升、追求无差别化的发展，最终实现人的全面发展和共同富裕，而不同地区的人群也将享受无差别的公共服务和发展机会。

三、新型城镇化推进中的关键问题

2020年5月22日，《2020年国务院政府工作报告》提出，重点支持"两新一重"建设，其中新型城镇化建设就是"两新"之一。新型城镇化建设是中国经济高质量发展的强大引擎，其核心是农业人口转移到城镇，而在转移过程中首要解决的问题就是转移人口在城镇的生活问题，这部分群体的经济水平直接影响新型城镇化建设，因此，新型城镇化建设最终要解决的是人的城镇化。

---

① 资料来源：依据国家统计局2020年4月30日发布的《2019年农民工监测调查报告》整理。

改革开放以来，我国城镇化建设取得了巨大成就，2019 年我国城镇化率突破60%，达到60.6%，全国农民工总量29077 万人①，如此庞大的农民工群体参与我国新型城镇化建设，如何成功完成农民工群体的市民化直接关乎新型城镇化建设和经济社会发展质量，因此，要深刻认识新型城镇化推进中的关键问题。新型城镇化"新"在要实现城乡同步协调发展，与传统优先发展城市的城镇化有明显区别，新型城镇化建设重在城乡一体化发展，不是单纯地将农村变为城市，而是走城乡协调发展道路，重在稳中求进，实现高质量城镇化建设。随着人口不断向城市涌入，对城市的各项需求不断增加，必然推动城市进一步发展，而城镇化建设不是单一的城市建设，最重要的是要解决农村人口进城问题，通过提升农业转移人口的职业技能和综合素质，进而提高整个社会的生产力，让农民工群体在城市拥有稳定的生活，确保农村转移人口在城市获得稳定就业，并能共享城镇的基本公共服务，使其逐步平等享受市民权利。

新型城镇化的核心价值是以人为本，这奠定了新型城镇化建设的关键问题是解决"人"的问题的总基调，并深入影响我国长期的经济社会发展。2013 年11 月24 日至28 日，习近平总书记在调研考察时指出，城镇化不是土地城镇化，而是人口城镇化，不要拔苗助长，而要水到渠成，不要急于求成，而要积极稳妥②。因此，我们应该摒弃以往关于城镇化的陈旧的观点，必须以人为核心，让广大农民工群体在城市中获得认可并实现全面发展，而农民工市民化最大的障碍就是人力资本水平不足，由于自身条件禀赋无法满足城市发展和产业结构转型需求，大部分农民工群体无法实现高质量就业，这是新型城镇化推进中要重点解决的关键问题之一。从传统城镇化到新型城镇化的转变，中国面临着前所未有的挑战，这也是一个长期挑战，不能只求规模扩张式的城市建设，更需要从思维上进行转变。要深刻认识到农村人口向城市转移中存在的问题，明确新型城镇化建设对农民工的需求，尤其对新生代农民工提出的新要求，即以实现新生代农民工在城市长久发展为目标，打破阻碍这一群体自由流动的壁垒，提升新生代农民工群体的人力资本水平，促进人力资源优化配置，

---

① 资料来源：依据国家统计局《中国统计年鉴—2019》和《2019 年农民工监测调查报告》整理。

② 资料来源：南方日报．新型城镇化的核心价值是以人为本［EB/OL］．人民网，http：//opinion．people．com．cn/n/2013/1205/c1003－23751045．html，2013－12－05．

从而提高新生代农民工市民化质量。

第二节

新型城镇化对新生代农民工职业教育的现实需求

近年来，我国新生代农民工群体数量不断增长，对城市发展产生重要影响，同时也存在就业、子女教育、医疗等问题，这很大程度上源于新生代农民工群体的教育水平滞后于城镇化发展需求，其相对较低的知识技能水平严重阻碍了新生代农民工市民化的进程，进而影响了城镇化的发展。与发达国家相比，我国城镇化建设仍具有很大的发展空间，2019 年我国城镇化率达到60.6%，远低于发达国家 80% 左右的水平。因此，充分认识新型城镇化与新生代农民工职业教育的关系，总结和提炼新型城镇化建设中新生代农民工职业教育的必要性和现实需求，对推动新型城镇化建设具有重要意义。

一、新型城镇化与新生代农民工职业教育的关系

（一）新型城镇化对新生代农民工职业教育发展产生巨大影响

1. "以人为核心"的新型城镇化加速转移新生代农民工。

新型城镇化建设以人为核心，这一过程的重点是有序实现新生代农民工市民化和公共服务的均等化，意味着大规模新生代农民工将向城市集聚成为"新市民"。实现市民化最基本的是要保障新生代农民工在城镇稳定就业与生活，此外，新型城镇化的发展需要储备大量人力资源，需要通过职业教育培训提高新生代农民工的综合素质和职业技能，进一步促进新生代农民工市民化稳定有序地推进。

2. 新型城镇化高质量发展加大对新生代农民工职业教育的需求。

新型城镇化建设加快了城市基础设施建设的步伐，并且促进城市信息化基础设施的建设和发展，有效发挥资源的集聚效应，实现资源的优化配置。同时，随着"以人为核心"的新型城镇化的推进以及新经济的出现，对人们的生产生活方式变革产生深远影响，社会专业化程度也越来越高，不同工作岗位

或工种的劳动具有不可替代性，不断推动生产方式走向跨界融合，重塑生活的时空观念和消费方式，这也加大了对高素质、应用型人才的需求。对新生代农民工群体而言，更需要具备专业化的职业技能与综合素养，以适应新型城镇化高质量发展，也为新生代农民工职业教育创造了广阔的需求与发展空间。

3. 新型城镇化与产业结构升级的联动发展需要大量的高素质职业技能人才支持。

新一轮科技革命和产业变革需要大批掌握颠覆性技术的高技能人才。职业类院校也不断突破传统教育的边界，逐步转向数字技术应用、智慧智能产业等新产业、新业态、新技术领域的技能型产业人才培养，打造职业教育新模式。目前，我国已初步形成了一支规模日益壮大、结构不断优化、素质逐步提升的高技能人才队伍。根据《中国劳动统计年鉴 2019》数据显示，在全国 31 个省、自治区、直辖市中技能型人才数量，前十名分别为江苏（77.7 万人）、山东（73.2 万人）、四川（49.1 万人）、广东（44.6 万人）、河南（44.4 万人）、浙江（43.7 万人）、河北（33.3 万人）、安徽（31.7 万人）、云南（29.9 万人）、山西（28.7 万人），直辖市上海（20.3 万人）、重庆（19.1 万人）、北京（5.5 万人）、天津（4.5 万人），但各省份总量差距较大；同样，31 个省份中获取高级证书的技能人才占本年获取证书总人数的比例的差距也较为明显，黑龙江（39.0%）、四川（35.6%）、浙江（34.4%）、山西（29.2%）、江苏（27.3%）、湖北（26.9%）、安徽（26.2%）。总体上看，我国技能人才数量偏少且地区分布尚不均衡，职业院校的人才培养数量整体不足，导致我国高技能人才存在供给缺口，这已成为制约我国产业发展和企业竞争力提升的主要短板。因此，应深化职业教育改革，精准建设和培养适应我国产业转型发展的工匠型高技能产业工人队伍，积极吸纳新生代农民工群体成为新时代高技能产业工人。

（二）新生代农民工职业教育是推动新型城镇化的重要引擎

1. 职业教育有利于提升新生代农民工人力资本积累能力。

新生代农民工人力资本积累较弱，在知识、技术、信息、维权等多方面能力以及综合素质明显不足，而职业教育培训则是促进新生代农民工人力资本形成与积累的主要途径，会增加新生代农民工的收入水平，这是新生代农民工城镇化的先决条件。除此之外，通过职业教育培训还会实现新生代农民工的社会地位提高、工作条件改善、劳动强度降低等，进一步为新型城镇化建设输送大批高质量的技术技能型人才，从而有效提高劳动生产率和企业竞争力。

2. 职业教育有利于扩大新生代农民工社会关系规模。

在市民化进程中，新生代农民工群体既需要提高经济收入以拥有城市生存能力，还需要获得城市可持续发展能力，以此实现社会资本存量的积累。一方面，新生代农民工通过接受职业教育培训，可以扩大其社会关系网络规模，缩短与城市居民的社会距离，从而增强自身非农身份的认同感；另一方面，新生代农民工通过接受更高层次的职业教育培训，可以提高其社会关系网络质量，提升向上流动的可能性，拥有更为丰富的社会资源，实现新生代农民工社会资本结构的优化和质量的提升。

3. 职业教育有利于实现新生代农民工的心理融入。

文化与心理融入是判断新生代农民工城镇化的关键指标，职业教育在新生代农民工的文化与心理融入方面发挥着巨大价值。一方面，职业教育通过传播现代城市文明、社会规范和价值观念等以增强新生代农民工对城市价值观和生活习惯的认同感以及自身归属感；另一方面，通过融入心理健康教育，可以有助于排解市民化过程中新生代农民工群体的心理压力和心理障碍。总体来看，新生代农民工的职业教育程度越高，其心理适应能力与接受新事物的能力越强，通过职业教育实现新生代农民工人力资本水平提升，可以有效促进新生代农民工文化与心理的社会融合。

二、新型城镇化进程中农民工市民化现状分析

（一）农民工基本特征

1. 农民工数量变化特征。

近年来，我国农民工数量不断上涨，如图 2-1 所示，2019 年末全国就业人员 77471 万人，其中，城镇就业人员 44247 万人。而全国农民工总量 29077 万人，其中本地农民工 11652 万人，比上年增加 82 万人，增长 0.7%，说明我国农民工已经成为全国就业人口的重要组成部分，为我国经济社会发展贡献了巨大力量。此外，农民工中外出农民工 17425 万人，比上年增加 159 万人，增长 0.9%，农民工不断向经济发展程度较高的城市流动。近年来，我国城镇化

率稳步提升，但常住人口城镇化率与户籍人口城镇化率之间的差距也在不断拉大，有2亿多农村居民实现了职业或者地域空间的转换，但却没有实现身份的转换，因此，需要有序推进农业转移人口市民化，降低人口半城镇化率，从而助推以人为核心的新型城镇化建设。

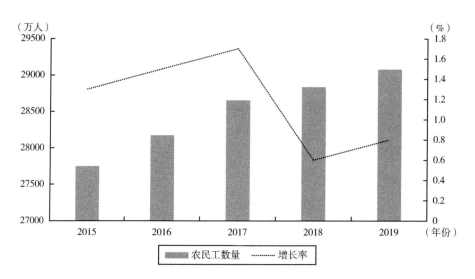

图2-1　2015～2019年农民工数量及增长走势

资料来源：根据国家统计局2020年4月30日发布的《2019年农民工监测调查报告》整理。

图2-2为2016年、2017年和2018年农民工进城数量变化趋势。2018年农民工进城数量呈现下降趋势，虽然农民工总量呈现增长态势，但是农民工进城数量明显减少，说明更多的农民工选择在乡内就地就业或到乡外就业。根据《2018年农民工监测调查报告》数据显示，在2018年的农民工总量中，在乡内就近就业的本地农民工11570万人，比上年上涨了0.9%；到乡外就业的外出农民工17266万人，比上年上涨了0.5%。而外出农民工中，进城农民工13506万人，比上年下降了1.5%；到省外就业的农民工7594万人，比上年下降1.1%；在省内就业的农民工9672万人，比上年增长了1.7%，其中，省内就业农民工占外出农民工总量的56%。说明越来越多的农民工选择在省内就业，这可能由于农民工在省外就业需要面临巨大的生活压力，很多农民工的收入无法承担在大城市生活的高额费用，因此，更多的农民工选择就近就业。

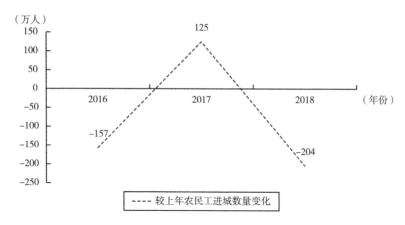

图 2－2　农民工进城数量变化趋势

资料来源：根据国家统计局发布的《2016 年农民工监测调查报告》《2017 年农民工监测调查报告》《2018 年农民工监测调查报告》整理。

从大趋势看，新增农民工数量的减少是必然的。一方面，我国老龄化社会问题日益凸显，随着农民工年龄增长，农业可转移人口数量也会不断下降，现阶段我国的户籍管理制度仍比较严格，大部分老龄外出劳动力会选择返乡就业。另一方面，随着我国产业结构不断升级，对高端劳动力的需求不断增加，缺乏职业技能的农民工在大城市就业的难度也会显著加大。统计显示，虽然农民工进城数量减少 204 万人，但城镇化率提高了 1.06%，城镇人口数量的增加主要是靠行政区域划分和户籍政策来实现的。

2. 农民工教育状况。

根据《2019 年农民工监测调查报告》显示，在全部农民工中，大专以上学历农民工占比略有提高，在外出农民工中，大专及以上文化程度的占比14.8%，比上年提高 1 个百分点；在本地农民工中，大专及以上文化程度的占比 7.6%，下降 0.5 个百分点。近年来，随着我国对教育工作的不断重视，农民工的教育程度得到了提高，也为农民工职业技能提升及未来的职业可持续发展提供了支撑。

3. 农民工收入现状。

表 2－1 显示，农民工月均收入整体呈现上升趋势，农民工主要就业的六个行业收入呈现稳定上涨的趋势。根据北京市统计局发布的《新生代农民工工作生活特征分析——基于 2019 年北京农民工市民化监测调查》提供的监测

数据显示，从收入高低来看，新生代农民工的月收入要明显高于老一代农民工。从就业行业来看，新生代农民工从事职业主要以商业、服务业为主，占比达 32.5%，但仍比老一代低 15.2%；其次为专业技术人员，占比为 26.0%，比老一代高 9.1%；再次为办事人员，占比为 22.1%，比老一代高 5.0%。此外，新生代农民工的工作强度要显著低于老一代农民工。其中，新生代农民工平均每周工作 5.8 天，平均每天工作 8.9 小时；老一代农民工平均每周工作 6.2 天，平均每天工作 9.1 小时。综合来看，与老一代农民工相比，新生代农民工拥有更高的技能水平，所从事的职业更加高级化，收入水平也显著提升，就业方面的优势更为明显。

表 2 - 1 分行业农民工月均收入及增速

行业分类	月均收入（元）		增速（%）
	2018 年	2019 年	
合计	3721	3962	6.5
制造业	3732	3958	6.1
建筑业	4209	4567	8.5
批发和零售业	3263	6472	6.4
交通运输、仓储和邮政业	4345	4667	7.4
住宿和餐饮业	3148	3289	4.5
居民服务、修理和其他服务业	3202	3337	4.2

资料来源：国家统计局发布的《2019 年农民工监测调查报告》。

4. 农民工就业状况。

现阶段，我国以人为核心的新型城镇化正在稳步推进，城镇化发展质量不断提升，2019 年末我国常住人口城镇化率首次超过 60%，达到 84843 万人，这意味着有越来越多的农民变成了市民，推动农业转移人口市民化俨然成了新型城镇化建设的重要任务。近五年，我国城镇就业人数呈现不断增加态势，城镇新增就业人数从 2015 年的 1312 万人增至 2019 年的 1352 万人[①]，说明城镇化规模不断扩大，大量人口向城市流动。与此同时，第三产业就业人数也在同步上涨，2019 年从事第三产业的农民工比重为 51%，比上年提高 0.5 个百分

---

① 资料来源：中华人民共和国人力资源和社会保障部发布的《2015 年度人力资源和社会保障事业发展统计公报》和《2019 年度人力资源和社会保障事业发展统计公报》。

点，其中，从事交通运输、仓储和邮政业与住宿和餐饮业的农民工比重均为6.9%，分别比上年提高0.3和0.2个百分点。① 综合来看，农民工正在从低端劳动向比较高端的行业转移，这也反映出我国新生代农民工群体技能水平的提升，也意味着就业市场对高端人才的需求不断增加。

近些年，我国大多数农民工主要就业地为京津冀、苏浙沪和珠三角地区，但2019年苏浙沪和珠三角地区呈现出显著的增量下降趋势。根据《2019年农民工监测调查报告》显示，在京津冀地区就业的农民工为2208万人，比上年增加20万人，增长0.9%；在苏浙沪地区就业的农民工为5391万人，比上年减少61万人，下降1.1%；在珠三角地区就业的农民工为4418万人，比上年减少118万人，下降2.6%。与之相比，2019年在中西部地区就业的农民工数量明显提升。其中，在中部地区就业的农民工为6223万人，比上年增加172万人，增长2.8%，占农民工总量的21.4%。在西部地区就业的农民工为6173万人，比上年增加180万人，增长3.0%，占农民工总量的21.2%。另外，东北地区农民工就业量也呈现出较为明显的减少现象，在东北地区就业的农民工为895万人，比上年减少10万人，下降1.1%，占农民工总量的3.1%。随着人口净流出数量的增加，越来越多的城市也相应制定了人才吸引政策，但这一政策的实施也对农民工群体的职业教育提出了更高的要求，亟须大力提升广大农民工的职业技能和就业创业能力，积极促进农民工就业。

目前，各个地区大力实施农民工"创新创业"工程，支持农民工返乡创业，本地就业的农民工数量也明显上升。在2019年外出农民工中，省内就业农民工数量为9917万人，比上年增加245万人，增长2.5%；跨省流动农民工为7508万人，比上年减少86万人，下降1.1%。分地区看，除东北地区省内就业农民工占外出农民工的比重比上年下降3.4个百分点以外，东部、中部和西部地区省内就业农民工占比分别比上年提高0.1个、1.4个和1.2个百分点。② 因此，现阶段各地区亟须做好农民工本地就业工作，改善劳动力结构，应重视农民工职业技能与企业需求对接，强化职业技能培训，从而助力地区经济高质量发展。

---

① 资料来源：国家统计局2020年4月30日公布的《2019年农民工监测调查报告》。
② 资料来源：依据国家统计局2020年4月30日公布的《2019年农民工监测调查报告》整理。

（二）新型城镇化建设现状分析

自 2002 年提出新型城镇化概念以来，党的十八大明确提出"走中国特色新型城镇化道路"，2013 年更强调推进以人为核心的新型城镇化建设。由此，新型城镇化建设的工作重心逐渐转移到进城人口权益的市民化上来。2014 年正式发布《国家新型城镇化规划（2014～2020 年)》，提出 2020 年 1 亿人城镇落户的目标。2020 年政府工作报告中再次强调"深入推进新型城镇化，发挥中心城市和城市群综合带动作用"，目前我国已经迈向重点关注城市群一体化和都市圈建设阶段。近年来，我国为全面推进新型城镇化建设，各项制度体制改革进一步深化，有序放开中等城市人口落户的限制，加强户籍政策体制建设，农民工市民化取得较大进展。2019 年人力资源和社会保障部发布《新生代农民工职业技能提升计划（2019～2022 年)》，帮助农民工尤其是新生代农民工获得教育培训机会，提高新生代农民工的专业技能水平和职业能力，培养其成为高级职业技能劳动者和获得稳定就业的劳动力。

目前，我国城镇化进程处于快速成长阶段，远高于世界发展速度，城镇化进程仍具有较大的发展空间。新中国成立以来，我国城镇化治理改革因重视工业建设而忽视了城镇化建设，党的十八大以后，我国开始重点推进城镇化建设，并推动户籍、土地、财税等制度改革加快新型城镇化发展。目前，我国城镇化进入高质量发展阶段，仍具有较快的增长速度，随着新型城镇化建设的稳步推进，越来越多的农民工可以享受完整的市民化待遇。但是，新型城镇化发展是一段长期的过程，目前仍有很多问题需要解决，特别是产城融合问题，要通过支持产业高质量发展带动城镇化质量提升，关键要实现劳动力素质与产业发展水平相匹配，这就必须加大对农业转移人口的劳动技能培训，从而助推新生代农民工市民化进程。

1. 城市融入状况。

新生代农民工几乎摆脱了老一代农民工"候鸟式"迁移的生活方式，开始逐步融入城市，且较为适应城市生活。《2019 年农民工监测调查报告》显示，在进城农民工中，40% 的农民工认为自己属于城市居民，相比上年提高 2 个百分点。从进城农民工对本地生活的适应情况看，80.6% 的农民工表示对本地生活非常适应和比较适应，其中，20.8% 表示非常适应，比上年提高 1.2 个百分点；仅有 1.1% 表示不太适应和非常不适应。数据显示，进城农民工在不同城市规模生活的归属感和认同感较前一年均有所提高。在城市融入过程中，由于具备一定的教育水平，新生代农民工在网络信息时代更容易掌握城市的各项信息资源，较好地适应城市的生活环境。通过网络信息和中介机构等渠道，新生代农民工能够有效获得就业信息，职业发展的途径也逐渐丰富，但是调查显示超过50%的农民工仍是通过老乡或者亲戚朋友推荐获得工作的，说明农民工的交际圈还是过于狭窄，特别是在规模较大的城市表现尤为明显，农民工对所在城市的归属感越弱，对城市生活的适应难度越大。

农民工市民化的后续保障工作尚不够完善，这是导致农民工难以完全融入城市的重要原因之一。城市中很多政策尚未普及到进城就业的农民工，农民工在城市无法共享到相应的基本公共服务，导致城市适应度不高。相关研究表明，城市规模越大，农民工在城市的归属感越低。受户籍制度、区域差异、收入水平等因素影响，农民工子女的教育问题较为突出，此外，农民工参加城镇职工养老保险的比例很低，致使老龄化后的农民工在城市生活无法得到保障，这些因素在一定程度上也阻碍了新生代农民工市民化进程。由此，要进一步构建完善的涵盖农民工群体的社会保障制度，以保障新生代农民工市民化有序推进。

从思维方式和行为来看，与同龄的城市人口相比，新生代农民工未接受高等教育，不愿意参与农业生产活动，但对城市充满向往且拥有城市的思维方式。在生活方面，新生代农民工的消费心理和文化素养趋向于市民化，在娱乐消费、价值观、个人习惯、言行举止等方面逐步与城市居民同化。同时，新生代农民工存在很强的主动学习的积极性，参加教育培训意愿很强，希望通过培训和再教育获得更大的职业发展空间，以提升其在城市的生活质量。

2. 社会认同状况。

新生代农民工市民化意愿和自我认知在很大程度上取决于社会认同。浙江省杭州市上城团区委发布的《新生代农民工生存现状》调研报告显示，新生代农民工从事的工作普遍存在社会保障水平偏低、劳动合同执行不规范、工作稳定性差、工资水平总体偏低、职业安全隐患较多、企业人文关怀不到位等现象，新生代农民工的"农民工身份"并未得到实质性转变，调查显示超过半数的新生代农民工认为自己未享受到和城市居民同等的待遇，在政策、薪资、服务等方面与城市居民仍有较大差距。此外，新生代农民工在选择工作时期望得到社会的认可和尊重，更愿意接受人性化的管理，认为这样会有更高的工作信心和动力，同时还希望参加所在城市的各种公共活动来体现自身价值。《2019 年农民工监测调查报告》显示，在进城农民工中，27.6% 的人参加过所在社区组织的活动，比上年提高 1.1 个百分点。加入工会组织的进城农民工占已就业进城农民工的比重为 13.4%，比上年提高 3.6 个百分点。在已加入工会的农民工中，参加过工会活动的占 84.2%，比上年提高 1.9 个百分点，这也说明新生代农民工愿意积极参加各类组织活动，充满对城市认同的期待和向往。

新生代农民工群体社会认同感低主要源于既不认同自身这个特殊的社会群体，也不认同城市社区和农村社会，城市融入难度较大。与城市居民相比，农民收入较低、农业工作负担重、收入存在风险、农村生活质量不高等原因致使一些农村年轻人希望脱离农村的标签和生活方式，迫切希望实现市民身份转化。但是，城市社会中的购房制度、户籍政策、就业政策、社会保障等制度性安排无形之中对新生代农民工的社会认同地位也产生一定的影响，在一定程度上也阻碍了新生代农民工市民化进程。

3. 就业及收入状况。

身为"80 后"的新生代农民工需要承担更多的家庭支出，不仅承担生产性支出和子女教育支出，还需承担医疗、养老等费用，导致大多数新生代农民工的人均可支配收入偏低，生活水平无法得到改善。而新生代农民工的就业状况关乎其个人发展和整个家庭的生活水平，新生代农民工普遍没有务农经历，但由于其已具备一定的知识技能水平且能够很快适应不同的工作环境，因此，城镇就业已普遍成为新生代农民工群体收入的重要来源。与老一代农民工相比，虽然新生代农民工能够很快适应城市的生活节奏，拥有更高的收入水平和稳定的工作，但仍存在明显的生活压力。根据《2019 年农民工监测调查报告》显示，50.9% 的农民工反映随迁子女在城市上学面临一些问题，城市规模越大，升学、费用和高考问题越突出，特别是在 500 万以上人口的大城市这些问题更加显著，这也成为制约新生代农民工市民化有序推进的重要因素。

4. 城市居住状况。

住有所居是新生代农民工市民化的基础条件，新生代农民工的居住条件不断完善，人均居住面积不断提高。住房政策一直以来是进城农民工面临的重要问题，大多数农民工居住条件简陋，主要居住在单位提供的免费宿舍、租赁简单的私房、亲戚朋友家、集体工棚等。近年来，新生代农民工在城市购房的比例不断上升，根据《2019 年农民工监测调查报告》显示，在 500 万人口以上城市人均居住面积增加较多，由上年的 15.9 平方米提高到 16.5 平方米；在 300 万～500 万人口城市人均居住面积为 19.7 平方米，比上年提高 0.3 平方米。同时，农民工居住条件也得到了改善，住房供暖、网络、洗浴等设施条件逐渐优化。

目前，我国各地区的相关住房制度仍需完善，大多数新生代农民工的住房问题未得到实质性的解决。我国建立的廉租房、公积金等住房保障性措施不断将符合条件的农民工群体纳入了住房保障体系，但是与农民工的实际需求仍存在一定差距，全国保障性住房政策方面还缺少明确的法律条文规定，新生代农民工的住房保障性制度体系仍需完善。

综上所述，在新型城镇化建设中，新生代农民工市民化注重提升农民工在城市生活的归属感，要精准施策，提供无差别化的基本公共服务，重点在于实现新生代农民工素质的提升，以保证新生代农民工适应城市生活和工作，从而有序推进新生代农民工市民化。

我国区域发展尚不均衡，人口主要流向大型城市，但大城市的发展规模和强度超出了其承载能力和基础设施条件。一些欠发达地区尤其是小型城市则表现出人才"引不来""留不住"的局面。目前，新型城镇化建设需要关注大中小城市的共同发展。随着户籍制度改革，人口向发达城市的流入性会更强，这种情况下中小城市人口流失问题亟须解决，需要对这些城市重新定位，激发中小城市的创新活力。另外，拥有一定知识水平的农民离开了农村，留下低技能劳动力而造成乡村衰落的局面，因此，农业现代化发展同样是亟须解决的问题。在乡村振兴战略实施下，不断提升农民农业技能水平和农业现代化，积极推进农业生产与现代化技术的融合，构建新型农业生产体系，推动城乡协调发展。

新生代农民工逐渐成为农民工主体，成为我国新型城镇化建设的重要力量，新生代农民工职业技能提升的意义深远。我国在加强新生代农民工职业技能培训工作方面已经取得了积极成效，但职业教育培训工作仍然存在制度不够完善、培训效率不高、保障力度不够等问题，特别是面对如此庞大规模的农民工群体以及多层次、差异化的产业发展需求，新生代农民工职业技能培训任重道远。长远来看，提升新生代农民工群体的人力资本水平，有助于提升我国整体人力资本水平，是促进城乡共同发展、推动产业结构转型和经济社会发展的现实需要。因此，我国各地区应高度重视新生代农民工职业教育，积极整合各项资源，为新生代农民工职业教育提供支持。

三、新型城镇化建设中新生代农民工市民化职业教育的必要性

新型城镇化建设是我国现代化进程中的核心议题和重大任务，而新生代农民工市民化更是其中的关键一步，但多种原因导致了新生代农民工市民化推进速度较慢。其中，新生代农民工教育的缺失使其表现出较低的职业技能，从而严重制约着其市民化的过程，进而影响了我国新型城镇化战略目标的最终实现。因此，在新型城镇化建设过程中，为有序推进新生代农民工市民化，必须加强与技能教育契合度最高的新生代农民工市民化职业教育。

(一) 促进新生代农民工转型的必要保障

新生代农民工与老一代农民工两个群体的就业选择存在明显的差异。其中，老一代农民工大量进城的外溢和城市大量用工的内需交错，大批农民工受教育程度较低且未能及时掌握适应市场变化的职业技能，由此选择在中低端岗位就业。相比之下，新生代农民工的学历以及综合素质较高，能够更好地适应城市生活及就业市场需求的变化、能更快地接受新鲜事物，具备更强的独立意识及社会平等的意识，择业观念灵活，主要从事工业、服务业等非农工作。新生代农民工就业领域主要倾向于先进制造业及新型建筑业，尤其是现代服务业吸纳了大量的新生代农民工群体就业。现阶段，一些新经济、新业态、新技术的出现也引领着现代服务业的发展，同样，数字经济作为新一轮科技革命和产业变革的重要动力，其所创造的就业岗位也将成为新生代农民工就业的重要渠道，为新生代农民工孕育着更多机会。因此，面对产业发展的大变革及就业市场的新需求，新生代农民工就业倾向变化也在悄然发生，意味着新生代农民工必将发生转型，而这一转型则主要依靠职业教育培训推动。通过职业教育及相应培训将进一步增强新生代农民工的知识储备与技能水平，以支撑新生代农民工对外部环境的适应性，从事技术含量高的职业。

(二) 促进新生代农民工就业稳定的有效措施

随着新型城镇化的发展、经济结构转型以及产业结构优化升级，需要大批

高质量、高技能的人才支撑。当前我国高技能人才队伍不断扩大，结构日益优化，但高技能人才的总量和质量仍显不足，尚不能完全满足产业转型升级需求，因此，需要将新生代农民工群体的综合素质培养和职业技能提升纳入人才培养的考虑范畴，并将其打造成工匠型的产业工人，从而更好地服务于我国经济高质量发展。

现阶段，随着产业结构的调整和经济发展方式的转变，劳动力市场对劳动者的知识、技能和经验持续提出越来越高的要求，显然部分新生代农民工未达到劳动力市场的需求。新生代农民工群体仍存在自身文化修养、职业技能素质不足等问题，无法适应当今知识经济时代和市场竞争激烈的新形势，尚不具备从事新兴产业所需的综合素质和岗位胜任技能，易出现新生代农民工结构性失业现象。同样，新生代农民工就业能力水平不高也是我国新生代农民工市民化道路上的主要障碍，新生代农民工对于有需求的普工岗位不情愿去竞争，对于稀缺的技术含量较高的岗位又无力去竞争。一方面，新生代农民工难以为新兴产业提供高端技术与复合型人才支持，使得高素质人力资本市场的供给需求矛盾突出；另一方面，新生代农民工因其技能素质不足只能涌入低层次产业就业，形成过度竞争，这也使得一些企业以低成本的方式招聘更多缺乏具备较高综合素质和岗位技能的劳动力，从而限制了企业向高端化转型发展。

作为新时代的新生代农民工群体，必须不断掌握和提高与未来发展匹配的知识和技能，其中职业教育培训是主要途径之一。一方面，通过职业教育培训，有助于提升新生代农民工的就业竞争力，以适应经济社会发展对就业冲击带来的影响，从而增强其在城市就业的稳定性；另一方面，鉴于社会分工的发展及专业化程度越来越高，职业教育培训利于新生代农民工全面了解企业整个生产运营系统、掌握各个环节的功能，从而根据社会需求和自身意愿进行职业选择。总体来看，部分新生代农民工尽管接受过一定程度的职业教育，但当今劳动力市场对学历与技能要求越来越高。因此，有必要加强新生代农民工的职业技能培训，提升其就业、择业能力，从而进一步促进新型城镇化高质量发展。同样，新生代农民工群体也应自主参与职业教育培训，不断更新并补充新的知识和技能，开阔视野，提升自身的职业竞争力，以适应社会环境的发展变化。

（三）有利于适应城市产业结构优化升级的需求

目前，我国经济已由传统的粗放式增长向高质量发展转变，随着产业结构的不断转型和升级，各个行业对人才的需求也发生了根本改变。近几年，我国各地区传统的劳动密集型行业的规模显著降低，对低端生产工人的需求也与日俱减，与此同时，一些技术和资本密集型行业规模的扩大及其对新知识、新技术需求的增加，对中高端技术人才也产生了大量的需求。这一过程的转变也对新生代农民工群体提出了更高的要求，但新生代农民工的综合素质仍滞后于国家产业结构调整和城市劳动力市场的需求，导致其大多从事一些低端、可替代性强的工作，不利于新生代农民工在城市的长期发展。当今劳动力市场选择标准已经由简单体力劳动转化为知识和技能投入，新生代农民工群体正在日益成为我国现代制造业发展与新型城镇化建设的坚实支撑，因此，加强新生代农民工的技能培训尤为迫切。通过职业教育培训推动新生代农民工由低技能劳动力向技术技能型人才转变，促使其能够尽快适应我国产业结构转型升级的现实需求，推动其在制造业的更复杂部门以及产业链的更高环节领域就业，更快地满足我国现阶段经济社会高质量发展的要求。

（四）建设社会主义和谐社会的必然要求

新生代农民工渴望在城市立足，但知识和技能的缺乏阻碍这一群体顺利融入城市，这也使得新生代农民工成为城乡之间流动性较高的特殊群体。新生代农民工受教育水平以及职业教育培训参与程度较低，导致了其综合技能不高、劳动技能单一、市场意识淡薄等，这一特征也导致了部分新生代农民工群体仅能从事城市里技能含量较低的工作。通过职业技能培训、社区教育、继续教育等途径提升新生代农民工的知识储备和技能水平，拓宽就业渠道，有益于新生代农民工自身的阶层流动和社会融入，从而减少对城市产生的抵触心理及与城市市民之间的排斥度，从源头上预防和化解社会矛盾，增加社会安定因素。因此，妥善解决好新生代农民工职业教育培训方面的问题，对于维护我国社会安定团结，实现构建社会主义和谐社会的目标具有重要意义。

四、新型城镇化对新生代农民工市民化职业教育的现实需求

改革开放以来，大量农民工流入城市为中国经济的持续稳定增长贡献了人口红利。随着新型城镇化建设和产业迭代升级，对高端劳动力的需求不断增加，这也促使了拥有较高职业技能水平的农民工继续留在城市。新生代农民工

市民化直接关系到我国经济可持续发展，关系到社会稳定，关系到我国现代化进程，关系到农民工整体素质的提升（高帆，2010）。因此，亟须进一步强化新生代农民工市民化职业教育，提升新生代农民工综合素质和职业技能水平，从而助其尽快融入城市。

（一）新生代农民工需要获得与社会需求相符的职业技能

随着我国产业转型升级的不断加快，对拥有先进技能水平的人才需求不断增加。对于新生代农民工群体而言，由于其自身的职业素养和学历背景不足等原因，与企业对人力资源的需求并不匹配，尚不能获得与就业意愿相符的岗位，需要持续提升自身的职业技能，以满足市场需求。已有学者通过对20家企业员工的调查研究发现，新生代农民工中高中（含中职）以上学历者占比为61.25%，而新生代农民工就业主要集中在劳动密集型行业，知识密集型和技术密集型行业相对较少（俞林、印建兵，2020）。新生代农民工亟须进行职业转换，提高收入能力，降低在城市生活的经济压力。而相对于学历教育的普适性，职业教育侧重于技术技能的培养，注重实战操作训练，是培养社会各类技术岗位的通用教育形式，因此，职业技能培训是新生代农民工提升自身素质、满足市场职业需求的重要途径，为新生代农民工提供了更为广阔的职业发展空间（黄快生、马跃如，2014）。在新生代农民工市民化进程中，需要大力发展职业教育，提升新生代农民工群体的就业能力和城市生存能力，推进新生代农民工群体就业选择与新型城镇化建设人才需求的匹配，为新生代农民工市民化创造更为有利的条件，促进社会和谐发展。

（二）新生代农民工需要提升人力资本，实现自我价值

随着互联网的推广和普及，新生代农民工的社会交流范围不断扩大，能够较为快速地接受城市文化和思想熏陶，适应城市的生活节奏。在良好的社会环境下，新生代农民工群体若拥有与城市发展相符的人力资本水平，将更有助于获得社会的认可。特别是对于在超大城市工作的新生代农民工群体来说，他们有更为主动学习的意愿，对参与职业培训的积极性较高，调查显示有94.87%的新生代农民工认为自身需要继续学习（蒋帆、齐天宇，2020）。职业教育所提供的技能满足社会分工需求，服务社会生产需求（姜乐军，2019），不仅有助于整个社会生产，更有助于实现新生代农民工自我价值，帮助新生代农民工

在社会生产过程中获得稳定就业、增强竞争力，获得更广阔的发展空间。

重视农村教育质量，加强新生代农民工对科学知识的向往和认知主动性，提升新生代农民工整体的素质水平，对进一步构建高技能的现代产业工人队伍具有重要作用，较高的人力资本水平更有助于推动城市经济发展。

（三）新生代农民工需要提升综合素养，获得权利、地位和尊重

由于成长环境和教育背景等原因，新生代农民工与城市居民在各方面均存在明显差距，这也成为新生代农民工城市融入的现实障碍。新生代农民工需要弥补教育缺失，获得融入城市的能力，而职业教育可以提供给新生代农民工"身份转换"的机会。因此，为新生代农民工提供多元化的教育培训，助其获得持续且可依靠的职业技能，是新生代农民工向市民转化的关键。调查显示，新生代农民工不再单纯地追求短期的经济收入，而更需要获得长期的职业发展技能，从而为融入城市提供支持。通过开展职业教育培训，使新生代农民工获得职业技能、科技知识和文化素养，在城市拥有更多就业机会，获得城市认可。一方面，新生代农民工通过继续教育可以提升自身素养，增强法律意识、权利意识和政治意识，增强自信心。另一方面，通过职业能力的提升，新生代农民工更容易在城市中获得相应的权利和地位，拥有明确的身份，从而避免成为"候鸟式"群体，徘徊在城市和农村之间。

新生代农民工作为推动新型城镇化的主力军，促进其市民化发展已然成为新型城镇化建设的关键问题。因此，以人为核心的新型城镇化建设，提升新生代农民工的综合能力，解决新生代农民工的职业教育，帮助实现个人的职业转型和长久发展是推进新生代农民工市民化的现实需要（杜启平，2020）。

第三章

新生代农民工市民化的
多层次原因及内在
机理分析

本章主要结合我国不同地区新生代农民工发展的现状，深入分析推动新生代农民工市民化的多层次原因，以"职业依赖"为特征运用数理分析方法揭示我国新生代农民工市民化的动态经济效应及影响的内在机理。

第一节
新生代农民工的基本内涵及发展现状分析

新生代农民工的定义随着城镇化阶段的演替与经济发展水平的提升而不断地发生改变。本节在详细介绍新生代农民工内涵的基础上，总结和提炼新生代农民工的精确定义，梳理并分析各阶段新生代农民工的特征与发展现状。

一、新生代农民工的内涵

新生代农民工最早被王春光（2002）以"新生代农村流动人口"这一称谓提出，唐斌（2002）将"新生代农村流动人口"转述为"新生代农民工"。众多学者依据农民工的出生年龄定义新生代农民工为 1980 年以后出生、16 周岁以上的青年农民工（刘传江，2010；谢建社，2010；杨春华，2010）。2010 年 1 月 31 日，国务院发布的中央一号文件《关于加大统筹城乡发展力度进一步夯实农业农村发展基础的若干意见》中，首次使用了"新生代农民工"这一名词，也按照出生年代将其定义为出生于 20 世纪 80 年代和 90 年代的农民工。全国总工会新生代农民工问题课题组（2010）按照出生年龄与就业地域将新生代农民工界定为出生在 20 世纪 80 年代后，16 岁以上的、在异地以非农就业为主的农村户籍人口。王春光（2002）、刘传江和徐建玲（2007）等依据农民工的出生年龄与务工时间，将新生代农民工定义为 25 岁以下、1990 年以后进城打工的农民。廖海敏（2007）依据农民工的出生年龄与教育背景将新生代农民工界定为 1980 年以后出生的、16 周岁以上、受过初高中和中专教育的青年农民工。也有学者将农民工的出生年龄、教育背景以及务工时间都考虑在内，将新生代农民工定义为 1980 年以后出生、年龄在 16～28 周岁、1990 年前后接受基本教育、20 世纪 90 年代中后期外出务工的农村青年（韩俊，2009；刘俊彦、胡献忠，2009）。有关专家对新生代农民工市民化提出"七八九"的定义，即"20 世纪 70 年代后期出生，80 年代接受教育，90 年代外出务工经商"的农民工群体。朱力（2010）按照成长经历将新生代农民工界定为出生在农村，长大后到城市打工的人。林永民等（2018）将新生代农民工被界定为出生于 1980 年以后的、仍拥有农业户籍的、主要在城镇从事一些非农工作的产业工人。蒋笃君（2019）认为，新生代农民工是指 1980 年及之后出生、长期进城从业的、暂时仍属于非城镇化人口的农村劳动力，这一群体具有一定的知识背景，能够适应城市社会，为实现个人价值的目标而参与城市建设。冉清文和孙丹青（2020）认为，活跃在城市经济社会发展第一线的"新生代农民工"，一般指出生于 20 世纪 80～90 年代，登记为农村户籍，而在城市工作生活的农民。

学者们分别从不同视角对新生代农民工的基本内涵进行概况和总结，见表 3－1。本书将新生代农民工界定为出生在 20 世纪 80 年代后，以"三高一低"为特征，即呈现出受教育程度高、职业期望值高、物质和精神享受要求高以及工作耐受力低等特征的进城务工农民。

表 3 - 1　　　　　　　　　　新生代农民工的内涵

作者	依据	定义
廖海敏（2007）、刘传江（2010）、谢建社（2010）、杨春华（2010）、全国总工会新生代农民工问题课题组（2010）；王春光（2002）、刘传江和徐建玲（2007）；韩俊（2009）、刘俊彦和胡献忠（2009）	出生年龄、务工时间以及教育背景	1980 年以后出生、16 周岁以上的青年农民工；25 岁以下、1990 年以后进城打工的农民工；1980 年以后出生、年龄在 16～28 周岁、1990 年前后接受基本教育、20 世纪 90 年代中后期外出务工的农村青年
刘传江等（2006）；杨婷（2004）、吴红宇和谢国强（2006）；段成荣（2011）；林永民等（2018）	代际转换	老一代农民工成长于计划经济时代，在 20 世纪 80～90 年代离开农村，第二代农民工即新生代农民工在此之后出生；按照时间顺序划分为三代农民工，出生在 80 年代之后的第三代农民工即新生代农民工；划分农民工为新生代、中生代和老一代，将 1980～1994 年出生的界定为新生代农民工；新生代农民工群体主要是指 1980 年以后出生的从事一些非农工作的产业工人
韩振方（2006）、王兴周（2008）、李培林（2011）、李俊奎（2016）、蒋笃君（2019）；张红霞和江立华（2016）	对比老一代农民工	与老一代农民工相比，新生代农民工的学历以及综合素质较高，能够更好地适应城市及其市场经济发展、更快地接受新鲜事物，具备更强的独立意识及社会平等公正的意识，择业观念灵活，主要从事工业等非农工作，社会身份仍为农民；新生代农民工具备较强的流动性，他们的整个社会关系与成长或者出生背景是偏离的，在行为逻辑、情感归属以及价值诉求等方面呈现新特征

资料来源：笔者研究整理。

二、新生代农民工的特征

与老一代农民工相比，新生代农民工群体具备明显的主体优势，现已成为中国产业工人的新一代重要力量（林晓娜、王浩，2019）。因此，需要重点把握新生代农民工的特征，以便更有针对性地开展研究，以解决现实中的城市融入与市民转化问题。同样，学术界也基于不同视角对新生代农民工群体的特征进行总结和界定。吴红宇等（2006）基于人口学与社会学等学科视角，认为新生代农民工表现出社交网络效应增强、职业变换多且快以及有主动融入社会环境的要求。大多数学者通过对比新生代农民工与第一代农民工之间的差异，得出新生代农民工所具备的基本特征。吴漾（2009）通过研究得出，与老一代农民工相比，新生代农民工文化程度相对较高，消费观念更加开放、生活目标明显转移、生活方式差别显著、维权意识不断增强。新生代农民工的外出时间、外出距离、流出省份、流入省份与老一代农民工相比有较大差异，其表现出外出时间较短、跨省流动比例较高、流出地大多分布在我国中部地带、流入地更加集中在广东一带（丁志宏，2009）。全国总工会新生代农民工问题课题组（2010）在此基础上分析新生代农民工就业行业分布呈现明显"两升一降"特征，即在制造业、服务业中的就业比重有所上升，在建筑业中的就业比重有所下降，并总结出新生代农民工具备的四大特征有时代性、发展型、双重性和边缘性。杨春华（2010）通过研究新生代农民工在外出动因、心理定位、身份认同、发展取向、职业选择等方面发生的根本性变化进而提出新生代农民工具备的特征。段成荣等（2011）通过比较分析得出新生代农民工在规模、年龄、性别、婚姻状况、收入情况、务农经历方面所具备的特征，总体来看，新生代农民工群体的规模呈现不断增加趋势，年龄区间小、年龄均值低，女性占比增高，未婚比例远高于第一代农民工，家庭收入均值增高但政府发放的补助缩减，缺乏务农经验。另外，新生代农民工的外出动因从"生存型"转变到"生活型"，身份从农民转变到工人和市民，发展取向方面从关注工资待遇向关注自身发展和前途转变，职业的选择由苦脏累工种转变到体面工种（杨春华，2010）。此外，李建华（2011）补充道，新生代农民工更加重视其子女的教育，希望子女接受高等教育。刘莹莹等（2018）则认为，新生代农民工更倾向于考虑就业质量的高低，期望选择融入能提供与自身意愿更匹配的高质量的工作和收入的城市，并以此为实现个人价值的最终目标。刘雪梅和陈文磊（2018）认为，新生代农民工拥有更高的自主性和流动性，对从业机构的依赖程度显著降低。朱丹霞等（2020）提出，全球新冠肺炎疫情等复杂严峻形势的出现对新生代农民工群体的影响也十分明显，这就要求其个人发展与中国特色的新型城镇化建设要相匹配，但新生代农民工在成长环境、个人特征及外部环境等方面较为特殊，与上一代农民工和城市居民均有差别，难以完全从事农业生产活动，融入城市难度同样较大，其市民转化进程受到一定的影响。

基于以上研究，本书根据新生代农民工自身内在因素及其所处环境总结出新生代农民工所表现的特征如下所述。

1. 新生代农民工的基本特征。

（1）其基本特征呈现出年龄轻且大多数未婚，受教育程度明显提高，尤其是性别之间的教育程度差距在逐渐缩小。（2）其流动性呈现出跨省流动的比例较高，省内流动的比例较低，且流动性集中，大多从我国中部地带流出，流入经济比较发达的广东、浙江等省。（3）其价值观呈现出较大变迁，生活目标转变、自我发展意识趋强、重视培训学习、注重自身兴趣爱好、消费观念开放、维权意识趋强、市民化意识趋强。（4）其务工方式呈现出发展型、消费型和家庭型，且新生代农民工偏向劳动环境和就业条件更好的行业。

2. 新生代农民工的外部特征。

（1）新生代农民工与第一代农民工相比处于一种更为漂泊不定的状态。大多数新生代农民工毕业后选择进城打工，其就业经历与生活历程和城市密切相关，以致新生代农民工对农业生产和农村生活感到生疏，内心不愿返乡，但事实上又很难完全融入城市生活之中，故呈现出更为漂泊不定的状态。（2）新生代农民工具备了更有利的外部政策条件和社会环境，国家建立相关保障体系（包括社会保险制度、社会福利制度、社会救助制度）以支持、帮助农民工实现市民化，在一定程度上维护了新生代农民工"对等享有权利"。

三、新生代农民工的发展现状

新生代农民工是参与新型城镇化建设而不断成长起来的新一代群体，相比于传统农民工一代具备新的特征，也是老一代农民工的发展和延续。随着我国经济发展水平的不断提升，新生代农民工的生活环境和就业状况明显优于传统农民工群体，且具有更高的追求和目标。但在我国长期的二元社会体制下，新生代农民工的个人发展受到了阻碍，往往面临就业、医疗、教育等基本社会问题，这也是新生代农民工市民化亟须解决的问题。

新生代农民工群体数量庞大，但个体特征依然突出，一定程度上也影响着我国经济社会发展及新型城镇化建设进程。据国家统计局数据显示，2019年全国农民工总量为29077万人，外出农民工数量为17425万人，外出农民工平均年龄为36岁，其中40岁及以下占比高达67.8%，因此，外出新生代农民工数量约为11814.15万人，在不考虑就地转移农民工的新生群体的情况下，我国现阶段新生代农民工已经占全部农民工总量的 40.63%。① 以珠三角地区为例，传统农民工初次外出务工的平均年龄为 26 岁，新生代农民工中"80后"的平均年龄为 18 岁，"90后"平均年龄只有 16 岁②，这个年龄层意味着新生代农民工在中学阶段就开始外出务工，进一步说明相对于上一代农民工来说，新生代农民工缺乏农业劳动经历，离开校门后直接进城务工。此外，新生代农民工在务工期间需要解决住房、子女上学、赡养父母等一系列问题，因此，充足的经济支撑和具备相关职业能力对新生代农民工群体来说更加重要。从新生代农民工的教育程度来看，《关于新生代农民工问题的研究报告》显示，新生代外出农民工中接受过高中及以上教育的比例，30 岁以下各年龄组均在 26% 以上，其中年龄在 21～25 岁的达到 31.1%，这也说明近年来我国新生代农民工的受教育程度不断提升，但整体来看，新生代农民工的教育程度仍然处于初中及以下水平，职业技能水平有待提升。

新生代农民工具备一定的教育基础，相对于传统农民工而言更具就业优势。在就业结构中，新生代农民工在制造业、服务业的就业比重有所上升，而在建筑业中的就业比重有所下降。根据《中国农民工调研报告》显示，2013年农民工从事制造业和服务业的比重分别为 33.3% 和 21.7%，从事建筑业的比重为 22.9%，到 2018 年，农民工从事制造业和服务业的比重分别提升至39.1% 和 25.5%，从事建筑业的比重则降为 17.3%，可以看出制造业和服务业分别上升 5.8% 和 2.6%，说明新生代农民工的就业条件相对良好，更倾向于选择技能型和服务型的就业岗位。相对于传统农民工群体，新生代农民工的成长经历与城市新生代群体相似，两者均在父母的庇护下成长，并且对城市生活环境十分熟悉，能够快速适应城市生活。据统计，89.4% 的新生代农民工不会务农，且 37.9% 的新生代农民工没有接触过农活，新生代农民工生活条件更加优越。

随着我国新型城镇化进程的推进，新生代农民工呈现出时代性、发展性、双重性和边缘性特征。其中，时代性体现在其注重自身价值的提高和个人权利的实现，具备更加开放的思维；发展性体现在这一群体处于青年阶段，具备更加广阔的职业发展空间；而双重性体现为从农村向城市的过渡阶段，拥有农民

---

① 资料来源：根据国家统计局发布的《2019 年农民工监测调查报告》研究整理。

② 资料来源：全国总工会新生代农民工问题课题组发布的《关于新生代农民工问题的研究报告》。

和工人的双重身份；此外，新生代农民工既不熟悉农业生产，又难以在城市获得稳定工作，融入城市周期较长，在城乡之间处于边缘状态。

第二节
新生代农民工市民化的内涵及多层次原因

在明确新生代农民工定义与涵盖群体的基础上，进一步分析新生代农民工市民化的有关内涵与特征，结合现有研究探究新生代农民工市民化过程中的现实问题与多层次原因。

一、新生代农民工市民化的内涵

（一）市民化的内涵

市民化是相对于农民而言的，是中国特殊的城市化过程的产物。"市民化"是非城市居民身份逐步转变为城市居民的过程，是中国的城市化发展后期阶段。目前为止，学术界对于"市民化"的具体定义仍存在狭义与广义之分。其中，传统的"市民化"定义较为狭隘，指农民在身份上获得与城市居民相同的合法身份和拥有相应权利的过程，该过程主要涉及的是户口类型的变动，而市民化成功的标志就是获得城市户口，享受与城市居民同等的待遇。在此基础上，广义上的"市民化"还包含着市民意识的普及以及居民成为城市权利主体的过程。

（二）新生代农民工市民化的内涵

学术界对于"农民工市民化"概念的界定较多。整体来看，农民工市民化主要是指进入城市从事非农产业的农民，其身份地位、工作方式、生活方式和价值观念等向市民转化的社会过程。农民工市民化是指离开原居住地半年以上，从事非农劳动的农民工克服各种障碍最终逐渐转变为市民的过程和现象。首先是职业上的转变，即由在非正规的、次属劳动力市场就业的农民工，转化为在正规的、首属劳动力市场上的工人，由农业人员转变为非农业人员；其次是社会身份的转变，由农村的农民转化为城市的市民，居住地也从农村转变为城市；再次是在个人素质方面，向城市市民靠拢；最后是文化观念上的转变，在思维方式、生活习惯、社会组织形态、行为方式和意识形态方面逐渐具有城市居民的某些特征，逐渐完成市民化的转变。但这一过程并非一蹴而就的，农民工市民化过程至少应该包括三个阶段，即从实现职业的非农化转变，到居住地实现城市化，最后完成城市生活的市民化转变。

与之不同，新生代农民工市民化则是针对新生代农民工这一特殊群体的市民化活动，一般指出生在20世纪80年代后、转移进入城市的农民工并逐渐向市民身份转化的再社会化过程。新生代农民工再社会化指该群体舍弃以往接受的社会规范与价值标准，通过职业教育培训重新开始学习新环境所要求的社会规范与行为方式的过程，这一过程中新生代农民工的原有身份地位、职业活动、生活方式和价值观念等方面均发生变化。

本书认为，新生代农民工作为当前农民工的主体，具有更强烈的市民化意愿和需求，其市民化的内涵应该包括四个方面：一是职业的转变，即由从事农业生产转变为从事非农业生产；二是地域的转换，即由农村迁往城市；三是身份的转变，即由农民转变为市民；四是素质的转变，即在文化素质、思想观念、生活习惯、行为方式等方面向市民的靠拢和转变。这四个方面的内容相互联系，相互制约，共同构成新生代农民工市民化的完整含义。

二、新生代农民工市民化的特征

首先，新生代农民工市民化突出角色的转变。新生代农民工市民化是新生代农民工由传统农民向现代城市人角色转变的过程，在这一过程中新生代农民工逐步放弃自身已经形成的农村文化，认同、接受新的城市文化和文明，并实现与城市居民同质化。新生代农民工外在的行为表现方式、内在的意识需求及精神面貌都将在一定程度上发生改变。

其次，新生代农民工市民化是人力资本形成与积累的过程。新生代农民工首先必须具备在城市生存的能力。与老一代农民工相比，新生代农民工更偏向于工作环境和福利待遇更好的行业，所以职业教育培训显得尤为重要。职业教育培训过程本质上是新生代农民工人力资本的形成与积累过程，且人力资本积累的质与量决定着新生代农民工能否融入城市以及融入的程度。在职业教育培训过程中，新生代农民工会接受新的知识与技能、思想和观念，包括价值观念、职业技能、城市文化和心理素质以及生活习惯等，最终实现自身综合素质的提升。

再次，新生代农民工市民化是社会心理层次全面适应的过程。新生代农民工社会心理层面的适应主要表现为其内心能够认同自己的市民角色、对城市有更多积极肯定的评价、具备自我心理调适能力以及拥有幸福感等，这些表现是新生代农民工市民化的主要标志。

最后，新生代农民工市民化进程呈现出渐进性与复杂性。在市民化进程中，新生代农民工需要发生职业角色、地域空间、社会身份、资源获取方式、生活方式和价值观念等方面的转变（皮江红，2014），而这一过程又要求新生代农民工在解构以往形成的乡村文明、文化与习惯的基础上，重构并接受新的城市文明。其艰难性与复杂性主要表现在心理矛盾方面，新生代农民工必须以所在城市为参照进行全面改变，实际上很难实现跨越式的突变，故这必然是一个渐进的演变过程（王绍芳等，2016）。

三、推进新生代农民工市民化的多层次原因

（一）国家层面

1. 新型城镇化对新生代农民工市民化的现实需求。

现阶段，我国经济增速已由两位数的高增长逐渐走向更加追求质量和效益的中高速增长，产业结构不断优化升级，特别是随着创新驱动发展战略的不断深入，先进制造业和现代服务业也得到快速发展。与此同时，这一系列的变化对推动新生代农民工市民化也产生新的阶段性影响，对新生代农民工群体的就业机会、工资水平、收入分配、文化层次等各个方面均提出了新要求。中国城乡二元结构特征明显，农民工不断涌入城市并逐步稳定下来，显著扩大了城市的常住人口，但同时也带来了一系列问题，而新生代农民工市民化既是实现二元经济向一元经济转型的重要路径，还带动了第二、第三产业发展，以推动地区经济增长。但是，当前新生代农民工市民化尚未完成"市民"身份的转变，另外，新生代农民工在城市的消费能力非常有限，拉动经济增长效应并不明显，加之劳动力低成本优势逐步丧失，因此，迫切需要推进新生代农民工市民

化来释放内需和加速推进新型城镇化。

（1）新生代农民工市民化是去表象化，提升城镇化质量的最佳选择。我国城镇化伴随着工业化经历了一个低起点、高速度的发展过程，根据《2019年国民经济和社会发展统计公报》显示，常住人口城镇化率由 1978 年的17.92% 提升至 2019 年的 60.6%，然而 2019 年的户籍人口城镇化率仅达到44.38%，这与发达国家城镇化率的平均水平仍有差距。我国城镇常住人口数量统计包括了大规模的新生代农民工，然而，新生代农民工这一群体的生存和发展状态无法与真正意义上的城市市民相媲美，城镇化质量仍需提升。除此之外，城镇化滞后于工业化、人口城镇化滞后于土地城镇化、农民工"不完全城镇化"等诸多问题表明，这些年我国更注重城镇化数量的增长，而忽视了质量的提升。新生代农民工市民化有助于新生代农民工实现身份转换，成为新市民，进而有利于提高新型城镇化质量。

（2）新生代农民工市民化是保障新生代农民工福利待遇、维护合法权益的重要保证。一方面，于新生代农民工自身而言，该群体的社会保障意识薄弱、法律意识淡薄，缺乏维护自身权利的意识和动力。另一方面，社会保障制度仍需要进一步完善。现阶段，社会保障制度对新生代农民工的覆盖率仍较低，新生代农民工参加社会保险率较低。现有的新生代农民工社会保障模式发展不平衡，社会保障立法仍不健全，存在立法工作滞后、法律法规可操作性不强等问题。相比之下，新生代农民工市民化可保证新生代农民工在政策和制度层面上与市民"同等待遇"，对公民权利和福利待遇的享有不会受到户籍和身份的制约，符合新型城镇化之公平的价值取向。

（3）新生代农民工市民化是促进社会融入的现实要求。新生代农民工虽然有较强的城市融入意愿，但城乡二元户籍和社会保障等制度性因素的存在使该群体无法享受到与城市居民等同的社会资源待遇，再加上新生代农民工自身职业技能、收入水平的限制，直接导致了该群体在城市社会的边缘化状态。除此之外，城市居民长期形成的优越感以及交往中存在的或多或少的排斥与偏见让其未能从心理上接纳新生代农民工这一群体，从而加剧了新生代农民工群体的城市"过客"心理。由此，新生代农民工市民化更有助于新生代农民工这一群体自身素质的提高以及意识形态、价值观念、生活方式、行为方式和社会组织形态的转变，能更好地实现城市融入。

2. 经济高质量发展对新生代农民工市民化的现实需求。

新生代农民工由于知识水平、技术水平有限，进入城市后大多从事技术水平低、工作环境差、工资待遇低的劳动密集型工作，收入水平低下，难以承担在城市相对较高的生活消费。此外，新生代农民工自身受教育机会有限，企业提供培训不足，提高自身的经济地位也受到较大限制。长此以往将不利于我国经济高质量发展，因此迫切需要推进新生代农民工市民化。

（1）新生代农民工市民化有利于扩大我国消费内需。新生代农民工为扩大消费内需做出贡献，该群体在向城市的流动过程中支付的成本以及完成市民化转换后持续释放的消费潜力将长期推动我国经济增长。新生代农民工市民化有利于缩小户籍制度造成的工资差异，为新生代农民工消费奠定物质基础，此外，新生代农民工的年龄结构以青壮年为主，消费观念不同于老一代农民工，新生代农民工消费能力的释放为我国经济发展提供重要支撑。

（2）新生代农民工市民化有利于实现劳动力资源的高效率配置。我国正处于转型发展的关键时期，经济增长速度由高速增长转变为中高速增长，迫切需要创新驱动型发展方式。经济可持续增长的核心是通过提高全要素生产率，这需要提升资源配置效率。新生代农民工市民化通过促进人力资本投资形成高素质的产业工人队伍，并使这一重要生产要素流向全要素生产率更高的地区，实现劳动力资源的高效率配置，为我国经济高质量发展提供人才保障。

3. 统筹区域发展与城乡发展对新生代农民工市民化的现实需求。

新生代农民工市民化的稳步推进需要完善的基础设施和公共服务的支撑。区域重大基础设施的建设和交通格局的优化，为促进产业转移和区域协同发展提供了保障条件，同时，也助推人才、劳动力等生产要素自由流动和优化配置。新生代农民工市民化有助于增强城市和中心城镇产业发展、吸纳就业、人口集聚功能，促进城乡要素和资源合理配置，使得新生代农民工享受到与城市居民相同的基本公共服务和社会保障体系，进一步释放巨大的产业发展机遇和新兴服务需求，有力促进我国经济结构优化和经济社会高质量发展。

（二）社会层面

1. 推进新生代农民工市民化有利于促进社会和谐稳定。

合理有序地推进新生代农民工市民化，一方面，可以逐步减少农民的数量以扩大社会中间层，中间阶层规模的扩展有利于社会的和谐稳定；另一方面，给予新生代农民工市民身份，增加该群体个人及家庭的收入，改变生活方式与价值观念，使其实现自身的现代化。因此，应切实保障新生代农民工群体各个方面的合法权益与福利待遇，逐步提高新生代农民工的经济地位与社会地位，增加其对城市社会的认同和归属感，有利于维护社会公平正义，形成和谐社会。此外，新生代农民工成为城市的新市民后，其就业、劳动权益、公共服务、社会保障问题得以解决，对社会和谐安定局面的形成意义重大。

2. 推进新生代农民工市民化有利于完善制度支撑体系。

新生代农民工市民化唤醒农民工的维权意识，积极学习法律知识，显著增强用人单位和社会各方面的守法意识，雇主与新生代农民工普遍签订劳动合同，拖欠工资、不参与社会保险、工伤职业病等不再是突出问题；新生代农民工市民化有助于落实基本公共服务均等化，增加公共服务领域的投入，加速城乡二元管理体制的废除，让新生代农民工共享经济发展成果；在推进新生代农民工市民化的进程中，新生代农民工通过职业教育培训较快适应了城镇工作和生活方式，职业技能与综合素质显著提高，使其成为真正意义上的城市居民，实现"新生代农民工"的再社会化，促进其融入城市。

（三）企业层面

1. 推进新生代农民工市民化有利于提升企业社会责任意识。

与第一代农民工相比，新生代农民工的收入水平整体有所提升，劳资矛盾已得到有效解决，各地区也已制定并出台当地的最低工资标准，要求新生代农民工所得工资不得低于当地法定最低工资标准。然而新生代农民工群体的教育、医疗、养老等保障体系不完善问题依然存在，此外，企业为该群体提供的福利也不健全，特别是失业保险、工伤保险以及医疗保险的缴纳仍未实现普及，这与新生代农民工群体的高流动性有较强的相关度，但也反映出企业的社会责任意识有待提升，"以人为本"的价值理念需要进一步深入贯彻。而新生代农民工市民化进程有助于唤醒企业主动承担其社会责任的意识，积极承担部分就业培训、改善住房条件、权益维护和社会保障等责任，配合政府共同分担新生代农民工市民化的成本。

2. 推进新生代农民工市民化有利于提高企业生产效率。

市民化进程中，企业通过加强新生代农民工的职业技能培训提升新生代农民工职业技能的同时也提高了企业生产效率。建议政策鼓励并支持企业以提供租房补贴、建设集体宿舍等方式改善新生代农民工的住房条件，及时足额缴纳社会保险来保护新生代农民工的合法权益，为该群体在城市拥有稳定生活奠定基础，故从企业层面出发，有序推进新生代农民工市民化十分必要。

（四）个人层面

1. 推进新生代农民工市民化有助于人力资本的提升。

尽管新生代农民工的受教育程度、劳动技能以及在法律意识、市场意识等方面高于老一代农民工，但随着产业结构的优化升级和生产技术的更新换代，绝大多数生产部门对劳动者能力的要求越来越高。新生代农民工也因其自身在人力资本结构上难以从体力劳动向脑力劳动升级，无法满足现代化的社会化大生产对劳动者素质的高要求，在社会竞争中处于劣势地位。因此，通过职业教育培训提升新生代农民工的人力资本素质，增加其文化素养、劳动技能知识以及就业本领，是顺应社会经济高质量发展要求及有序推进新生代农民工市民化的重要举措，也是满足新生代农民工对于知识再教育和职业技能培训需求的主要途径。

（1）新生代农民工市民化有助于强化农村基础教育，提高新生代农民工人力资本存量。正规基础教育是实现新生代农民工市民化的重要前提，很大程度上决定了出生在农村的新生代农民工的文化素质。有序推进新生代农民工市民化，有助于加大对农村基础教育的投资力度，营造公平均等的农村教育环境，拓宽教育事业的投资渠道，以提高农村基础教育的质量，提升农村人力资本的存量。

（2）新生代农民工市民化有助于发展职业技能培训，增加新生代农民工人力资本积累。在新型城镇化建设过程中，新生代农民工市民化需要这一群体提升自身的人力资本质量，以适应经济社会发展需求。而职业技能培训则是新生代农民工个人素质与能力提升的坚实基础，也是有序推进新生代农民工市民化的重要途径；一方面，有助于建立和健全多层次的新生代农民工培训体系；另一方面，有助于完善培训市场制度，为新生代农民工、企业、培训机构提供有质有量的市场信息服务，提高培训后的就业率。

2. 推进新生代农民工市民化顺应群体结构与个人诉求发生的变化。

与老一代农民工相比，新生代农民工具备一些明显不同的特征，其出生成长时代和环境背景、自身能力、意志品格、生活方式、权利意识以及目标追求等均表现出较大的差异，其更期望融入城市、共享经济社会发展成果。有序推进新生代农民工市民化顺应这一群体结构与个人诉求发生的变化，有助于该群体摆脱既无法融入城市、又不愿回到农村的"边缘人"状态，成为城市居民，从而避免引发一系列社会问题的出现。

3. 推进新生代农民工市民化有助于社会交往关系网再构建。

新生代农民工虽然生活和工作均在城市，但其在经济生活、政治参与、文化娱乐、社会交往等方面都与市民存在较大差异，且大多居住在城市与郊区交界的边缘地带或者集体聚居在"城中村"中，这在一定程度上也限制了新生代农民工与城市市民的社会交往，造成新生代农民工经济生活的低质化、政治参与的边缘化、文化娱乐的单一化、社会交往的隔离化。而新生代农民工市民化进程的深入推进将有助于该群体实现社会交往关系网的再构建，一方面，通过增加与城市原住人群的沟通与交流，建立与城市原有居民之间紧密的社会关系；另一方面，通过与城市居民工作生活上的频繁交往，从而获取和运用更多的城市资源，最终真正实现城市融入。

第三节

新生代农民工市民化的动态经济效应及影响的内在机理

新生代农民工市民化是我国新型城镇化进程的趋势和结果，也是推进我国经济发展的重要动力，而城镇化是经济社会发展的必经过程。李克强总理在十二届全国人大一次会议举行的记者会上，明确提出以"人"为核心的"新型城镇化"，突出了有序推进农业转移人口市民化的重要性。本节在前文的基础上，从消费拉动效应与劳动要素效应双重视角出发，分析新型城镇化进程中新生代农民工市民化产生的动态经济效应。

一、新生代农民工市民化的动态经济效应

（一）提振经济增长的消费拉动效应

新生代农民工作为当代中国一个连接城乡、跨越区域、规模庞大的社会群

体，其消费行为及变化趋势，对当代中国的社会经济结构转型具有非常重要的意义，新生代农民工的消费行为从更加全面、深刻的意义上反映市民化的程度。

新生代农民工成长的物质文化环境发生巨大变化，大多数新生代农民工伴随着互联网的快速发展而成长，其价值观念更趋于多元化。新生代农民工群体具备较高的受教育水平，能够较为快速地接受新事物，消费观念和消费结构也随之从乡村到城市的迁移而发生转变，追求更加舒适和高质量的生活。随着居民收入水平的提升和消费升级，新生代农民工的消费水平也不断提升，但食品烟酒和居住支出仍位于总支出的前两位。与老一代农民工相比，新生代农民工在文化娱乐、住房设备配置以及学习培训方面均比老一代农民工高，该群体倾向于将更多的时间和金钱用于学习培训，希望获得一技之长。但是，与城市居民的消费水平和结构相比，新生代农民工的消费结构仍处于较低层次。

新生代农民工的消费行为存在一定程度的"扭曲"和矛盾。尽管新生代农民工的家庭负担相对较轻，但仍需将大部分收入寄回农村家庭，而在消费观念和目标上，该群体又极力想与城市消费水平相一致。这种消费行为与消费能力的不匹配无疑是一种"扭曲"行为，而新生代农民工身份的"双重性"导致其消费时出现矛盾心理。新生代农民工难以脱离家乡成员及打工者行为的消费方式，又不可避免地需要参照城里的某些消费方式，此外，新生代农民工的消费很大程度上还取决于家庭的期望以及对家庭的责任，使得大多数新生代农民工更倾向于对自己家庭的认同，故将大部分收入回馈于家庭，这导致其消费水平的提高相对滞后。

新生代农民工市民化通过提高农民工收入水平刺激居民生活消费需求，改善家庭消费结构，增加新生代农民工家庭的消费水平，从而拉动经济增长。新生代农民工市民化也会产生新的需求，除了满足一般性消费之外，也会增加对文化娱乐以及住房消费的需求，已有研究也表明，有55.9%的新生代农民工群体准备将来"在打工的城市买房定居"，成为名副其实的市民，这一市民化过程也将进一步推动城市经济发展。

（二）强化经济增长的劳动要素效应

1. 劳动要素的社会分工层面。

新生代农民工市民化的特点之一就是从事非农产业活动，而非农产业的发展是社会分工不断深化、专业化程度不断提升的重要标志。经济效率在社会分工程度的演进过程中得到提升。亚当·斯密在《国富论》中提出："劳动生产力上最大的增进，以及运用劳动时所表现的更大的熟练、技巧和判断力，似乎都是分工的结果。"在劳动分工的基础上，具有专业性技能的工人可以集中时间完成某项任务，其技术会更加熟练，分工深化和专业化积累会推动经济增长。经济增长会扩大市场规模，激发消费者更加多样化的需求，使分工深化进一步加深，提高企业的生产效率。因此，新生代农民工市民化为专业化分工提供了人力支持，已有关于中国231个城市和29个行业研究也证实，相比于多样化而言，专业化分工更能促进中国城市经济的增长。

2. 劳动要素的规模经济层面。

市民化为新型城镇化发展提供必要的劳动力支持，进而推动经济社会发展。主要源于以下方面：（1）市民化带来了劳动力"低成本"生产效应。在城镇化发展的初始阶段，大量的新生代农民工流入城镇为非农产业的发展提供了充足的劳动力资源。这种数量型的"人口红利"是过去中国几十年非农产业快速发展的重要动力。（2）新型城镇化道路更加强调劳动力的集约化利用与再生力培育，将会改变传统城镇化对廉价劳动力要素粗放式投放的发展模式。市民化将由数量型向质量型发展，充分释放"人才红利"的生产作用，推进产业结构转型升级。一方面，促进人口自由流动及激励发展机制更加完善，引导新生代农民工在市民化进程中与产业布局更加匹配。另一方面，倒逼市民化进程中人口素质的提升，提供更加完备的基本公共服务，积极开展进城农民工的职业素养和技能的培训。因此，市民化是以人为中心的城镇化，将更加注重人的全面发展，市民化的规模经济效应将会被更大地激发出来，成为推动经济社会发展的强大动力。

3. 劳动要素的协调稳定层面。

劳动关系是发生在劳动过程中的社会关系，而和谐稳定的劳动关系能为经济持续增长提供重要支撑。新生代农民工是伴随我国新型城镇化建设过程不断成长的特殊群体，具有职业流动频繁、非农就业短期化和不稳定性等显著特征，这与我国社会制度变迁与经济结构转型具有密切的关系。研究显示，新生代农民工的转移规模与经济增长呈现出一致性波动，但这种随着经济形势改变的"常招常换"新生代农民工群体就业模式既不利于企业形成稳定的、不断增进经验和技术的产业工人队伍，致使产业升级和企业可持续发展受到限制，也无法使新生代农民工自身的合法权益得到保护。新生代农民工市民化则有利于突破权益保障的桎梏，在政策上实现新生代农民工与城市市民利益的基本均衡，有利于促进经济和谐增长。此外，新生代农民工市民化会引致社会成本的提升，但也会加剧城市公共基础设施供需矛盾，由此会进一步加大基础设施投资力度，产生巨大的乘数效应，进而表现出放大经济增长的城市化效应。

二、"职业依赖"视角下新生代农民工市民化的影响机理分析

改革开放40余年以来，中国经济实现了举世瞩目的高速增长。然而，在经济高增长的背后，城乡发展不平衡、收入分配不均等问题依然存在（白玫，2017；陈丰龙、徐康宁、王美昌，2018）。现阶段，我国经济结构调整的过程将更多依靠创新驱动和人力资本驱动（黄群慧，2014），异质性人力资本作为一种稀缺性资源已成为我国经济发展的核心竞争力（李永周等，2015），但同时人力资本流动以及农村地区的人力资本缺失也是造成城乡收入差距进一步扩大的重要原因（蔡武、陈广汉，2013）。

党的十九大报告强调，要加快建设制造业强国，加快发展先进制造业，这些依赖了有大量知识技术的技能型制造业工人队伍支撑。然而，技工短缺问题从2005年开始在全国范围内出现并日益加剧，"民工荒"反映了我国陷入低技能农民工供给充足与高技能劳动者供给不足的结构性矛盾。目前，新生代农民工已成为新兴产业工人的主力军和制造业劳动力主体，但该群体的受教育水平和技能培训状况令人担忧（银平均，2019）。因此，推动新生代农民工的人力资本投入，加快新生代农民工市民化进程，以实现城乡收入差距的不断缩小，也是未来一段时间我国必须面对的重大问题之一，也是我国产业转型升级的必然要求。在新型城镇化进程中，农村人口不断向城市转移，而城乡差距大与小取决于人口流动的情况，因此，城镇化后农民转移到城市以后，能否享受到一些基本的、均等的公共服务，这是关键。若农村居民的市民化进程使得这部分转移人口在再分配，包括基本公共服务这方面，能够享受到城市的水平，确实是能够缩小城乡差距，从而缩小收入差距。那么，随着我国各地区基础设施的完善，也加快了人口在区域间的流动，在这一背景下，异质性人力资本水平对城乡收入差距产生何种影响？对于这一问题的研究，有助于为缩小城乡收入差距，实现经济可持续发展提供政策启示。鉴于此，本书将基于新经济地理

视角开展新生代农民工市民化影响机理探讨，将异质性人力资本划分为低技能农民工与高技能劳动者，并运用省际面板数据分析异质性人力资本、区域基础建设对城乡收入差距的影响及其作用机制，用以揭示新生代农民工市民化经济效应及影响的内在机理。

目前，国内外关于异质性人力资本对城乡收入差距影响的相关研究也较为丰富。从影响机制上，蔡武和陈广汉（2013）认为，在城乡人力资本流动规模逐步扩大的过程中，高技能人力资本的流出对城乡收入差距的缩小起到了积极作用，而低技能劳动力的流出则起到了负向作用。此后，学者们相继以不同视角开展研究。其中，部分学者主要基于农村劳动力为获取更高劳动报酬而进行的选择性转移视角开展研究，认为农村人力资本不足导致城乡生产效率的失衡，最终引起城乡收入差距的持续扩大（Pavlopoulosa D. et al，2014；匡远凤，2018）。还有学者从马克思主义的人的发展理论视角分析人力资本如何通过要素和产品交换对城乡收入差距产生影响，认为应从城乡之间的交换为切入点制定缩小城乡收入差距的梯度性开放政策（李飞龙、赖小琼，2016）。从政策倾向上，学者们更倾向于采用农村偏向的人力资本投入政策。其中，一种观点认为，应加大农村教育资源的投入和增强技能培训的力度，通过提升农村居民的文化水平来缩小城乡收入差距（Terry Sicular，2007；张伟、陶士贵，2014；李昕、关会娟，2018）。还有学者则提出增加不同教育层次群体人力资本投入的观点。如吕炜等（2015）认为，应通过加大城乡初中教育经费投入的方式来缩小城乡收入差距；张辉和易天（2017）研究认为，要发挥职业教育对缩小城乡收入差距的促进作用；詹国辉和张新文（2017）则更倾向于通过教育费用保障低收入群体的受教育机会。

我国区域基础设施的建设和不断完善，为经济要素的空间流动提供了重要载体，加快了人力资本在城乡之间的转移，从而影响了城乡之间的收入差距，同时也受到了国内外学者们的关注。格塔丘（Getachew，2010）研究显示，公共基础设施投资的增加影响了人力资本积累，不仅有利于总产出的增长率不断提升，还有利于收入较低的人获益较多，从而降低了收入差距。同样，国内部分学者也支持这一观点，认为基础设施水平的提升使得更多的农业劳动力向非农业部门流动，降低了农村劳动力转移成本，增加了农村居民的收入水平，从而有利于城乡收入差距的进一步缩小（刘晓光、张勋、方文全，2015；万晓萌，2018）。为解决这一问题，应着力改善农村地区以及经济落后地区的基础设施建设，降低交易成本，推动劳动力的转移和自由流动，促进农村居民增收（罗能生、彭郁，2016；郑晓冬、方向明、储雪玲，2018）。与此类观点存在分歧，部分学者更认同基础设施的改善拉大了城乡收入差距的观点。康继军等（2014）认为，不同于公路基础设施，尚未达到一定发展规模的铁路基础设施是城乡收入差距扩大的重要原因。类似的，信息基础设施作为基础设施的一种，可以有效降低交易成本（Aschauer，1989）。一方面，电信基础设施推动我国经济建设，为城市居民生活提供便利（郑世林、周黎安、何维达，2014）；另一方面，对农村居民来说，电信基础设施加快了农村居民的流动，提供了就业机会。然而，由于城乡基础条件的差异以及人力资本水平的差距使得信息基础设施水平的提升导致了城乡收入差距的扩大（钟熙维、周银斌，2016）。

基于上述文献的研究结论，本书认为异质性人力资本对城乡收入差距的影响效应是复杂的，不同层次人力资本水平的提升促进了落后地区的经济增长，从而有利于缩小城乡收入差距，与此同时，随着交通基础设施和信息基础设施的改善，也可能带来城乡收入分配的极化效应。此外，随着新型城镇化进程的加快，在新生代农民工市民化进程中，以户籍为主的制度性劳动力市场分割会逐步减少甚至消除，但是，我国城市劳动力市场仍将存在一级和次级分割劳动力市场，因此，在劳动力转移过程中还是会存在明显的"职业依赖"路径特征，即市民化后的新生代农民工，先在城市次级劳动力市场成为城市非熟练劳动力的供给，而后再通过职业技能培训或再教育等方式，逐渐成为熟练劳动力，而农村其他类型劳动力需要先转变成为农民工，才能再经由农民工到城市劳动力的转移机制进行转移（吴琦，2017）。由此，本书基于"职业依赖"特征，将异质性人力资本划分为高技能劳动者与低技能农民工，并纳入新经济地理模型研究中分析异质性人力资本和基础设施影响城乡收入差距的内在机理，以此揭示新生代农民工市民化的经济效应及影响机理，并以中国省际面板数据为样本，运用面板数据模型进行检验，据此为推进新生代农民工市民化进程提供相应的政策建议。

（一）理论模型

1. 基本假设。

藤田昌久和雅克－弗朗科斯·蒂斯（Fujita Masahisa & Jacques-Francois

Thisse, 2002) 在奥塔维亚诺 (Ottaviano, 2001) 的研究基础上,构建了垄断竞争条件下的双区域两要素现代部门模型,将熟练劳动力看作固定成本要素,同时现代部门还使用普通劳动力进行生产。与之类似,布吕尔哈特等 (Brülhart et al., 2004) 则构建多区域、两部门、两要素的模型,并将现代部门同时使用技能型劳动力和非技能型劳动力的假设条件纳入模型之中进行分析。这也为我们的理论模型构建提供了研究思路。假设经济空间包括两个区域:城市地区 (E) 和农村地区 (W)。经济系统中有两个部门:现代部门 (M) 和传统部门 (T)。市场上有两种生产要素,这里将异质性人力资本划分为高技能劳动者与低技能农民工,即高技能人力资本 (H) 和低技能劳动力 (L)。传统部门仅使用低技能劳动力作为生产要素投入,在规模报酬不变的条件下,生产同质产品,且在城乡之间交易无成本。现代部门以高技能人力资本和低技能劳动力作为生产要素投入,在规模报酬递增的条件下,生产品种连续且品质差异的系列产品,且交易活动遵循"冰山"交易技术。在异质品的运输成本方面:假定交易成本为"冰山"交易成本,城区内生产的商品出售给区内居民的成本为区内冰山交易成本,这里用 τ_D 来表示;城乡之间交易采用区际冰山交易成本,这里用 τ_R 来表示。可以认为这些成本与交通基础设施质量水平有直接的关系,τ_D 的下降意味着区内交通基础设施条件的改善,τ_R 的下降则意味着区际交通基础设施条件的提升;此外,随着全球化和信息化的发展,企业生产的异质产品的交易与信息基础设施水平是相关的,因此,本书引入区际附加的"冰山"交易成本 τ_I,τ_I 的下降则可以视为信息基础设施水平的提高。为简化起见,本书假设区际的贸易成本相等,即 $\tau_I = \tau_I^*$,$\tau_R = \tau_R^*$。此外,在城市和农村地域中,低技能劳动力占总数的比率是固定的,用 v_j 来表示,且 $0 \leq v_j \leq 1$,用 λ_j 表示高技能人力资本占总数的比率,且 $0 \leq \lambda_j \leq 1$,$j = E, W$,这里与自由企业家模型 (FE) 的假设类似,每个企业的固定投入为一单位人力资本,因而人力资本的多少就等于企业数量的多少,因此人力资本的转移导致生产活动的转移,同时也是消费的转移,最终导致市场份额的变化。

2. 消费者行为。

所有的劳动力均具有相同的偏好,用科布道格拉斯效用函数表示为:

$$U = M^\mu A^{1-\mu} / \mu^\mu (1-\mu)^{1-\mu}, 0 < \mu < 1 \qquad (3-1)$$

$$M = \left[\int_0^N q\,(i)^\rho di \right]^{1/\rho},\, 0 < \rho < 1 \qquad (3-2)$$

其中，M 代表现代部门产品的消费指数，A 代表传统部门产品的消费指数。$q(i)$ 为商品 i 的消费，N 为产品种类数。每个消费者都具有多样性的偏好，当 ρ 趋近于 1 时，各种商品是完全替代的；当 ρ 减少时，消费者的多样化需求上升。$\sigma = 1/(1-\rho)$，σ 为任何两种商品之间的替代弹性。

若 P 为差异产品的价格指数，p^A 为传统部门产品的价格，$p(i)$ 为产品 i 的价格，Y 为消费者收入，则消费者的预算约束为：

$$P \cdot M + p^A \cdot A = Y,\, P = \left[\int_0^N p\,(i)^{-(\sigma-1)} di \right]^{-1/(\sigma-1)} \qquad (3-3)$$

由此可得需求函数为：

$$A = (1-\mu)Y/p^A,\, q(i) = \mu Y p\,(i)^{-\sigma} P^{\sigma-1} \qquad (3-4)$$

将式（3-3）和式（3-4）代入式（3-1）中，得到如下效用函数：

$$V = YP^{-\mu}(p^A)^{-(1-\mu)} \qquad (3-5)$$

3. 生产者行为。

（1）传统部门。对于传统部门来说，每单位产出需要有一单位劳动力投入 L，传统部门生产同质产品，作为计价物且城乡之间流动无需运输成本，其价格为 $p^A = MC = a^A w$，a^A 表示单位产出所需低技能劳动力，w 表示低技能劳动力的工资。设定 $a^A = 1$，$w = 1$，那么 $p^A = 1$。

（2）现代部门。假设现代部门的每种产品按照相同的技术条件生产异质性商品，且现代部门的企业同时使用高技能人力资本和低技能劳动力进行生产。这里将高技能人力资本因素看作固定成本中的要素，设为 f，同时对工资为 1 的低技能劳动力也有边际需求，边际成本为 $MC_j = 1$。此外，本书假设城区内生产的商品在本地区交易存在区内冰山交易成本 τ_D，城乡之间交易存在区际交易成本 τ_R 和附加的冰山交易成本 τ_I，如式（3-6）所示，并对其求导，得到均衡价格为 $p_E = p_W = \tau_D/\rho$，最终价格为 $p_E^* = p_W^* = (\tau_R + \tau_I)/\rho$。

$$\pi_j(i) = p_j(i)q_j(i) - w_j f - MC_j \tau_D q_j(i),\, j = E, W. \qquad (3-6)$$

地区 E 价格指数为：

$$P_E = \frac{(H/f)^{1/(1-\sigma)}}{\rho} \left[\lambda_E \tau_D^{1-\sigma} + \lambda_W (\tau_R + \tau_I)^{1-\sigma} \right]^{1/(1-\sigma)} \qquad (3-7)$$

4. 短期均衡。

在城市地区（E）和农村地区（W）的企业的正常利润产出为：

$$q_j = (\sigma - 1) f w_j / \tau_D, j = E, W. \qquad (3-8)$$

由式（3-8）可知，企业的正常利润产出与企业所在地区相关，同时也与区内冰山交易成本成反比。

则在城市地区（E）和农村地区（W）对任何在城市地区（E）和农村地区（W）生产的产品需求为：

$$q_j^* = \mu Y_j \frac{p_i^{-\sigma}}{P_j^{1-\sigma}}, j = E, W. \qquad (3-9)$$

地区收入 Y_j 为：

$$Y_j = L/2 + \lambda_j H w_j, j = E, W. \qquad (3-10)$$

现代部门生产差异性产品的市场出清条件是：

$$\bar{q}_j = q_j + (\tau_R + \tau_I) q_j^*, j = E, W. \qquad (3-11)$$

对于城市地区 E 来说，式（3-11）可改写成如下形式：

$$\frac{(\sigma - 1) w_E}{\tau_D} = \frac{\rho\mu}{\lambda_E H \tau_D^{1-\sigma} + \lambda_W H (\tau_R + \tau_I)^{1-\sigma}} (L/2 + \lambda_E H w_E)$$

$$+ \frac{\rho\mu (\tau_R + \tau_I)^{1-\sigma}}{\lambda_E H (\tau_R + \tau_I)^{1-\sigma} + \lambda_W H \tau_D^{1-\sigma}} (L/2 + \lambda_W H w_W) \qquad (3-12)$$

5. 长期均衡。

长期均衡通过高技能人力资本的流动而实现。当不存在高技能人力资本流动时，经济系统实现长期均衡。高技能人力资本流动动态流动方程为：

$$\frac{\mathrm{d}\lambda}{\mathrm{d}t} = (\omega_E - \omega_W) \lambda (1 - \lambda) \qquad (3-13)$$

其中，ω 为高技能人力资本的实际收入。因此，长期均衡条件可写成三种情况：（1）$\omega_E = \omega_W$；（2）$\lambda = 0$ 且 $\omega_E \leq \omega_W$；（3）$\lambda = 1$ 且 $\omega_E \geq \omega_W$。则两个地区的高技能人力资本实际收入差距可以表示为：

$$V_\omega = \frac{\omega_E}{\omega_W} = \frac{w_E / P_E^\mu}{w_W / P_W^\mu} = \frac{\lambda \Delta^* \Delta^{\frac{\mu}{\sigma-1}} \tau_D^{1-\sigma} + (1-\lambda) \Delta^{\frac{\mu+\sigma-1}{\sigma-1}} (\tau_R + \tau_I)^{1-\sigma}}{\lambda (\Delta^*)^{\frac{\mu+\sigma-1}{\sigma-1}} (\tau_R + \tau_I)^{1-\sigma} + (1-\lambda) \Delta (\Delta^*)^{\frac{\mu}{\sigma-1}} (\tau_D^*)^{1-\sigma}}$$

$$(3-14)$$

其中，$\Delta = \lambda\tau_D^{1-\sigma} + (1-\lambda)(\tau_R + \tau_I)^{1-\sigma}$，$\Delta^* = \lambda(\tau_R + \tau_I)^{1-\sigma} + (1-\lambda)(\tau_D^*)^{1-\sigma}$。

由于低技能劳动力的流动性不足，城市地区和农村地区之间的低技能劳动力收入差距主要体现在区域价格指数上，因此，两个地区的低技能劳动力实际收入差距可以表示为：

$$V_w = \frac{P_E}{P_W} = \left[\frac{\lambda\tau_D^{1-\sigma} + (1-\lambda)(\tau_R + \tau_I)^{1-\sigma}}{(1-\lambda)\tau_D^{1-\sigma} + \lambda(\tau_R + \tau_I)^{1-\sigma}} \right]^{\frac{1}{1-\sigma}} \qquad (3-15)$$

6. 数值模拟与结论。

在当前户籍侧的农民工市民化政策下，我国城乡二元分割的劳动力市场机制虽仍将继续存在，但两者之间的壁垒和歧视会逐渐破除。在农民工市民化过程中，农民工的职业转换和劳动力类型的转变会呈现"职业依赖"的特征。"职业依赖"的特征路径，即市民化后的农民工只能先转变成为城市非熟练劳动力，农村其他类型劳动力需要先转变成为农民工，再转变成为城市非熟练劳动力（吴琦，2017）。由于高技能人力资本在区域间可以随着产业的转移和布局而迁移，实现间接效用的最大化；而低技能劳动力则由于受到技术水平差异的存在限制了其流动性，因此，本书假定高技能人力资本所占比重固定，运用比较静态分析方法研究区内基础设施和区际基础设施对城乡收入差距的影响。设定三种情况进行数值模拟：（1）城市地区高技能人力资本所占比重较高的情况，$\lambda = 0.85$；（2）城市地区高技能人力资本所占比重较低的情况，$\lambda = 0.35$；（3）城市地区高技能人力资本所占比重处于中等的情况，$\lambda = 0.55$。其中，校准参数的选择参考新经济地理学相关文献中所设定的参数，而运输成本参数的设定参考颜银根（2012）的研究，具体来说，本书设定 $\sigma = 5$，$\mu = 0.4$，$\tau_D = 1.05$，$\tau_R = 1.3$，$\tau_I = 1.15$，$\tau_D^* = 1.1$。

图 3-1 和图 3-2 分别模拟了区内基础设施对区域间高技能人力资本和低技能劳动力实际收入的影响轨迹。如图所示：（1）当高技能人力资本所占比重较低时，即 $\lambda = 0.35$，则 $V_\omega < 1$ 且 $V_w < 1$，说明区内基础设施水平的提升有助于缩小城乡收入差距；（2）当高技能人力资本所占比重较高时，即 $\lambda = 0.85$，且当区内基础设施水平 TF 为 0.2 时，则 $V_\omega > 1$，$V_w > 1$，这意味着区内基础设施的初步改善引起城乡收入差距的扩大；（3）当高技能人力资本所占比重处于中等水平时，即 $\lambda = 0.55$，且当区内基础设施水平 TF 为 0.6 时，则 $V_\omega > 1$，$V_w > 1$，这说明区内基础设施水平大幅度提升才可引起城乡收入差距拉大。

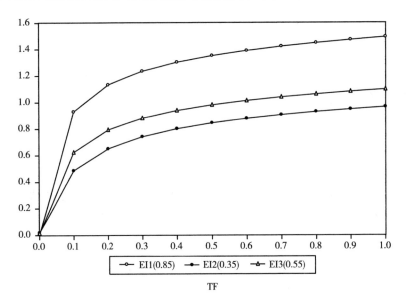

图 3 - 1　区内基础设施对区域间高技能人力资本实际收入差距的影响轨迹
资料来源：笔者研究整理。

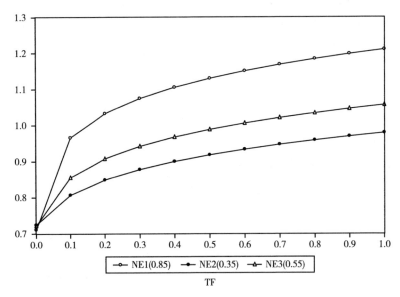

图 3 - 2　区内基础设施对区域间低技能劳动力实际收入差距的影响轨迹
资料来源：笔者研究整理。

结论 1：当高技能人力资本所占比重较低时，高技能人力资本对区域经济增长的影响较弱，经济集聚效应不明显，而低技能劳动力流动性受限，因此，区内基础设施的改善有助于缩小城乡收入差距；随着高技能人力资本所占比重不断上升，高技能人力资本水平的提升推动了区域经济增长，经济集聚效应凸显，而区内基础设施的改善则加快了农村地区的高技能人力资本向城市地区聚集，从而进一步拉大了城乡收入差距。

图 3 - 3 和图 3 - 4 分别为区际基础设施对区域间高技能人力资本和低技能劳动力实际收入差距的影响轨迹图。如图所示：（1）当高技能人力资本所占比重较大时（$\lambda = 0.85$），V_ω 均大于 1 且呈现逐渐递增态势，而 V_w 呈现递减趋势，当 $TF = 0.9$ 时，V_w 小于 1，这说明随着区际基础设施的改善，区域间高技能人力资本实际收入差距逐步拉大，但对缩减低技能劳动力实际收入差距的效应较为明显；（2）当高技能人力资本所占比重处于中等水平时（$\lambda = 0.55$），V_ω 和 V_w 均大于 1，但 V_w 呈现下降趋势且接近于 1，这也说明了随着区际基础设施的改善，区域间低技能劳动力实际收入差距增大趋势正逐步放缓；（3）当高技能人力资本所占比重较小时（$\lambda = 0.35$），当 $TF = 0.2$ 时，$V_\omega > 1$；当 $TF = 0.5$ 时，$V_w > 1$，但 V_w 增幅较小，区际基础设施水平的提升拉大了高技能人力资本的实际收入差距，但对低技能劳动力收入差距的影响不太显著。

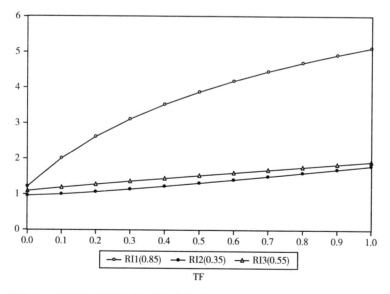

图 3 - 3　区际基础设施对区域间高技能人力资本实际收入差距的影响轨迹

资料来源：笔者研究整理。

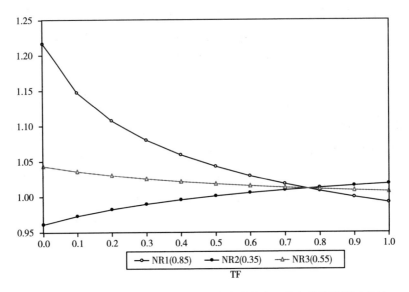

图 3-4 区际基础设施对区域间低技能劳动力实际收入差距的影响轨迹

资料来源：笔者研究整理。

结论 2：当高技能人力资本所占比重较低时，区际基础设施对城乡收入差距的影响不太显著；当高技能人力资本所占比重不断提升时，区际基础设施水平的变化对城乡收入差距的影响逐渐凸显。由于区际基础设施水平的改善降低了城市地区与农村地区之间的交易成本，提升了高技能和低技能劳动力的生产效率，而高技能人力资本异质性特征显著，低技能劳动力同质性较强，因此，区际基础设施水平的提升拉大了区域间高技能人力资本收入差距，当区际基础设施达到较高水平时，则有助于缩小区域间低技能劳动力收入差距。

（二）理论假说与模型设定

基于理论模型的研究结论 1 和结论 2，本书提出以下经验假说：区内基础设施和区际基础设施是否会拉大或缩小城乡收入差距，主要取决于异质性人力资本水平、所在地区的经济发展水平高低、政府政策偏向和干预程度大小。总体来看，区内基础设施和区际基础设施水平的提升降低了区域间的交易成本，进而有助于缩小城乡收入差距。经济发展水平相对较高的地区，人均实际收入越高，将从经济发展水平相对较低的地区吸引更多的高技能人力资本集聚，高技能人力资本所占比重越高，循环累积关系作用使得本地市场规模变大，导致城乡收入差距进一步拉大；相反，低技能劳动力所占比重越高，则城乡收入差距越小。经济发展水平相对较低的地区，人均实际收入也较低，但高技能人力资本的实际收入相对较高，因此高技能人力资本所占比重越高，本地市场消费能力越强，城乡收入差距越小；相反，低技能劳动力所占比重越高，城乡收入差距越大。基于此，为深入探究"职业依赖"视角下新生代农民工市民化的影响效应，本书以城乡收入差距为被解释变量，以异质性人力资本和基础设施为核心解释变量，运用面板数据模型进行检验。设立以下静态面板数据模型：

$$ug_{it} = \alpha + \beta_1 if_{it} + \beta_2 tr_{it} + \beta_3 hs_{it} + \beta_4 ls_{it} + \gamma_1 fi_{it} + \gamma_2 uf_{it} + \gamma_3 tp_{it} + \gamma_4 pg_{it} + \mu_{it} \qquad (3-16)$$

$$i = 1, \cdots, N; t = 1, \cdots, T$$

$$\mu_{it} = \mu_i + \nu_{it}; \mu_i \sim IID(0, \sigma_\mu^2); \nu_i \sim IID(0, \sigma_\nu^2)$$

其中，i 表示截面个体，t 表示年份，N 表示界面的个数，T 表示年份跨度，α 表示常数项。β 和 γ 为估计参数，μ_{it} 表示误差项，μ_i 表示不可观测到的个体特殊效应，ν_{it} 表示剩余的随机扰动。本书的研究变量解释如下所述。

被解释变量为城乡收入差距（ug_{it}），借鉴匡远凤（2018）的研究，选用城镇居民家庭年人均可支配收入与农村居民家庭年人均纯收入之比来表示。

解释变量为基础设施和异质性人力资本两大因素，具体设定如下：一是关于基础设施水平的衡量指标，本书分别借鉴学者陈亮等（2011）和丁黄艳（2016）的研究，用光缆长度来衡量信息基础设施水平（if_{it}），用各地区货运总量来表示交通基础设施水平（tr_{it}）；二是关于异质性人力资本的设定，本书借鉴张志明（2014）的研究，用中高技术行业中的金融业占总就业人数比重来表示高技能人力资本所占比重（hs_{it}），用中低技术行业中的房地产业占总就业人数比重衡量低技能劳动力所占比重（ls_{it}）。

关于控制变量的选取，本书参考学者武小龙和刘祖云（2014）的研究，选用对城乡收入差距产生重要影响的经济发展因素、政策偏向因素和经济干预因素。其中，经济发展因素用经济发展水平和经济开放程度来衡量，这里经济发展水平用人均地区生产总值（pg_{it}）表示，而经济开放程度（tp_{it}）则选用进出口总额占地区生产总值比重来衡量；政策偏向因素（uf_{it}）采用城镇固定资产投资占全社会固定资产投资比重来表示；经济干预因素（fi_{it}）用地方政府财政支出占地区生产总值比重来反映。

基于此，本书构建了时间跨度为12年（2005~2016年）、截面为30个省份的面板数据，不包括西藏和港澳台地区。所有研究数据来源于 2006 ~ 2017 年的《中国统计年鉴》、国研网数据库以及各省份和直辖市的统计年鉴。为消除异方差的影响，所有变量均取自然对数，且剔除了通货膨胀因素，本书所用软件为 Eviews9.0。

（三）实证检验

1. 单位根检验和协整检验。

为保证面板数据模型参数估计的有效性，本书分别采用 LLC 检验和 ADF 检验形式来验证各变量的平稳性（见表 3 - 2）。其中，城乡收入差距（ug_{it}）、信息基础设施水平（if_{it}）、高技能人力资本所占比重（hs_{it}）、低技能劳动力所占比重（ls_{it}）、人均地区生产总值（pg_{it}）、经济开放程度（tp_{it}）、经济干预因素（fi_{it}）等 7 个变量为 0 阶单整，而交通基础设施水平（tr_{it}）和政策偏向因素（uf_{it}）等 2 个变量为一阶单整。因此，在对变量交通基础设施水平（tr_{it}）和政策偏向因素（uf_{it}）取一阶差分的基础上，运用 Kao 协积检验（1999）对变量 if_{it}、Δtr_{it}、hs_{it}、ls_{it}、fi_{it}、Δuf_{it}、tp_{it}、pg_{it} 和 ug_{it} 之间的协整关系进行检验，ADF 值为 - 2.8845（$p = 0.0020$），通过了 5% 的显著性检验，说明上述 9 个变量之间存在长期协整关系。

表 3 - 2　　　　　　　　　面板数据单位根检验

变量	检验形式	LLC 检验	ADF 检验	结论
ug_{it}	（N、N、0）	- 6.57262 (0.0000)	132.871 (0.0000)	平稳
if_{it}	（C、C、0）	- 16.2784 (0.0000)	151.106 (0.0000)	平稳
Δtr_{it}	（C、N、0）	- 12.6779 (0.0000)	153.163 (0.0000)	平稳
hs_{it}	（C、C、3）	- 24.3880 (0.0000)	88.1515 (0.0000)	平稳
ls_{it}	（C、C、0）	- 10.1754 (0.0000)	106.671 (0.0002)	平稳

续表

变量	检验形式	LLC 检验	ADF 检验	结论
fi_{it}	(C、C、0)	-7.93924 (0.0000)	87.2039 (0.0125)	平稳
Δuf_{it}	(C、N、0)	-15.2197 (0.0000)	185.362 (0.0000)	平稳
tp_{it}	(C、C、0)	-15.8226 (0.0000)	173.974 (0.0000)	平稳
pg_{it}	(C、N、0)	-12.2746 (0.0000)	115.483 (0.0000)	平稳

2. 模型估计结果分析。

本书根据静态面板数据模型估计需要，首先，对被解释变量城乡收入差距（ug_{it}）和核心解释变量信息基础设施水平（if_{it}）、交通基础设施水平（Δtr_{it}）、高技能人力资本所占比重（hs_{it}）、低技能劳动力所占比重（ls_{it}）进行回归；其次，依次引入控制变量经济干预因素（fi_{it}）、政策偏向因素（Δuf_{it}）、经济开放程度（tp_{it}）、人均地区生产总值（pg_{it}），通过似然比 LR 检验，构建固定效应模型（3-1）~模型（3-5），分析各个因素如何影响着我国城乡收入差距的变化（见表3-3）。

表3-3　　　　　我国城乡收入差距（ug_{it}）影响因素的回归结果

解释变量	模型（3-1）	模型（3-2）	模型（3-3）	模型（3-4）	模型（3-5）
if_{it}	-0.0943 *** [-5.4722]	-0.0542 *** [-5.2068]	-0.05607 *** [-5.4722]	-0.0559 *** [-5.5289]	-0.0485 *** [-4.5998]
Δtr_{it}	-0.0171 [-1.5808]	-0.0222 ** [-2.2664]	-0.0213 ** [-2.2023]	-0.0226 ** [-2.3250]	-0.0268 *** [-2.6895]
hs_{it}	0.0566 *** [3.1193]	0.0479 *** [2.8099]	0.0469 *** [2.8638]	0.0542 *** [3.0584]	0.0567 *** [3.2341]
ls_{it}	-0.0578 *** [-3.8197]	-0.0357 *** [-2.4837]	-0.0363 ** [-2.5882]	-0.0343 ** [-2.4859]	-0.0285 ** [-2.1050]
fi_{it}		0.1956 *** [7.3744]	0.1889 *** [7.2965]	0.1973 *** [7.7470]	0.1950 *** [7.8376]

续表

解释变量	模型（3-1）	模型（3-2）	模型（3-3）	模型（3-4）	模型（3-5）
Δuf_{it}			-0.0663 *** [-2.6073]	-0.0678 ** [-2.4911]	-0.0653 ** [-2.4447]
tp_{it}				0.0677 ** [2.3892]	0.0642 ** [2.2702]
pg_{it}					-0.0248 ** [-2.1673]
AR（1）	0.6643 *** [18.0673]	0.6090 *** [15.5488]	0.6109 *** [15.9290]	0.6005 *** [15.2302]	0.5982 *** [15.5136]
常数项	6.8144 *** [43.9761]	5.6672 *** [26.4767]	5.7203 *** [27.3135]	5.1915 *** [17.8593]	5.3336 *** [17.5784]
R^2	0.9676	0.9718	0.9727	0.9727	0.9733
调整后 R^2	0.9634	0.9680	0.9690	0.9688	0.9693
F 统计量	232.6242	259.7388	260.4576	251.987	248.0938
$D.W$	1.9445	1.8982	1.9180	1.9202	1.9076
Kao 检验	-2.6800 ***	-2.7039 ***	-2.8050 ***	-2.6261 ***	-2.8845 ***
模型类型	个体固定效应模型	个体固定效应模型	个体固定效应模型	个体固定效应模型	个体固定效应模型

注：方括号内数据表示 t 值。***、**、*分别表示在1%、5%和10%的水平上显著；Δ 表示一阶差分。

（1）基础设施水平对城乡收入差距的影响。信息基础设施水平（光缆长度）和交通基础设施水平（货运总量增长率）的提高是推动我国城乡收入差距缩小的重要因素。模型（3-1）~模型（3-5）中信息基础设施水平（if_{it}）和交通基础设施水平（Δtr_{it}）的系数均显著为负，引入全部控制变量后，信息基础设施水平每提高1%，会缩小城乡收入差距0.0485个百分点。交通基础设施水平每提高1%，会缩小城乡收入差距0.0268个百分点。这意味着交通基础设施和信息基础设施的完善降低了交易成本，加快了劳动力的流动，特别是随着我国互联网业务在城乡之间的普及和应用，提高了经济要素的生产效率，而进城务工的农民工也可获得较高的经济报酬，从而增加了农村居民收入，有助于缩小城乡收入差距。

（2）异质性人力资本对城乡收入差距的影响。模型（3-1）~模型（3-

5）中高技能人力资本所占比重（hs_{it}）的系数显著为正，在其他因素不变的条件下，高技能人力资本所占比重每增加 1%，城乡收入差距平均上升 0.0567%，说明高技能人力资本所占比重的提高会进一步导致城乡收入差距的扩大，可能的原因是高技能人力资本的就业主要集中在城市地区，而农村地区的高技能人力资本通过购买房产、升学、就业等方式而选择性转移至人均收入较高的城市地区，由此导致城乡收入差距的拉大。相比之下，模型（3-1）~模型（3-5）中低技能劳动力所占比重（ls_{it}）的系数则显著为负，在其他因素不变的条件下，低技能劳动力所占比重每增加 1%，城乡收入差距平均下降 0.0285%，说明低技能劳动力所占比重的提升有助于缩小城乡收入差距。原因在于，现阶段我国农村地区拥有较高比重的低技能劳动力，低技能劳动力群体的就业比重上升，有助于提高农村地区的收入水平，从而逐步缩小城乡收入差距。

（3）经济发展因素对城乡收入差距的影响。模型（3-5）中经济发展因素的重要衡量指标人均地区生产总值（pg_{it}）的系数显著为负，在其他因素不变的条件下，人均地区生产总值每提高 1%，会缩小城乡收入差距 0.0248 个百分点，说明我国城乡收入差距随着人均地区生产总值的增加呈现缩小趋势。与之相反，模型（3-4）~模型（3-5）中经济发展因素的另一个衡量指标经济开放程度（tp_{it}）的系数则显著为正，引入全部控制变量后，经济开放程度每提高 1%，会拉大城乡收入差距 0.0642 个百分点。一般来说，城市地区的经济开放程度较高，进出口贸易占地区生产总值的比重较大，进出口贸易行业吸引了大量的拥有专业知识的高技能人力资本就业，从而进一步拉大了城乡收入差距。

（4）政策偏向因素对城乡收入差距的影响。政策偏向因素（Δuf_{it}），即城镇固定资产投资占全社会固定资产投资比重的增长率，主要反映了城镇固定资产投资的政策偏向变化情况。模型（3-3）~模型（3-5）中政策偏向因素（Δuf_{it}）的系数显著为负，引入全部控制变量后，城镇固定资产投资占全社会固定资产投资比重的增长率每增加 1%，会缩小城乡收入差距 0.0653 个百分点。出现这种现象的原因在于，随着我国城镇固定资产投资的增加，吸纳了大量的农村剩余劳动力就业，这也成为现阶段我国大部分农村地区居民家庭收入的主要来源之一，提高了农村劳动者的收入水平，从而有助于缩小了我国的城乡收入差距。

（5）经济干预因素对城乡收入差距的影响。经济干预因素（fi_{it}），主要反映了地方政府通过调整收入分配以及推动经济增长等方式来实现对经济活动的直接参与和间接干预程度。模型（3－2）～模型（3－5）中经济干预因素（fi_{it}）的系数显著为正，即地方政府财政支出占地区生产总值比重每提高1%，会导致我国城乡收入差距扩大0.1950个百分点，这说明地方政府财政支出占地区生产总值比重的增加导致了我国城乡收入差距的逐步扩大，且在众多影响因素中的影响力度最大。这也反映出我国现阶段地方政府的投资性财政支出规模较大，特别是地方政府对城市的公共教育和社会保障财政支出增加，也促使了我国城乡收入差距的持续扩大。

3. 分区域回归结果与解释。

由于我国各地区的经济发展水平分异明显，基础设施建设水平不尽相同，产业结构不同导致了异质性人力资本就业结构也存在很大差异。因此，为探究不同区域异质性人力资本、基础设施对我国城乡收入差距的影响特征，本书在分别对东部、中部和西部的面板数据进行平稳性检验和协整关系检验的基础上，对静态面板模型进行估计（见表3－4）。结果显示如下所述。

表3－4 分地区城乡收入差距影响因素的回归结果

解释变量	东部地区	中部地区	西部地区
if_{it}	− 0.0291 * [− 1.8069]	− 0.0938 *** [− 11.7131]	− 0.0670 *** [− 3.3219]
tr_{it}			− 0.0568 ** [− 2.0277]
Δtr_{it}	− 0.0264 * [− 1.6648]	− 0.0266 *** [− 6.0916]	
hs_{it}	0.0476 ** [2.1248]	0.0926 *** [6.2748]	
Δhs_{it}			− 0.0769 * [− 1.7541]
ls_{it}	− 0.1040 *** [− 3.6788]	− 0.0428 *** [− 4.3503]	
Δls_{it}			0.0193 [1.0436]

续表

解释变量	东部地区	中部地区	西部地区
fi_{it}	0. 1493 *** [3. 0762]	0. 0892 *** [6. 3043]	0. 2164 *** [4. 7184]
Δuf_{it}	− 0. 0749 ** [− 2. 3159]	− 0. 0743 ** [− 2. 3642]	− 0. 1078 [− 1. 1279]
AR（1）	0. 6632 *** [10. 2137]	0. 4292 *** [6. 3962]	0. 5336 *** [6. 8603]
常数项	5. 7901 *** [16. 7721]	6. 2150 *** [41. 7550]	6. 5751 *** [15. 3841]
R^2	0. 9479	0. 9907	0. 9486
调整后 R^2	0. 9383	0. 9886	0. 9390
F 统计量	98. 4527	492. 2758	99. 7723
D. W	1. 7025	2. 0822	1. 8407
Kao 检验	− 2. 8739 ***	− 3. 5232 ***	− 3. 9622 ***
模型类型	个体固定效应模型	个体固定效应模型	个体固定效应模型

注：方括号内数据表示 t 值。 *** 、 ** 、 * 分别表示在 1%、5% 和 10% 的水平上显著；Δ 表示一阶差分。东部地区包括北京、天津、河北、辽宁、上海、江苏、浙江、福建、山东、广东和海南等 11 个省份；中部地区包括山西、吉林、黑龙江、安徽、江西、河南、湖北、湖南等 8 个省份；西部地区包括四川、重庆、贵州、云南、陕西、甘肃、青海、宁夏、新疆、广西、内蒙古等 11 个省份。

（1）与全样本相同的是，东、中、西部地区的信息基础设施和交通基础设施均产生有利于缩小城乡收入差距的效应，但也存在较为明显的区域差异。具体来说：①东、中、西部地区信息基础设施水平对城乡收入差距的影响系数分别为 − 0. 0291、 − 0. 0938、 − 0. 0670，这意味着不同地区信息基础设施水平的提升均有助于缩小城乡收入差距，与全样本一致。从结果可以看出：中部地区信息基础设施水平的提升对缩小城乡收入差距的影响力度最大，西部地区次之，东部地区的影响效应最小。可能的原因在于：与东部地区相比，中部和西部地区的经济发展水平相对滞后，而信息基础设施水平的提升则提供了较为便捷的信息平台，大幅度地降低了交易成本，有效地提升了当地居民的实际收入水平，因此，信息基础设施建设水平的提升对于缩小中西部地区城乡收入差距体现出较为明显的推动作用。②与之类似，东、中、西部地区交通基础设施水平对城乡收入差距的影响也呈现负向关系，系数分别为 − 0. 0264、 − 0. 0266、− 0. 0568，这意味着不同地区交通基础设施水平的提升均有助于缩小城乡收入差距。然而，与之不同的是西部地区交通基础设施水平的提升更利于缩小城乡收入差距，而东部和中部地区交通设施水平的提高虽然仍有利于降低城乡收入差距，但与其他因素的影响效应相比，影响力度相对较弱。原因在于，现阶段东中部地区的交通基础设施已达到较高水平，发展建设处于稳定阶段，而我国正在着力加大西部地区的交通基础设施建设，其对于缩小城乡收入差距的外溢效应较为明显，已成为推动西部地区经济协调发展的关键因素。

（2）与全样本不同的是，异质性人力资本对城乡收入差距的影响存在明显的区域分异特征。具体来说：①对于高技能人力资本而言，东部和中部地区的高技能人力资本所占比重提升会导致城乡收入差距的扩大，影响系数分别为0.0467和0.0926，且中部地区的影响力度要显著高于东部地区。与之相反，西部地区的高技能人力资本所占比重提升则会有效降低城乡收入差距的扩大，影响系数为 −0.0769。原因在于，随着《促进中部地区崛起规划》《长江中游城市群发展规划》等区域发展规划出台，中部地区正处于发展关键时期，通过政策吸引大量的高技能人力资本集聚，东部地区的经济发展水平较高，且正处于持续吸纳更多的高技能人力资本集聚的阶段，在这个过程中，基于选择性转移考虑，必然导致高技能人力资本从农村地区流入城市地区，从而使得东中部地区的城乡收入差距进一步拉大。与之相比，西部地区高技能人力资本所占比重相对较低且集聚特征不明显，经济发展水平较低，而高技能人力资本水平的显著提升可以有效促进西部地区的经济增长，推动当地居民实际收入水平的提高，特别是提升了农村劳动力的收入水平，从而有助于西部地区缩小城乡收入差距。②对于低技能劳动力而言，东部和中部地区的低技能劳动力所占比重提升会促进城乡收入差距的缩小，影响系数分别为 −0.1040 和 −0.0428，且东部地区的影响力度要显著高于中部地区。由于东部和中部地区高技能人力资本与低技能劳动力实际收入差距较大，而低技能劳动力是来自农村地区的进城务工人员，通过吸纳该群体的大规模就业来提高其实际收入水平，从而有助于缩小城乡收入差距。而西部地区的低技能劳动力所占比重上升会拉大城乡收入差距，影响系数为0.0193。原因在于，西部地区的产业发展仍处于低端水平，其吸纳了更多的低技能劳动力，而高技能人力资本则被选择性转移至经济发达的地区，不利于区域经济的增长和居民收入水平的提高，从而导致城乡收入差距的拉大。

（3）东、中、西部地区经济干预因素对城乡收入差距的影响均呈现正向关系，即地方政府财政支出占地区生产总值比重提升均会导致城乡收入差距的扩大，影响系数分别为 0.1439、0.0892 和 0.2164，且为影响程度最大的因素，与全样本的结果一致。其中，西部地区的经济干预程度对城乡收入差距的影响效应最大，东部地区次之，中部地区相对较弱。这与各地区地方政府的投资性财政支出规模相一致，而西部地区和中部地区正处于重要发展战略机遇期，仍以经济建设为主，城镇化建设过程使得部分经济要素从农村地区转移至城市地区，而东部地区地方政府支出也由经济建设逐步转向教育、医疗、社会保障等公共服务财政支出，这些都促使了短期内各地区城乡收入差距的扩大。

（4）东、中、西部地区政策偏向因素对城乡收入差距的影响均呈现负向关系，即城镇固定资产投资占全社会固定资产投资比重的增长率提升有利于各地区城乡收入差距的缩小，影响系数分别为 −0.0749、−0.0743 和 −0.1078，与全样本的结果一致。其中，东部和中部地区政策偏向因素对城乡收入差距缩小的影响力度相当，而西部地区的影响力度则相对较大。分区域来看，东部地区固定资产投资的基数较大，其影响力度仍较高；由于国家政策的引导，中部地区的固定资产投资增速较快，影响效应也十分显著；西部地区除了以国家投资为主，还吸纳了企业投资和外商投资等多元化投资来支持产业发展，解决了大量农村剩余劳动力的就业问题，其影响力度最为明显。

（四）结论与政策启示

为深入探究"职业依赖"视角下新生代农民工市民化的影响效应，将异质性人力资本、基础设施和城乡收入差距纳入统一分析框架。本书首先基于新经济地理学视角构建了双区域两要素现代部门模型探寻其内在影响机理，并使用 2005～2016 年我国 30 个省际面板数据进行实证检验。整体来看，新生代农民工市民化效应十分明显，特别是新型城镇化进程中，基础设施的完善以及异质性人力资本均对城乡收入差距产生重要影响，且存在明显的区域分异特征。新生代农民工作为低技能劳动力的代表，其市民化进程的加快，有助于缩小城乡收入差距。同时，一个地区的经济发展水平越高，越容易吸纳更多的劳动力，吸引高技能人力资本和低技能劳动力集聚。但若要真正降低城乡收入差距，需要同时匹配地方政府的政策支持，加大固定资产投资力度，并有效解决新生代农民工群体的就业。

基于上述结论，本书得到以下启示：第一，大力提高基础设施的运营效率。继续加大中部和西部地区的基础设施投资力度，加快农村基础设施和配套设施建设，有效推进光纤到村入户的信息平台建设，构建城乡之间完备畅通的交通网络建设，为农村劳动力转移与回流提供便利条件。第二，切实提升农村人力资本存量和质量。通过政府政策鼓励高技能人力资本向西部地区转移，继续加大财政对西部地区农村劳动力职业技能培训的投入力度和政策支持。一方面，开拓就业技能培训渠道，通过政企联合培训、校企合作培训等多元化培训方式提升农村人力资本的职业技能和文化水平；另一方面，搭建区域间教育培训交流平台，通过跨区域合作培训方式提升西部地区农村人力资本的科学文化素质和创新创业能力，为农村地区人力资本创收提供基础条件。第三，着力优化农村地区的投资环境。结合本地区产业发展优势，大力发展农村地区经济，同时地方政府应通过财政政策支持更多的农村人力资本实现本地就业，构建完善的农村居民社会保障体系，有效提升农村居民的收入水平。第四，合理调整地方政府支出的投资方向和结构。积极引导财政资金向农村地区转移，强化农村公共产品的持续供给力度，提高农村居民的生活质量和满意度，为人力资本回流提供宜居条件。

第四章

新生代农民工城市融入调查与职业
转换能力形成的实证分析

本章在厘清新型城镇化与新生代农民工市民化之间关系的基础上，以新生代农民工为研究对象，分别从市民化、基本公共服务均等化和共享经济视角开展新型城镇化进程中新生代农民工城市融入调查分析，并测算不同规模城市的市民化成本，结合新生代农民工市民化的多层次原因和内在机理，运用结构方程模型开展新生代农民工职业转换能力影响因素的实证模型，为探究新型城镇化进程中新生代农民工市民化职业教育模式提供实证基础。

第一节
新型城镇化与新生代农民工市民化的关系

2013 年底召开的中央城镇化会议对新型城镇化的实现路径作出阐述，指出优先推进农业转移劳动力的市民化为工作重点。新型城镇化的"新"在于强调以人为本，新生代农民工是新型城镇化建设的主体。新型城镇化和新生代农民工市民化的关系十分密切，在宏观上，新型城镇化推动经济发展，拉动内需，改善经济结构；在中观上，带动与新型城镇化建设密切相关的行业繁荣发展；在微观上，将新生代农民工市民化作为优先发展方向之一，以加快新生代农民工的"融城"进程并提高其幸福感。同样，新生代农民工市民化也会推动新型城镇化的建设，两者应是相互促进、相互依托的关系，且在不同阶段新型城镇化背景下，新生代农民工市民化表现的特征也有所差异。

一、新型城镇化萌芽阶段与新生代农民工市民化

（一）背景

这一阶段的新型城镇化注重统筹城乡发展，但缺少科学的城镇化评价指标体系，使得新型城镇化发展进程中仍出现城乡差距较大、城市表象与内涵发展不协调等一系列问题，进而导致农村剩余劳动力群体大量涌入城市，催生农民工市民化问题。这一阶段的经济发展方式仍以粗放型发展为主，新生代农民工文化知识水平与劳动技能普遍不高，但随着新生代农民工涌入城市的规模扩大，也为城镇化建设和经济发展提供了劳动资源和发展动力。

（二）统筹城乡发展背景下新生代农民工市民化的主要内容

1. 保障新生代农民工与城市市民同等的公共服务和社会福利。

党的十六大以来，我国政府提出城乡统筹发展战略并初步建立了统筹城乡发展的体制机制，在城乡规划、基础设施、公共服务等方面促进城乡要素和资源的合理流动、优化配置。伴随着新生代农民工大规模涌入城市，我国各地区主要城市和中心城镇产业发展、吸纳就业、人口集聚功能显著提升，但从公共服务、社会保障和城乡协调的角度看，这一时期的城市发展与高质量城市型社会还有很大差距，新生代农民工的薪金水平整体偏低、难以享受社会保障待遇、随迁子女无法进入城市公立中等教育学校等问题依然突出，因此，保障新生代农民工与城市市民同等的公共服务和社会福利待遇，成为这一阶段新型城镇化的核心任务。

2. 维护新生代农民工合法权益。

由于新生代农民工没有市民身份，致使该群体时常与市民"同工不同酬、同工不同时、同工不同权"。若新生代农民工的劳动权益长期得不到保护，其将无法融入城市社交圈，则难以产生对城市社会和市民的心理认同和归属。此外，新生代农民工作为外来人口由于自身认知及综合素质水平不够，政治参与度较低，对民主与法制的认知不足，权利意识较为薄弱，导致其利益诉求难以得到充分反映。若新生代农民工在城市的利益诉求长期缺乏保障，遇到矛盾和

利益纠纷时容易引起行为失范，不利于社会的稳定和发展。因此，保护新生代农民工的合法权益，加快新生代农民工的"融城"速度，并培育其市民化意识，成为促进新生代农民工市民化的重要途径。

（三）推进新生代农民工市民化对统筹城乡发展的重要意义

1. 解决"三农"问题的根本出路。

新生代农民工市民化可以从根本上改善城乡要素资源的配置，使"三农"问题的解决由农业内部向城乡统筹发展转变。一方面，新生代农民工市民化促使大量农村剩余劳动力向城镇和非农产业转移，使该群体成为市民和稳定的产业技术工人，从而获得稳定收入；另一方面，农村剩余劳动力发生转移后，被闲置的部分土地资源适度转移给其他从事农业生产的农民，通过农业的集约化经营提高农业劳动生产率，加快农业现代化进程。

2. 推进城镇化健康发展的迫切需要。

推进城镇化不是简单的城市人口增加和城市规模扩张，关键是提高城镇化的发展质量，强化产业支撑，核心是人的城镇化，在人居环境、公共服务、社会保障、城市融入等方面实现市民化。而推进新生代农民工市民化是实现非农就业人口在就业服务、医疗卫生、子女教育、社会保障、居住条件等方面福利改善的有效方式，也是推进城镇化健康发展的迫切需要。

3. 改善收入分配的有效途径。

我国快速发展的城镇化为大量农村剩余劳动力提供了巨大的就业机会，而有序推进市民化将形成稳定的、高素质的产业技术大军，可以有效提高劳动生产率，提升新生代农民工的工资收入水平及劳动报酬在初次分配中的比重。因此，在加大对农村低收入人群的保障及提高农村居民的财产性收入的基础上，要积极推进市民化政策全面落实，增加新生代农民工收入水平，提升该群体的消费能力，同时也要充分发挥政府在收入分配调节中的作用，在财税政策、公共服务均等化等政策方面给予新生代农民工群体支持。

二、新型城镇化初步形成阶段与新生代农民工市民化

（一）背景

随着我国经济发展进入新常态，城镇化建设已经有了较坚实的经济发展基

础，经济发展方式也不断转变，与 GDP 导向的旧经济形态有明显区别，城乡之间的差距呈现逐渐缩小趋势。更注重社会全面发展，新生代农民工市民化的推进也更加理性而科学，成为新型城镇化的主要推动力量。由于新生代农民工群体多为青年，受教育程度较高、具有较高的劳动技能及更加明确的目标和诉求，因此，这一阶段要注重加强新生代农民工的职业技能培训，使得新生代农民工成长为产业工人，同时保障新生代农民工的现实福利，推进实现农民工社会福祉的最大化。

（二）初步形成阶段对新生代农民工市民化的促进作用

1. 促进新生代农民工就业创业。

国务院于 2014 年 10 月 8 日印发《关于进一步做好为农民工服务工作的意见》，对于新生代农民工就业创业方面的问题提出应对措施，重点在于提升新生代农民工的就业技能、提供职业教育培训的机会和渠道以及落实促进农民工就业创业的政策。首先，新生代农民工的就业技能提升有助于其获得更多的就业机会、适应城市产业结构转型升级，同时也为产业结构升级提供人力支撑，增加人力资本存量，推动城市经济发展；其次，对新生代农民工进行职业教育培训，可提升其个人素质及就业技能，有利于新生代农民工提升城市生活的适应度，增加城市归属感；最后，在我国新型城镇化进程中，国家不仅重视新生代农民工的就业状况，还在创业方面给予肯定与支持，并将该群体纳入创业政策的扶持范围内，这一举措有助于新生代农民工融入城市并树立主人翁意识，最终成为真正意义上的城市居民。

2. 促进新生代农民工收入稳定。

这一阶段，农民工市民化实践的突出变化之一是农民工工资的提高。政府为新生代农民工制定工资支付保障制度，建立工资合理增长机制，使得农民工工资拖欠问题的治理已颇具成效，新生代农民工的收入水平趋于稳定。另外，这一阶段的市民化进程更注重对农民工进行职业教育培训。通过职业技能培训提高新生代农民工的实操能力、创业能力、文化知识和学习能力，还有利于新生代农民工掌握更多信息，从而提升该群体的就业能力与就业竞争力，以获得稳定收入。通过鼓励新生代农民工进行终身学习，不断更新并补充知识和技能，推进其个人的全面发展，获取与社会需求和自身意愿相匹配的岗位，以适应经济社会发展对就业冲击带来的影响，从而增强该群体在城市就业的稳定性。

3. 促进新生代农民工的基本公共服务均等化。

新型城镇化初步形成阶段的特色之一就是凸显"以人为本"的户籍制度改革，而深化户籍制度改革在一定程度上影响着我国流动人口的迁移方向，有助于合理调控城市人口规模、实现资源优化配置、激发农民工主动意识等，对新生代农民工市民化同样具有重要意义。一方面，户籍制度改革有助于推进新生代农民工平等享受城市的基本公共服务，保证该群体在就业、医疗、教育、社保、住房等方面获得现实福利，共享城市发展成果。诸如，在医疗卫生方面，社区卫生服务机构得到完善，新生代农民工可直接到社区卫生服务机构就医，可免收挂号费、门诊诊查费、住院诊查费和护理费等费用。另一方面，户籍制度通过影响政府财政支出而作用于新生代农民工的市民化程度。政府在城市管理方面的支出以及对土地出让的补贴，为容纳和吸引更多的外来农民工奠定了基础。户籍制度改革意见中对"三权"（农民土地承包经营权、宅基地权利和集体收益分配权）做出明确规定，不得以退出"三权"作为农民进城落户的条件，这一保护行为成为积极推进新生代农民工市民化的又一动因。

4. 促进新生代农民工的社会融入。

随着新型城镇化进程的加快，为新生代农民工更好地融入城市社会，国家出台了一系列政策，在社会保障、心理支持等方面给予了新生代农民工群体更多的关注。同样，新生代农民工住房问题的解决与民主权利的保障也有助于推动新生代农民工的社会融入，更多的新生代农民工希望在城镇居有定所，在城镇能真正落地生根。而新型城镇化建设则为新生代农民工群体拓宽了住房保障渠道，逐步构建起以政府为主提供基本保障、以市场为主满足多层次需求的住房供应体系，实行租售并举，提供保障性安全工程住房、廉租住房、公共租赁住房以及租赁补贴等，以满足新生代农民工的基本住房需求。另外，对于农民工民主权利的保障是社会融合各项政策的一大亮点，即从农民工中发展党员，加强农民工的党组织建设。在我国新型城镇化进程中，伴随着农民工党员队伍的扩大，农民工的民主政治权利得到保障，农民工的思想政治觉悟也得到大幅提升。其中，新生代农民工党员队伍的扩大和党组织建设显著加快了新生代农民工融入社会的过程。新生代农民工党员能发挥带头作用，广泛调动所在群体的入党积极性，并推动其主动融入企业、社区等城市社会，这也加快了新生代农民工市民化进程。

（三）新生代农民工市民化有助于推动新型城镇化建设

新生代农民工市民化是加快城镇化健康发展的迫切需要。中国城镇化正处于快速推进阶段，预计到 2030 年中国城镇化率将达到 68% 左右。新生代农民工遍布城市社会的各行各业，特别是我国新型城镇化建设的基础行业，诸如制造业、建筑业以及家政和餐饮等服务业，这些行业中新生代农民工的数量已占从业人员的半数以上。在市民化进程中，新生代农民工的自身素质、职业技能水平、现代意识会随之加强，有助于提高人力资本水平、调整产业结构并实现经济结构转型，从而带动城镇劳动生产率的提高、先进生产意识的更新以及生产方式的进步，形成良好循环的发展道路，也极大地推动了新型城镇化建设的步伐。事实证明，新生代农民工这一庞大的社会群体在我国工业化、城镇化和现代化建设中发挥着重要作用，为城市经济发展做出了巨大贡献。

新生代农民工市民化为扩大内需、促进新型城镇化高质量发展做出贡献。扩大内需的最大潜力在于新型城镇化，而我国新型城镇化的重点为农民工市民化，即新生代农民工市民化是扩大内需的需要。新生代农民工来到城市居住生活，在生活成本上涨的同时消费水平也必然上升，而该群体消费意识已发生转变，消费支出大幅增加，包括城市基础设施的需要、衣、食等基础性消费和汽车等耐用消费品等，消费规模经济效应也逐步呈现。农民工群体的消费水平与新型城镇化建设进程是密切相关的，伴随消费方式升级、消费制度完善、消费能力提升等因素的同步变化，新生代农民工群体的消费水平明显提升，业已成为扩大内需的重要力量。因此，需要进一步推进新生代农民工市民化，逐步实现新生代农民工的身份认同和城市融入，从而助推新型城镇化高质量发展。

三、新型城镇化深入推进阶段与新生代农民工市民化

（一）背景

新型城镇化深入推进阶段，新型工业化的深度发展以及新技术、新模式与新业态的出现，为新生代农民工市民化奠定了良好的基础。这一阶段新生代农民工年龄结构"年轻化"优势逐步消失，城乡双向流动日益频繁，一些农村

地区存在于城市群、都市圈之中，开始大量承接城市功能的外溢，解决城市居住问题、度假问题和疗养问题等。但我国城乡居民人均收入差距仍有 2.7 倍左右，农业与非农产业（工业和服务业）劳动生产之间存在 3 倍左右的差距，决定了我国新型城镇化的动力依旧强劲。2020 年 7 月 30 日召开的中共中央政治局会议指出，要以新型城镇化带动投资和消费需求，推动城市群、都市圈一体化发展体制机制创新，这也为未来新型城镇化的发展指明方向，需要进一步深入推进新生代农民工市民化，有效发挥城市发展的红利。

（二）深入推进阶段对新生代农民工的要求

在新型城镇化初步形成阶段，新生代农民工受教育程度、职业技能水平都得到极大的提升。而随着新型城镇化的深入推进，新生代农民工年龄结构"年轻化"优势逐步消失，但得益于人力资本投入的积累，新生代农民工的经验、技能等不断累积增长。特别是互联网时代的到来，为新生代农民工认知世界、获取信息、就业选择提供了重要途径。在新型城镇化深入推进阶段，新生代农民工市民化的实现更需要新生代农民工与数字经济时代所需求的知识技能相匹配，而新生代农民工则需实现终身学习，不断提升和更新自身的知识和技术水平，以适应日新月异的技术需求。

（三）新生代农民工市民化的未来发展趋势

1. 未来人口集聚地。

以"京津冀协同发展""粤港澳大湾区""长江三角洲一体化"等为代表的中国城市群，以巨大的开放空间和发展能量引领大规模的人口流动，为新生代农民工市民化提供了机遇。城市群与都市圈的人口与经济总量占到全国的七成以上，未来新生代农民工主要集中在城市群、都市圈等区域。因此，应进一步加强城市群、都市圈的基础设施建设，提升中心城市的承载力，提高县级市、县城等中小城市的吸引力，积极打造特色小镇，推动城乡要素的紧密联系和自由流动，以新型城镇化的高质量建设带动乡村振兴。

2. 未来就业机遇。

随着数字经济时代的到来，就业领域的复杂化、多元化趋势明显，先进制造业和高端服务业的发展空间将持续扩大，另外，诸如共享经济、平台经济、零工经济等多种经济形态也会相继出现，这些新型业态会对高技能劳动力产生更高的需求。而新生代农民工作为现代化产业工人的代表，为产业发展提供了支持，因此，应注重该群体的专业技能培训并积极创造条件，将其打造成高技能产业工人，以提升新生代农民工的竞争力。

3. 未来产业结构。

随着城市化和信息化的发展，我国各地区之间的联系更为紧密，经济结构逐步实现转型，战略性新兴产业和服务业得到迅速发展，新生代农民工的专业技能和行业经验也要随之调整和提升。与此同时，随着环境资源成本和要素价格上升，劳动密集型行业增长将会放缓，一些制造业、出口导向型产业对提供简单体力劳动的新生代农民工的吸纳能力会大幅下降。随着新型城镇化建设的深入推进，各地区产业结构不断优化升级，对新生代农民工的职业教育和技能培训将提出更高要求。

第二节

新型城镇化进程中新生代农民工城市融入的调查分析

现阶段，我国新型城镇化建设得到了较为快速的发展，人力资本市场需求也在不断提升。但新型城镇化进程中我国新生代农民工市民化依然面临就业、个人发展、城市融入、职业培训等诸多障碍，这些障碍也导致了农民工市民化进程推进缓慢。因此，本节运用调查研究，重点讨论新型城镇化进程中新生代农民工城市融入的现实问题及改进对策，为开展新生代农民工市民化职业教育提供实证支持。

一、市民化视角下新生代农民工就业调查——以兰州市为例

新生代农民工市民化不仅仅是其身份和职业的变化，更重要的是如何帮助该群体融入城市生活。但是，新生代农民工群体就业仍然处于弱势，在就业方面还存在着许多问题，这些困境阻碍着该群体融入城市的步伐。就业问题是关系到新生代农民工能否在城市获得稳定生活的重要影响因素，也是最终能否真正实现市民化的关键，同时也是促进新型城镇化进程的重要内容。因此，本节以兰州市为例开展新生代农民工就业调查，在剖析兰州市新生代农民工就业现

状的基础上，对市民化视角下的新生代农民工就业问题进行分析和研究，为改善新生代农民工的就业质量，促进我国新生代农民工市民化发展，提高新型城镇化质量，具有重要的现实意义。

从其外在表现来看，新生代农民工市民化是获得合法城市居民身份，然而获得合法城市居民身份的最基本条件是在城市有稳定的工作和个人固定住所。近年来，兰州市政府联合相关部门为了促进农民工稳定就业，在改善农民工生活条件、保障农民工合法权益等方面采取了许多措施，并取得了一定的效果，但新生代农民工在就业层次、就业能力、就业质量、就业环境、就业权益等方面与城市居民相比仍然存在着很大差距。就业过程中存在的这些问题严重限制了新生代农民工市民化进程。本书调查的新生代农民工为 16～35 周岁、户口在农村，且在兰州市居住并从事非农业生产活动的农民工群体。课题组在兰州市安宁区、城关区、七里河区等几个地区随机发放 200 份调查问卷，收回有效问卷 169 份，并加入个案访谈，调查了新生代农民工的就业基本情况、居住环境、工作收入状况、就业环境、就业权益保障等各方面的具体情况。在此基础上，课题组结合调查结果对新生代农民工市民化过程中就业方面所面临的一些困难和存在的问题进行分析和深入探讨。

（一）新生代农民工就业的基本问题

1. 新生代农民工的受教育程度有所提高。

通过本书调查发现，与第一代农民工相比，新生代农民工的文化水平和受教育程度已有较大提升。在本次调查对象中，男性有 95 人，女性 74 人，其中受教育程度在初中及以下的新生代农民工占 20.12%，高中文化程度的占 25.44%，接受过专科（包括中专）教育的占 33.14%，具有农村户籍的本科及以上的新生代农民工占到此次调查总量的 21.3%。其中，男性农民工和女性农民工的受教育情况分布见表 4-1。

表 4-1　　　　　　　新生代农民工受教育情况统计　　　　　　单位：人

性别	初中及以下	高中	专科	本科及以上	小计
男	13（13.68%）	32（33.68%）	31（32.63%）	19（20.00%）	95
女	21（28.38%）	11（14.86%）	25（33.78%）	17（22.97%）	74

如表 4-1 所示，85% 以上的男性新生代农民工受教育程度在高中以上，而女性新生代农民工接受高中以上文化教育的比例在 70% 左右，总体来说，新生代农民工受教育程度有所提高，且男性受教育程度总体高于女性。

2. 新生代农民工就业领域较窄。

通过本书调查数据统计显示，兰州市新生代农民工就业的行业情况为：建筑/房地产行业占比 26.63%；制造业占比 13.61%；教育培训行业和文化传媒行业占比 8.88%；金融行业和 IT 行业占比 7.1%；批发零售及居民服务业占比 12.43%；其他服务业占比 22.49%。可见，兰州市新生代农民工主要集中在第二产业和第三产业就业，而且第三产业是该群体就业的主要行业。但是，在教育培训、文化传媒、金融及计算机等高端行业就业的人员比较少，新生代农民工就业依旧偏向于第三产业中的低端行业。另外，通过访谈和统计数据得知，56% 的新生代农民工已经有 3~6 年的外出务工经历，28% 的新生代农民工外出务工时间不足 3 年，还有 16% 的新生代农民工已经外出务工长达 7 年以上，并且大部分的新生代农民工在此期间从事过不同行业的工作。总体上，与第一代农民工相比而言，新生代农民工从事房地产建筑业等艰苦行业的比例有所下降，但相比于其他行业来说，农民工在建筑行业就业比例仍然相对较高。

3. 新生代农民工就业层次较低。

本书调查显示，兰州市绝大部分新生代农民工在民营企业或者个体户中就业，其中，基层员工占到大多数，管理岗位从业者占比尚未达到 9%，技术人员仅占 13.02%，并且新生代农民工中很少有人自主创业。本次调查中，一些工作环境较差、体力消耗较大、比较辛苦的工作基本上由农民工群体承担。由于就业市场上的大部分职位均有大专或本科以上的学历限制，所以，目前大部分新生代农民工依然只能非正规就业。同时，在访谈过程中部分受访者提到，一些体面的工作最低也要求有大专学历水平，即便是达到学历要求，竞争过程中，用人单位还是会优先录用本地人。因此，该群体可选的工作大部分是城市本地人不愿从事的工作。

（二）新生代农民工市民化问题

1. 新生代农民工市民化意愿强烈。

本书关于"是否打算在兰州市长期发展"的调查显示，有 41.42% 的新生代农民工明确表达了想在兰州市长期发展的意愿，有26.04%的新生代农民工明确表示不想在兰州市长期发展，而有32.54%的新生代农民工对于是否在兰州市长期发展态度不明确。这表明大多数新生代农民工更渴望融入城市社会，期望成为务工城市的"新市民"，享受与本地居民平等的市民待遇。在被问及为什么选择在兰州市长期发展时，新生代农民工提供的缘由主要包括：一是城市的工作机会较多，更适合个人发展；二是在城市工作和生活可以为家人提供良好的生活环境；三是比较喜欢城市的生活方式。可以看出，新生代农民工对于融入城市的意愿还是比较强烈和明确的。对于"不想在城市长期发展"的主要原因调查中，"收入太低"以75.15%的认同率排名第一，其次是认同率占70.41%的"房价太高"，排位第三的是认同率57.4%的"消费水平太高"，另外还有55.03%的人认为"工作不稳定"是阻碍其在兰州市长期发展的主要原因。由此可见，新生代农民工市民化的主观意愿大多是积极的，但是面临许多现实因素的限制，如在务工城市生活所需要的住房、稳定的工作和收入等压力，这些现实因素严重阻碍了新生代农民工融入城市的积极性。

2. 对新生代农民工的排斥依然存在。

随着社会的发展，一部分城市居民逐渐接纳农民工，并认同该群体对城市做出的贡献。但是，仍然有不少城市居民有排外心理，这给新生代农民工市民化带来了不少阻力。一些市民在生活中会对新生代农民工产生本能的排斥，认为其综合素质不高、文明意识淡薄，这种现象在与新生代农民工年纪相当的城市青年中表现突出，但大部分随机访问的市民认为，农民工为日常生活带来便利，愿意做大量的辛苦工作，该群体参与城市建设并获取可观的收入，有助于缩小城乡差距。本书调查数据显示，在所接受问卷调查的169人中，有44人表示在兰州生活会存在排外现象。受单一工作或生活环境的影响，新生代农民工的社交互动依然较小，主要局限于城镇同乡同事和小范围的社交拓展，该群体形成了自己的"朋友圈"，逐步步入"边缘社会"。上述分析表明，新生代农民工非常希望能够得到与城市居民相同的身份和待遇，希望在城市生活可以得到尊重和认同。由于城乡居民的生活方式和观念差异很大，农民工的社会认同在短期内难以改善。因此，城市居民有必要调整和新生代农民工的相处模式，促进双方建立和谐的社会关系，促使新生代农民工群体更加认同城市文化，积极融入城市社会。

（三）新生代农民工就业质量问题

1. 就业的稳定性差。

根据本书研究样本的调查数据显示，兰州市新生代农民工在目前岗位工作一年以上的占 43.76%，工作不稳定者高达 56.24%。在一年内从事过两份工作的占 35.5%，在一年内换过三份工作的占 14.79%，其余 5.95% 的新生代农民工在近一年内更换工作达 4 次以上。通过访谈，发现产生这种现象的主要原因在于：一是认为自身能力有限，无法胜任所从事的工作岗位；二是认为工作环境差，想换个更好的工作环境；三是认为工资水平低或升职机会少，希望找到更有发展空间的平台。综合来看，新生代农民工的就业观念已经有了很大的变化，开始从以往的生存型逐渐向发展型转变。另外，兰州市新生代农民工对自我发展缺乏明确的职业规划，择业时仍处于迷茫的状态，这也是新生代农民工就业稳定性差的重要原因之一。

2. 接受职业技能培训比例较低。

根据本书调查，研究样本中 44.97% 的新生代农民工从未接受过任何与其工作相关的系统性职业培训，有 18.93% 的新生代农民工接受过一次职业培训或岗前培训，有 21.3% 的新生代农民接受过两次与工作相关的职业培训，还有 14.8% 的人参加过两次以上的职业培训。在关于新生代农民工对于职业技能培训的看法调查中，认为参加职业技能培训对就业非常有帮助的占比 39.05%，认为参加职业技能培训对就业会有一点帮助的占比 36.09%，认为参加职业技能培训对就业的帮助一般的占比 15.38%，认为参加职业技能培训对就业基本没有用处的占比 7.69%，还有极小一部分新生代农民工认为参加职业技术培训对就业完全没用。在对于新生代农民工所从事职业的技能要求调查中显示，68.64% 的新生代农民工所从事的工作对技能水平要求很低或没有要求，可见新生代农民工所从事的工作对于专业技能要求总体不高。同时，对于是否愿意支付学费接受职业技能培训的调查中，有 17.75% 的新生代农民工表示非常不愿意；还有 13.02% 的新生代农民工认为培训费用较高，且对是否有利于就业存在疑虑，因此，对于支付学费参加职业技能培训的态度很勉强；还有 20.71% 的新生代农民工对于是否愿意支付学费参加职业技能培训态度不明了。在城市中，竞争异常激烈，这样的调查结果已足够引起社会的重视。因此，新生代农民工必须转变思想观念，主动学习提高个人职业能力，尽量考取各类职业资格证书，适应岗位技能需求，以便更快地融入城市社会。

3. 就业的收入偏低，对就业的满意度较低。

本书调查数据显示，2017 年兰州市新生代农民工每月工资收入在 2000 元以下的占比 16.57%；2000～3500 元的占比 49.11%；3500～4500 元的占比 18.93%；4500～5500 元的占比 7.69%，月收入在 5500 元以上的占比 7.69%。虽然新生代农民工的收入水平有所提升，但是依然远低于城镇职工的收入。研究样本中，对目前自己收入满意的新生代农民工仅占 22.49%，觉得非常满意的占 13.02%，而认为个人工作一般和不满意的达到了 64.49%。在访谈中，大部分受访者表示，每个月的工资收入水平不高，但城市的生活成本却较高，支付城市生活的各种费用后，每月收入所剩无几。可见，大多数新生代农民工的收入水平仍偏低，在城市生活的压力较大，在一定程度上也限制了市民化的步伐。

（四）新生代农民工的就业环境问题

1. 新生代农民工的就业渠道不畅。

通过本书对兰州市新生代农民工的就业渠道调查，发现有 34.32% 的新生代农民工是通过亲友介绍获得当前的工作，而到就业单位直接应聘占比达到 45.56%，通过中介机构和劳动力市场获得当前的工作占比为 4.73% 和 8.88%，其他 6.51% 的新生代农民工主要通过网络、报刊等渠道获得当前的工作。说明兰州市新生代农民工就业仍然主要依靠亲友、人情来实现，新生代农民工就业渠道仍然闭塞，其职业发展亟须引起重视。

2. 工资发放基本正常，但拖欠现象时有发生。

2017 年底，针对农民工的工资支付情况，兰州市相关部门对农民工从业较集中的行业进行了专项检查，特别对建筑施工企业、制造业和餐饮服务业等劳动密集型企业进行了重点检查。根据兰州互联网信息办公室发布的《保障农民工合法权益！兰州农民工工资支付情况专项检查启动》显示，在此次检查过程中，接受检查的用人单位一共 4178 户，查处了违法案件 94 件，其中有 4 件违法案件涉及拖欠工资，总共涉及拖欠工资金额 11.17 万元。在此次检查之后，相关部门帮劳动者追回用人企业拖欠工资 10776.88 万元，还督促用人企业缴纳社会保险费 8.4 万元。根据兰州晚报报道的《全市集中开展农民工工资支付情况专项检查》，2017 年底，劳动保障监察机构对 6638 户用人单位进行了检查，总共受理拖欠农民工工资案件 565 件，为 2870 名农民工追回拖欠工资 2676.29 万元。可见，虽然兰州市农民工的工资支付状况有所改善，但拖欠工资的现象依旧经常发生，这已引起地方政府的重视，开始全面解决工资拖欠问题，切实维护农民工合法权益。

3. 工作居住条件较差，超时工作现象显著。

兰州市新生代农民工群体中超时工作现象依然非常显著。本书调查显示，兰州市新生代农民工中平均每天工作时间在 8 小时以内的仅占 21.3%；平均每天工作时间为 8~10 小时的高达 58.58%；平均每天工作时间处于 10~12 小时的占 17.16%；平均每天工作时间高于 12 小时的占比 2.96%。可见，兰州市新生代农民工仍存在比较严重的超时工作现象，主要是因为一些私营或个体企业主为了追求经济效益，加班现象时有发生，而农民工群体的维权意识相对薄弱，超时工作现象未能有效解决。有一部分农民工在兰州市从事煤矿、建筑施工等高危行业的工作，该群体所处的工作环境存在着重大安全隐患。由于新生代农民工没有基本的劳动安全保护，致使其职业病和工伤事故发生的概率非常高。本书调查所选样本显示，新生代农民工有 51.48% 住在员工宿舍；有 26.63% 与同事、朋友或老乡一起租房子居住；与家人或亲戚同住的占 2.96%；在兰州市自己租房居住或有个人住房的占 18.93%。整体来看，新生代农民工大部分是住员工宿舍或租房居住，居住环境比较艰苦，条件也较为简陋。

（五）新生代农民工就业权益问题

1. 就业保障水平普遍不高。

劳动合同可以规范用工行为、明确劳动合同双方当事人的权利义务，还可以在劳动者权益受到侵害时维护该群体的合法劳动权益。本书调查结果显示，兰州市新生代农民工和所在单位签订有固定期限合同的占 41.42%；签订无固定期限劳动合同的占 20.71%；签订完成一定工作量的合同的人占 11.83%；还有 26.04% 的农民工没有与用人单位签订劳动合同。这些农民工通常在被雇用之前和雇主口头协商，达成雇用约定，签订有效合同的并不多，因此，当遇到企业克扣、拖欠农民工工资或者单方面解雇、辞退农民工等损害农民工合法权益的行为时，农民工想要维权就非常困难。有效合同签订率较低的原因，一方面是因为企业未能履行劳动法规定的相应义务，比如为农民工购买保险不到位等，另一方面是因为很大一部分新生代农民工不愿意和用人单位签订劳动合同，该群体觉得签订劳动合同会约束该群体的自由。而一般企业从自身利益考虑，也不会强制要求这些不愿意签订劳动合同的人与其签约。由此，农民工和用人单位对于用工时间、劳动内容、工资水平及双方权利义务都没有明确的规定，非常容易产生劳资纠纷。与此同时，签订的合同中，有很多权利义务不对等的现象，有些劳动合同中只强调发生事故一切后果自负的规定，对于农民工应该享有的权利没有相应的规定。仍有很多农民工在签订劳动合同之前并不会详细查看合同内容，直接按照企业要求签字。甘肃省从事矿山、建筑行业的农民工占农民工群体的1/3以上，这些行业几乎平均每月都会发生工伤事故。在访谈中，发现仍然有一部分农民工不清楚工伤的认定及医疗费用承担主体。此外，仍有一些企业只有在发生伤残等严重工伤时才会提供一部分医疗费用，就业保障水平亟待提升。

2. 权利意识薄弱。

本书调查显示，出现劳动争议时，有47.93%的新生代农民工选择自己解决；有25.44%的新生代农民工选择找朋友或者同事帮忙解决；有8.88%的新生代农民工选择找工会解决；还有17.75%的新生代农民工选择寻求法律等相关部门解决。由此可以看出，虽然新生代农民工在应对劳动争议时维权意识有所提高，但是在面对关键问题时，该群体的态度依然不太积极。例如，当发生超时工作时，该群体基本不敢跟企业提出要求或增加薪酬。面对拖欠或克扣工资等现象时，大多数农民工不会积极主动维护个人权益，甚至直接采用消极等待的态度，导致自身合法权益受到侵害。而部分农民工未能及时采用如诉诸法律手段或者寻求维权组织等有效方式，主动去解决问题。因此，增强权利意识，有助于新生代农民工维护自身合法权益，也可以帮助该群体获得更多的社会尊重和认同，促进该群体完成思想意识方面的市民化转变。

根据本书调查，新生代农民工近一年内换工作的频率仍较高。有56.21%的新生代农民工在近一年时间内更换过工作，其中，曾在一年内做过三份以上工作的达到21%，大部分是由于工资收入过低、工作环境较差以及在工作中受到不公平的待遇等原因，这也导致这一群体所在行业的就业流动性较高。此外，无偿延长工作时间及拖欠、克扣工资等现象也是导致新生代农民工频繁换工作的重要原因。这种现象在建筑领域较为明显，如果不及时解决，容易引发群体性事件、极端事件等，从而造成严重不良的社会影响，严重阻碍新生代农民工市民化进程。

3. 社会保障不完善。

社会保障权是社会成员依据法律规定应该享有的保障权利，是人们在发生社会风险时重要的保护。社会保障制度的不完善，将阻碍新生代农民工市民化进程。本书调查显示，兰州市新生代农民工有43.79%的人参加了养老保险，有29.59%的人参加了失业保险，参加农村合作医疗保险的占79.29%，参加工伤保险的占36.69%。总体来看，新生代农民工参加社会保险的比例较低。绝大部分人没参加社会保险的主要原因有：37.28%的农民工反映工作单位几乎不给缴纳保险费用，31.8%的农民工反映仅有一半或更少的企业会为其缴纳社保费用，只有16.57%的农民工反映企业基本都会为其缴纳社保费用，还有42.02%的农民工表示个人负担保险费用以其目前的收入状况来看比较困难。因此，当该群体遭遇到如受工伤等各种困难时，通常难以获得制度支持和保险赔偿。现阶段，仍需进一步推进新生代农民工市民化及相应的基本公共服务均等化等政策落实，保障新生代农民工享有和当地市民同等的工作待遇或社会权益。新生代农民工的问题从根本上说就是权益保障的问题，因此，无论从该群体自身的角度还是市民化的角度来说，都需要保障新生代农民工的社会权益，促进其达到与市民相近的水平。

二、基本公共服务均等化视角下新生代农民工城市融入调查——以贵阳市为例

以贵阳市为例来分析基本公共服务均等化视角下影响新生代农民工融入城市的主要因素。基本公共服务是指在一定的经济社会历史发展条件下，为了保证全体公民享有的基本的生存权和发展权，由政府或其他机构提供的，与时代相符的，全体公民都可以公正、公平、普遍地享有的最基本、最广泛的公共服务。按其与公众的相关程度来划分，是指与民生息息相关的公共服务，如卫生、教育、社保、就业、环境保护、基础设施等。

（一）数据说明与信度分析

1. 数据说明。

为了深入分析基本公共服务对新生代农民工城市融入的影响，本书以贵州

省贵阳市的新生代农民工为研究对象，贵阳市是贵州省的省会城市，也是本省各地农民工的首选务工城市，此外，由于新生代农民工更偏爱在第三产业就业，因此，选取就业在南明区、云岩区、花溪区、观山海区、白云区等地点且主要从事第三产业的新生代农民工群体开展问卷调查研究。由于考虑到新生代农民工群体的文化程度存在差异，问卷主要以网络填写形式为主，现场发送填写并回收。本次调查总共发放的问卷数量为 400 份，回收 380 份，其中有效问卷 362 份。问卷题目类型分为分类题和量表题，基于分析可能性考虑，本书将对社会保障这一影响因素进行描述统计分析，对就业问题、子女教育问题和住房保障问题进行多元回归分析。

2. 信度分析。

在进行描述统计分析和多元回归分析前，首先对数据结果进行信度分析。信度分析是评价调查问卷是否具有稳定性和可靠性的有效分析方法，使得问卷具有科学性和有效性。其中，检验结果若大于等于 0.9 表明量表的信度较好；处于 0.8～0.9，表明信度可以接受；处于 0.7～0.8，表示有些项目需要修订；小于 0.7，表示量表中有些项目需要舍弃。信度分析结果显示，可靠性统计资料的克朗巴赫（Cronbach）α 系数结果为 0.824，表明信度可以接受。

（二）样本数量统计及描述统计分析

1. 基础情况数量统计。

本书调查样本新生代农民工基础情况统计见表 4－2。

表 4－2　　　　　　　　新生代农民工基础情况统计

变量		计数（人）	百分比（%）
性别	男	205	56.6
	女	157	43.4
年龄	20 岁以下	98	27.1
	21～38 岁	264	72.9
户籍	本市辖内农村	148	40.9
	本市以外农村	214	59.1

变量		计数（人）	百分比（%）
学历	小学及以下	22	6.1
	初中	21	5.8
	中专、高中	293	80.9
	大专及以上	26	7.2

（1）男女比例差异缩小。发放回收的有效调查问卷中，有男性 205 名，占比为 56.6%；女性 157 名，占比为 43.4%。男性虽然多于女性，但相差不是很大，与老一代农民工相比，该群体的性别结构得到了较大的改善，日趋合理，说明女性务工人员呈现增加趋势，并不再只局限于在家照顾家人，而是在各自的工作岗位上为城市发展做出贡献。

（2）年龄结构年轻化。从年龄来看，2/3 的新生代农民工处于 21～38 岁，占 72.9%；20 岁以下的 98 人，占 27.1%。说明了新生代农民工的年龄结构趋于年轻化。

（3）本省省会城市为首选务工地点。拥有本市辖内农村户籍的有 148 人，达到总数的 40.9%；本市以外农村户籍的有 214 人，占总数的 59.1%。对于新生代农民工来说，就近择业是首选，而基于发展机遇和返乡距离等因素的考虑，一般倾向于选择本省经济发展较好的省会城市作为首选务工地点。

（4）受教育程度提高。在被调查的新生代农民工中，文化水平在小学以下的有 22 人，占 6.1%；初中水平的有 21 人，占 5.8%；中专或高中文凭的有 293 人，占 80.9%；大专及以上的有 26 人，占 7.2%。由此可以看出，新生代农民工的知识文化水平大多集中在中专或高中，与老一代农民工相比，学历已有明显提升。

2. 社会保障对新生代农民工城市融入的影响。

下面对社会保障的因素进行研究，实证分析社会保障与城市融入之间的内在联系。

首先，分析社会保险与城市融入意愿的关系。由表 4－3 可知，在 362 个样本中，根据是否办理了社会保险进行分析，在已办理社会保险的新生代农民工群体中，对融入城市没有信心的占 4.6%，有一点信心的占 8.9%，觉得一般的占 19.3%，有信心融入的占 37.7%，非常有信心的占 29.5%；没有办理社会保险的新生代农民工群体中，对融入城市没有信心的占 50.0%，有一点信心的占17.5%，觉得一般的占17.5%，有信心融入的占10.0%，非常有信心融入的占5.0%；在不清楚如何办理的新生代农民工群体中，对融入城市没有信心的占19.5%，有一点信心的占34.2%，觉得一般的占24.4%，有信心融入的占14.6%，非常有信心融入的占7.3%。可以看出，办理社会保险的新生代农民工对于城市融入的意愿是很强烈的，因为这一项影响对于该群体来说已经得到了解决，明显增加了该群体对城市融入的信心。而没有办理保险的新生代农民工群体有一半对城市融入是缺乏信心的，进一步证明了社会保障因素对城市融入影响的重要性。对于不清楚如何办理的新生代农民工来说，其对城市融入的意愿相对仍是比较弱的。

表4-3　　　　　　　　社会保险与城市融入意愿交叉表　　　　　　单位:%

问题		对融入城市的信心				
		没有	有一点	一般	有	非常有
您所在单位是否为您办理了社会保险	已办理	4.6	8.9	19.3	37.7	29.5
	没办理	50.0	17.5	17.5	10.0	5.0
	不清楚如何办理	19.5	34.2	24.4	14.6	7.3

在新生代农民工社会保障涉及的众多项目中，医疗保险的问题是尤为突出的。由表4-4可知，20%~50%的支出用于医疗上的人数有174人，达到了调查总人数的48%，也就意味着将近一半的新生代农民工很注重医疗方面的问题。另外，为深入研究医疗保险问题和城市融入意愿之间的关系，本书对两者进行了交叉分析，见表4-5。

表4-4　　　　　　　　医疗支出占家庭总支出的百分比分布

医疗支出占家庭总支出的百分比	人数	百分比（%）	有效的百分比（%）	累计百分比（%）
20%以下	127	35.1	35.1	35.1
20%~50%	174	48.0	48.0	67.1
50%以上	61	16.9	16.9	84.0
总计	362	100.0	100.0	—

表4-5可以直观反映生病后的解决方法对新生代农民工融入城市信心的影响。选择"能忍就忍，尽量不看病"的新生代农民工对融入城市没有信心和有

一点信心的占比较高，分别为 30.5% 和 35.6%；与之类似，用单位药箱的新生代农民工前两项占比也较高，比例为 30.9% 和 37.6%；个人购药解决的新生代农民工前两项对应占比为 37.9%、28.2%；而自费到医院的新生代农民工对融入城市没有信心占比则最高，达到了 51.2%；通过医保解决的新生代农民工对融入城市有信心的占比较高，为 46.9%；单位部分报销的新生代农民工对融入城市感觉一般的占比较高，为 37.8%，有信心的占 27.6%；相比之下，单位全部报销的新生代农民工对融入城市没信心的占比较低，仅为 2.6%，有信心的占比最高，达到 51.5%，非常有信心的占比也相对较高，为 26.4%。以上调查表明，没有医保或没有单位报销的新生代农民工对融入城市的信心大多数是没有信心或是很低，特别是自费到医院的农民工，高达一半以上的新生代农民工对融入城市是一点信心都没有的；然而，拥有医保或单位报销的新生代农民工普遍对融入城市信心较高。由于现阶段的医疗费用比较高，占家庭总支出比重也较高，因此，医疗保险对新生代农民工群体十分重要。以此为基础，进一步对社会保障与新生代农民工融入城市信心之间的关系进行卡方检验，见表 4 - 6，P 值为 0.025，证实社会保障对新生代农民工城市融入有显著性影响。

表 4 - 5　　　　　　　医疗保险与城市融入意愿交叉表　　　　　　单位:%

问题		您对未来融入城市生活是否有信心?				
		没有	有一点	一般	有	非常有
您如果生病怎样解决	能忍就忍，尽量不看病	30.5	35.6	18.6	10.2	5.1
	用单位药箱	30.9	37.6	16.6	8.3	6.6
	个人购药解决	37.9	28.2	18.1	10.2	5.6
	自费到医院	51.2	26.2	12.2	7.6	2.9
	通过医保解决	6.1	8.2	18.4	46.9	20.4
	单位部分报销	7.9	14.1	37.8	27.6	12.6
	单位全部报销	2.6	4.9	14.7	51.5	26.4

表 4 - 6　　　　　社会保障与新生代农民工融入城市信心卡方检验

指标	数值	自由度	渐进显著性
皮尔森（Pearson）卡方	17.555	8	0.025
概似比	17.669	8	0.024

续表

指标	数值	自由度	渐进显著性
线性之间的关联	10.667	1	0.001
有效观察值个数	360	—	—

　　新常态下，实现新生代农民工群体的社会保障待遇是推进新型城镇化质量提升的关键问题之一，这也关系着社会和谐稳定发展。新生代农民工成为真正的城市居民，要享有与城市居民一致的社会保障，才能达到在城市长久生活和工作的目标。调查显示，对于新生代农民工群体而言，一是期望能缴纳医疗保险和养老保险，以保证生病时能方便治疗，年老时老有所依，给子女减轻负担；二是参加失业保险，由于农民工群体的就业并不稳定，拥有失业保险可保证在暂时失业时能解决生活困难；三是提供城市低保，在城市生活陷入困境时，以维持基本的生存问题。

　　目前，我国社会保障制度正趋于完善，逐步将新生代农民工群体纳入社会保障体系。但是，城镇社会保险对新生代农民工的覆盖面依旧不高，在政策落实方面仍存在着问题，新生代农民工的城市融入也受到严重影响。因此，需要妥善解决新生代农民工的社会保障问题，维护该群体的合法权益，这也是促进新生代农民工群体融入城市的关键。

（三）实证分析

1. 相关性分析。

　　相关性分析是研究一个或多个自变量与因变量之间存在的依存关系、相关程度及方向。基于问卷调查的数据考虑，本书采用皮尔森相关系数来衡量两个定距变量间的线性关系。由表4-7可知，当对目前的月收入满意度越高、子女在城市入学越容易、居住状况越满意时，新生代农民工对融入城市的信心则越高。

表4-7　　　　　　　　　　相关性分析

变量	检验	对未来融入城市生活是否有信心
对目前的月收入满意程度	皮尔森（Pearson）相关	0.528**
	显著性（双尾）	0.000
	N	362

变量	检验	对未来融入城市生活是否有信心
认为子女在城市入学的难易程度	皮尔森（Pearson）相关	0.489**
	显著性（双尾）	0.000
	N	362
对目前居住状况的满意程度	皮尔森（Pearson）相关	0.419**
	显著性（双尾）	0.000
	N	362
对未来融入城市生活是否有信心	皮尔森（Pearson）相关	1
	显著性（双尾）	0.000
	N	362

注：**、*分别表示在置信度为1%和5%时，相关性是显著的。N代表样本数。

2. 多元回归分析。

下面采用多元回归分析验证新生代农民工就业、子女义务教育、社会保障、住房保障等问题对城市融入的影响效应。为避免自变量之间的多重共线性，对就业问题、子女义务教育、社会保障、住房保障等指标去中心化处理后，采用逐步多元回归方法分析就业、住房保障、子女义务教育对城市融入的影响，检验结果见表4-8和表4-9，模型通过了显著性检验和D-W检验，说明模型拟合较好，不存在自相关性，变量间存在显著的线性关系。模型估计结果见表4-10。研究发现，就业、子女义务教育和住房保障对城市融入均有显著的正向推动作用，若就业、子女义务教育、住房保障等问题能够得到有效解决，城市融入则越高。由此可以说明，基本公共服务对新生代农民工城市融入起着关键性的作用。

表4-8　　　　　　　　　逐步回归分析的检验结果

模型	R	R²	调整 R²	标准估计的误差	D-W检验
1	0.721a	0.520	0.518	0.10025	
2	0.814b	0.663	0.660	0.11037	
3	0.853c	0.728	0.724	0.10019	1.892

注：a. 预测变量：（常量），就业问题；b. 预测变量：（常量），就业，住房保障；c. 预测变量：（常量），就业，住房保障，子女义务教育；d. 因变量：城市融入。

表 4 – 9　　　　　　　　　　　　方差分析

模型		平方和	自由度	平均值平方	F 统计量	显著性
1	回归	2.102	1	2.102	139.363	0.000b
	残差	5.429	360	0.015		
	总计	7.531	361			
2	回归	3.158	2	1.579	129.615	0.000c
	残差	4.373	359	0.012		
	总计	7.531	361			
3	回归	3.937	3	1.312	130.750	0.000d
	残差	3.593	358	0.010		
	总计	7.531	361			

注：a. 因变量：城市融入；b. 预测变量：（常数），就业；c. 预测变量：（常数），就业，住房保障；d. 预测变量：（常数），就业，住房保障，子女义务教育。

表 4 – 10　　　　　　　　　　　　模型估计结果

模型	非标准化系数		标准化系数	T 值	显著性
	B	标准误差	Beta		
（常数）	0.161	0.018		8.998	0.000
就业	0.327	0.031	0.405	10.644	0.000
住房保障	0.218	0.023	0.342	9.283	0.000
子女义务教育	0.226	0.026	0.336	8.813	0.000

注：因变量：城市融入。

（四）新生代农民工城市融入的问题

1. 城市生活压力大，就业不稳定。

从薪资水平来看，贵州省贵阳市新生代农民工的工资处于全国平均工资水平的下游，与其他地区的新生代农民工薪资情况基本一致。本书调查显示，月收入在 1000 ~ 3000 元的新生代农民工占比达到 49.86%，月收入处于 3000 ~ 5000 元的占比为 39.38%，月收入达到了 5000 元以上的仅有 9.34%，此外，还有 1.42% 的新生代农民工收入不到 1000 元。贵州处于我国的西南部，属于经济欠发达的地区，但贵阳市为省会城市，仍具有较高的物价水平。因此，新生代农民工相对较低的收入水平与物价水平仍是不匹配的，收入不足 3000 元的新生代农民工群体占比仍较多，在省会城市生活压力依然较大，这也降低了该群体的城市融入意愿。

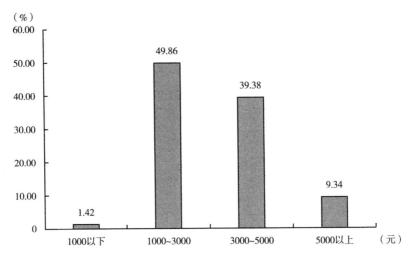

图 4-1　贵州省贵阳市新生代农民工收入水平

资料来源：笔者研究整理。

从就业情况来看，相比老一代农民工选择的建筑业和挖掘工作来说，大部分新生代农民工主要从事制造业、住宿和餐饮行业，劳动强度明显减弱且相对安全，但仍然存在收入低、福利差、晋升空间小等问题。调查中也发现，部分从事制造业的新生代农民工仍缺少就职前的安全培训，易发生生产事故和安全问题。此外，与老一代农民工相比，新生代农民工换工作频率更加频繁，原因在于其工作环境相对较差，与期望的工作仍有一定的落差。因此，应着力解决新生代农民工的就业问题，促进其更好地融入城市，从而助推新型城镇化进程。

2. 随迁子女入学受限。

随迁子女的教育问题是新生代农民工能否持续稳定地融入城市的一个关键性问题，然而，当前随迁子女的教育现状却不容乐观。本书问卷调查显示，超过 60% 的新生代农民工认为随迁子女上学十分困难。目前，贵州省已规定公立学校不得收取择校费，但公立学校入学需要提供居住证、务工证、学籍证等一系列证明，对于农民工群体来说，提供相关证明仍有较大难度，另外，户籍问题仍是新生代农民工市民化的障碍。

3. 社会保障制度不完善，参保率较低。

与其他拥有较多农民工群体的省份类似，贵州省新生代农民工的社会保障问题也依然是地区经济社会发展面临且亟待解决的重要问题。整体来看，当前新生代农民工群体的社会保障水平仍低于城镇居民，社会保险尚未实现全覆盖。此外，由于认知受限及流动性较大等原因，新生代农民工参保率仍较低。其中，由于工作性质的特殊性，工伤保险对这一群体来说十分重要，但仍有一些企业未能及时缴纳。此外，由于收入相对较低，医疗保险的缺少也导致了这一群体在城市生活的社会成本较高。本书调查发现，当生病需要医治时，仍有16.3%的新生代农民工选择能忍就忍，不愿意花钱治病，还有47.51%的新生代农民工是自费到医院问诊。另外，新生代农民工的失业率较高，然而由于户籍的约束这一群体不能与城市居民同等享受社会的福利与救助，生活质量会显著下降，易引发一系列社会问题。

4. 住宿条件差，缺乏归属感。

从居住的房屋性质来看，目前贵阳市新生代农民工主要居住在城市商品房、保障房、临时搭建工棚等房屋。由图4－2可见，80%以上的新生代农民工住宿条件相对不高。首先，保障房的住房面积偏小，密度大，通风采光很差，地理位置还比较偏僻；其次，配套设施不齐全，大多数新生代农民工是合租，卫生间、浴室等都是公共的，导致卫生条件不尽如人意。至于临时搭建工棚和未完工的住所，由于居住人口较多，条件配备并不完善，有些甚至存在安全隐患问题。近年来，贵州省扩大了经济适用房和廉租房的覆盖范围，对于农

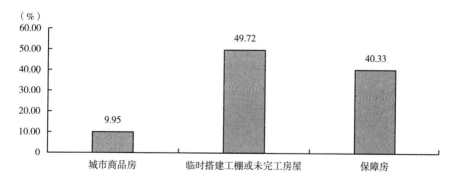

图4－2 贵州省新生代农民工住房类型

资料来源：笔者研究整理。

民工的优惠政策也相继出台，但各个企业进行政策实施时，多种原因导致相应的福利未能完全保障。因此，新生代农民工群体在城市工作和生活仍缺乏归属感，阻碍了该群体融入城市的进程。

三、共享经济视角下新生代农民工城市融入现状和问题调查分析

随着农民工群体的新旧更替，新生代农民工群体具有更为鲜明的特征。新生代农民工除了渴望摆脱贫困外，更期望脱离祖辈的农民身份。由于家庭、教育等多方面原因，新生代农民工随迁比例的可能性较高，考虑到自身的养老以及子女学习和就业问题，该群体在城市工作和永久居住的意愿更强烈。因此，新生代农民工城市融入问题不仅仅是一个特殊群体的问题，更应是全社会关注的焦点。共享经济是近几年兴起并快速发展起来的新业态，共享经济涉及日常生活的方方面面，不仅是一种经济模式，更给人们提供了一种生活模式。共享经济反映了特定的经济规律，实现了一个供需对接，并能供应"私人"的服务，节省大量的生产成本和交易成本，需求也以更充分地沟通而得到满足。随着互联网技术的应用与发展，共享经济的新现象深刻反映了经济发展的内在特征，让使用权和拥有权发生分离，也促使社会得到进一步的发展，增强了人们之间的信任。互联网拉近了人与人之间的距离，使得沟通更加的快捷和广泛。因此，人们之间的联系也发生了实质性改变，协作关系也呈现出更加多种多样的形式。然而，共享经济能否促进新生代农民工城市融入？共享经济能否解决之前城市融入过程中存在的一些问题，又是否会带来新的问题？这都是需要重点研究的。本章基于共享经济视角，通过问卷调查方式对新生代农民工的城市融入现状进行研究，剖析新生代农民工城市融入面临的现实问题。

（一）数据来源与描述统计分析

本书使用的数据来自课题组成员于 2018 年 2 月开展的新生代农民工城市融入调查，该调查随机抽取 18～40 岁有过非农职业经历者进行问卷调查，共获得有效样本量 120 份，并结合《2017 年农民工监测调查报告》数据进行分析描述。

1. 新生代农民工基本状况描述。

新生代农民工的数量在不断增加，《2017 年农民工监测调查报告》显示，

2017 年农民工总量达到 28652 万人，比 2016 年增加 481 万人，增长的比率是
1.7%，增速比上年提高 0.2 个百分点。在如此庞大数量的农民工中，新生代
农民工占比为 52.4%。在情感方面，单身的新生代农民工占很大的比例。与
上一代的农民工相比，新生代农民工在教育方面明显好转很多，大部分都接受
过九年义务教育。此外，新生代农民工更倾向于选择在大城市就业，留在本地
务工的新生代农民工相对较少。选择职业也更加多样化，包括建筑业、服务业
和制造业等，并且从事建筑业的新生代农民工相对于上一代来说明显减少，对
生活和工作环境有了更高的要求。

　　新生代农民工作为特殊的群体在农村和城市之间徘徊，已不适应农村生活
又难以完全融入城市。因此，新生代农民工也在寻求自身的社会转型，以适应
城市生活。其社会转型特征体现在三个方面：一是，进城工作从为了生存变成
为了生活，对于自我发展和长远的生活规划给予更多的关注；二是，对于公平
与合法权益有了更多的需求；三是，择业中不但考虑薪资水平，对工作环境、
发展前景及自我价值实现等也逐步重视。

　　表 4-11 为基于新生代农民工群体整体情况的特征描述。根据本书调查显
示，新生代农民工中的性别比例接近 7:1，男性占全部农民工比例要明显高
于女性所占比例。这与国家统计局 2018 年 4 月发布的《2017 年农民工监测调
查报告》的调研结果基本一致，即全部农民工中男性比例要明显高于女性比
例，此外，外出农民中也呈现了女性比例下降的趋势。从婚姻状况的数据来
看，未婚外出的新生代农民工要明显比已婚的数量少，虽然新生代农民工相较
于老一辈农民工年纪整体偏小，但结婚率占比仍然较高。在《2017 年农民工
监测调查报告》对农民工教育程度的调查中，农民工受教育程度的峰值出现
在初中阶段。而本次调查显示，新生代农民工的教育程度峰值则出现在大专及
以上阶段，这与前期研究得到的新生代农民工本身教育水平整体提升的结论相
符合。

表 4-11　　　　　　　新生代农民工样本基本状况描述性分析　　　　　单位：%

项目	类型	比例
性别	男	71
	女	29

续表

项目	类型	比例
年龄	20 岁以下	5
	20~30 岁	76
	31~40 岁	13
	40 岁以上	6
婚姻状况	未婚	45
	已婚	55
	离婚	0
教育程度	小学及以下	5
	初中/技校	37
	中专/职高/高中	20
	大专及以上	38
孩子情况	没有	54
	1 个	18
	2 个	20
	2 个以上	8
工作时间	2 年以下	37
	3~5 年	30
	6~10 年	22
	10 年以上	11

资料来源：笔者研究整理。

　　为深入调查共享经济视角下新生代农民工城市融入存在的现实问题，本书分别从经济整合能力、行为适应情况、心理认同三个维度开展深入研究。其中，经济整合是新生代农民工的生活方式、收入水平和消费水平情况，是新生代农民工城市融入中遇到的第一个问题；行为适应是指新生代农民工在日常的生活习惯和风俗方面能够接受本地的传统；心理认同是指在融入过程中新生代农民工的心理感受和评价，这是新生代农民工融入城市的最高水平。

　　2. 新生代农民工城市融入水平分析。

　　接下来，从经济整合能力、行为适应情况和心理认同三个角度对新生代农民工城市融入水平进行分析。

（1）经济整合水平。经济整合能力的重要影响因素之一为人力资本。人力资本是劳动力的价值体现，衡量的方法有技术等级、上岗培训、工作的专业性等方面。人力资本对新生代农民工城市融入的影响分为两个层次：第一个层次，人力资本水平提升会加快劳动生产效率，新生代农民工的经济收入也会增长，新生代农民工融入城市的机会就会加大；第二个层次，当新生代农民工自身的人力资本加大之后，其社会地位和城市融入意愿也会相应提高。当新生代农民工的人力资本足够多时，其经济来源将会持续稳定，在城市的生活水平则会提高。在本次的问卷调查中，针对人力资本的调查基于"是否获得劳动部门颁发的专业技术证书和工作前上岗培训的时间"来衡量的。从问卷调查的结果可以看出，86%的新生代农民工没有获得劳动部门颁发的专业技术证书，47%的新生代农民工在城市工作的上岗培训时间短于一周，30%的上岗前培训时间为一到两周，23%的上岗培训时间达到了两周以上。从人力资本积累方面来看，新生代农民工的人力资本积累远远不够，这也导致该群体从事一些工作时间长、工作强度大、可替代性强、工资相对较低的工作。

经济整合能力主要从每月的经济收入、是否有计划在城市买房、每月在饮食上面的花费、现在所居住的地方来衡量。根据本书对所选样本调查显示（见表4－12），在经济收入上，新生代农民工的月收入为6000元以下的占82%，6000元以上的占18%，其中最低的月收入也达到了3000元，收入水平显著提升。与当地的居民相比较，新生代农民工的经济收入水平基本持平。对于"是否考虑过在城市买房"这一问题，61%的新生代农民工没有考虑过在城市买房，部分农民工在经济水平上与当地居民基本持平，但仍有多数不愿意在城市买房。虽然新生代农民工的经济收入水平比之前有所提高，但现在大城市的高房价对于新生代农民工群体来说仍难以承担。在消费水平上，新生代农民工月饮食费用在200元以下的占8.6%，200～500元的占31.6%，500～1000元的占42.6%，大于1000元的占17%。关于住宿问题，有近46%的人住在出租房，住在集体宿舍的占34%，居住在自己房子的占16%。此外，新生代农民工在城市居住条件有较大的改善，有近半数的农民工自己租房居住，这离不开共享经济的快速发展，租房也相对越来越便捷，租金差异化越来越大，为新生代农民工提供了更多的选择。

表4-12　　　　　　　　新生代农民工经济整合状况　　　　单位:%

问题	经济情况	比例
您的月收入	4000 元以下	53
	4000~6000 元	29
	6001~8000 元	9
	8000 元以上	9
考虑过在城市买房吗	从没考虑过	61
	近期买房	7
	3~5 年买房	13.3
	6~10 年买房	12.1
	已经买房	6.6
您住在哪儿	集体宿舍	34
	出租房	46
	亲戚家	5
	自己的房	16
您的月饮食支出	200 元以下	8.6
	200~500 元	31.6
	501~1000 元	42.6
	1001~2000 元	14.2
	2000 元以上	3

资料来源：笔者研究整理。

可见，新生代农民工经济整合程度有所提高，但与城市本地居民相比仍有一定的差距。虽然新生代农民工居住在城市，但是该群体的收入水平仍然与本地的居民有很大差距，这种差距就使得该群体在生活消费方面与本地人产生明显差异。综合来看，增加新生代农民工的经济收入，有助于提高该群体的消费水平，进而对经济整合能力产生影响，对另外两个指标也有正向的推动作用。

（2）行为适应水平。在新生代农民工融入城市的过程中，融入程度是一步步加深的。经济融入是城市融入的第一步，也是基础性的一步。只有在经济条件满足的情况下，才能长期在城市生活，进而实现城市融入。下一阶段就是行为适应，即与周围的人们保持步调一致，行为上无明显差异。城市融入是一个动态的过程，这个过程则为适应的过程。在生活习惯方面每个地方都有自己的独特习俗。本书调查显示，当提及对本地风俗有什么了解时，32.5%的新生代农民工几乎不知道，47%的熟悉一些，20%的基本熟悉，近70%的新生代农民工对于当地习俗不熟悉；而提及"是否按照习俗办事"时，只有4%的新生代农民工表示完全按照习俗办事。

综上所述，新生代农民工的行为适应水平仍偏低。在共享经济下，关于生活共享的应用软件较多，这有利于新生代农民工能够比较直观地了解到当地的风俗习惯，但并不等同于该群体能够全面接受和适应。其中，新生代农民工在"是否对本地习俗的了解方面"比农民工监测报告中显示的比率要高，但仍不能实现行为适应，原因包括新生代农民工自身的心理因素、经济条件偏低及客观环境不允许等方面。此外，问卷调查过程中也发现在一些条件允许的情况下，新生代农民工与本地居民的很多休闲习惯也是相似的，例如在休息时间喜欢上网、打游戏、逛街等。

（3）心理认同水平。城市融入的第三个阶段就是心理的认同。这是城市融入三阶段里面最困难的一个阶段，农民工和城市本地人彼此都存在着一定的偏见。心理认同是社会融入的重要指标，只有消除彼此之间的偏见，跨过内心的障碍，城市融入才能真正实现。本书问卷调查发现，这些新生代农民工虽然是农村户籍，但对于农活接触并不多，大多数新生代农民工是在终止学业后直接加入了进城打工群体。该群体对城市生活的熟悉以及向往使得该群体在进入城市之初是期望能留在城市的。但是，由于该群体没有城市户口，享受不到城市居民应有的福利，与理想中的城市生活仍有差距，使该群体缺乏归属感。

新生代农民工的心理认同程度，可由"与当地人交往情况""是否受到歧视"两个问题来反映。新生代农民工认为受到歧视的比例不高，由表4-13可以看出，在对心理认同程度的调查中，新生代农民工与当地人交往情况相比之前改善很多，这得益于互联网的发展。新生代农民工在日常生活和工作过程中可以接触到的外部信息要广阔得多，而且这些信息的内容与当地的居民并无差异。随着共享经济的不断深入，新生代农民工和当地居民可以拥有更多的生活重叠部分，显著降低了沟通的障碍。

表 4 – 13	新生代农民工心理认同状况	单位:%
心理认同	项目	比例
与当地人交往情况	交往较多，关系融洽	39
	很少来往，关系一般	34
	几乎没有来往	27
是否受过歧视	几乎没有	72
	有过	23
	经常	5

资料来源：笔者研究整理。

（二）共享经济下新生代农民工城市融入问题

新生代农民工的城市融入受到众多因素制约，下面从制度因素和非制度因素两个方面分析新生代农民工的城市融入问题。

1. 制度因素。

（1）户籍制度的限制。由于户籍制度的存在，农民工与城市居民身份有明显的区分，农民工的流动受到较大限制。近几年，我国开始实行户籍制度的改革，不断弱化户籍之间的差异，从而减小新生代农民工城市融入的难度。随着国家出台《关于进一步推进户籍制度改革的意见》，促进城市的常住人口有序市民化，目前我国已经有30个省份出台了相关文件，取消农村户口，统称为居民户口，但是城市融入问题并非取消农村户口就可以解决的，实现新生代农民工真正融入城市生活仍是困难重重。

（2）非正规就业的阻碍。尽管劳动力市场分割造成的非正规就业在缓解就业压力方面发挥了一定作用，但非正规就业的存在一定程度上阻碍了新生代农民工融入城市。由于农民工素质普遍不高，难免存在劳动力市场歧视现象，此外，新生代农民工在非正式部门就业仍受到不平等福利待遇和工作高强度的影响，这也使得该群体缺少额外的资金参加技能培训，专业技能难以提高，不利于农民工的个体发展以及市民化进程的推进。

（3）社会保障制度不完善的制约。新生代农民工为城市发展做出了较大的贡献，但其在城市生活无法完全享受与城市居民一致的社会保障制度，使得这一群体仍缺乏归属感和认同感，对自己的认知也仅限于农民身份，这也是阻碍新生代农民工城市融入的重要因素。

2. 非制度因素。

（1）社会成本过高。新生代农民工虽然与老一代农民工相比在知识水平方面已经得到较大提升，但是该群体仍主要从事工资低、不稳定的体力劳动。近年来，新生代农民工的工资水平呈现出上升趋势，但仍无法适应城市的高消费水平，在城市生活的压力仍较大。在共享经济的社会环境下，经济结构越来越扁平化，但新生代农民工在经济中扮演的角色并未发生根本改变，仍然是以被雇用人的身份在城市生活，相对较低且不稳定的薪资、高昂的城市生活支出等因素也导致新生代农民工难以快速融入城市。

（2）人力资本存量少。新生代农民工虽然接受过九年义务教育，比老一代农民工文化水平要高，但仍无法更好地满足城市工作和生活的需要，同时具备文化素养和职业技能的新生代农民工数量仍不高。调查显示，接受过职业培训的新生代农民工还不到整体数量的30%。不具有专业的技能，在劳动市场上缺乏竞争力。此外，职业技能提升动力不足、素质提升渠道较窄、用人单位培训体系不健全等问题也使得新生代农民工的人力资本存量少，增速缓慢，严重阻碍了该群体的城市融入。

（3）思想观念造成的文化冲突。从小生在农村，长在农村，虽然没有长期从事农业生产活动，但新生代农民工仍具有"农民"的特殊价值观念和思想意识，短时间内难以实现根本性转变。共享经济下，空间隔离问题得到有效改善，很多新生代农民工通过网络共享租房应用软件实现在城市内部居住，这对于城市融入具有加速效果。生活类分享软件使得城市居民和农民工之间在不直接接触的情况下就能了解到彼此的生活，但是共享经济带来的只是加速作用，而文化积淀则是该群体在城市融入中的关键一步，只有实现文化认同，城市融入才能真正完成。

四、新型城镇化进程中新生代农民工市民化亟待解决的问题

（一）就业空间受限

我国新型城镇化进程中，产业结构不断升级，社会更加需要拥有一定技术能力和职业水平的劳动力，这也是社会进步的直接体现。大部分新生代农民工离开学校后直接外出务工，缺乏技能水平和工作经验，因此就业范围受限。

第一，新生代农民工技能水平偏低，难以获得高质量就业。近年来，随着我国经济快速增长，对劳动力的需要也不断增加，这也是大量农村剩余劳动力放弃务农进城就业的直接原因，但是，新生代农民工由于普遍教育程度偏低，受教育和技术水平限制，在城市中主要从事苦、累、脏的低收入劳动岗位（杜帼男、蔡继明，2013），想要获得高薪水、高质量、稳定工作较为困难。我国产业结构不断向第三产业演进，尤其是就业结构呈"退二进三"的趋势（鲁强、徐翔，2016），说明农村剩余劳动力的转移趋势，劳动力市场需要更多的高技术工人。但是，大部分农民工未接受过良好的教育和技能培训，导致职业选择空间狭窄，就业工种受限，只能从事劳动密集型产业，这是劳动力市场供需失衡的直接原因。

第二，教育程度仍偏低，实现市民化存在差距。研究表明，教育文化程度和技术能力直接影响新生代农民工的收入水平、城市融入度（蔡继明、郑敏思、刘媛，2019）。虽然新生代农民工相对于老一代拥有一定的知识水平，受教育年限也在提升，但相对于长期生活在城市的同龄人来说仍然存在一定的差距。因此，该群体在接受相关技能培训时对知识的获取和技能掌握的能力不及城市市民，并且，尽管对农民工表面的歧视已经淡化，但针对一些特殊行业仍然存在，目前因教育基础薄弱使得新生代农民工难以获得更高质量的就业，也限制了城市融入速度，距市民化仍存在较大差距。

第三，技能水平无法满足市场需求。新生代农民工往往抱有远大的理想来到城市，希望有所作为，但新生代农民工自身就业期望和个人技术水平与市场需求存在巨大差异，使得新生代农民工无法适应市场需求，这不仅是新生代农民工市民化的障碍，更是我国城镇化进程中产业发展的障碍。所以，提升新生代农民工的职业技能，打破新生代农民工技术水平与市场需求之间的壁垒，是实现新型城镇化建设的关键。

（二）人力资本水平偏低

新生代农民工受教育程度对提升农民工人力资本，增强市民化能力具有重要作用，人力资本包括劳动技能、自身素质和综合素养，直接影响农民工的就业竞争力、收入水平和市民化意愿。但新生代农民工人力资本偏低是新型城镇化建设中亟须解决的问题。首先，农民工是城镇化的产物，但是往往由于制度限制和农民工人力资本不足导致该群体难以融入城镇，城乡二元户籍制度是我国长期以来的制度体系，不是短时期就能改变的。其次，新生代农民工对城镇拥有向往和抱负，渴望在城镇中得到自我发展并实现自我价值，但是新生代农民工受限的人力资本无法满足城镇就业需求，城镇现存的基础条件和生活环境无法满足农民工的需求，加之该群体在城市中受到一定的偏见和歧视，导致市民化能力和市民化意愿存在脱节。再次，新生代农民工市民化亟待提升自身的人力资本水平，新生代农民工虽然接受的教育程度高于老一代农民工，但相比城市人口教育水平仍普遍偏低，新生代农民工人力资本积累能力严重不足。由于综合素质能力和教育资本水平偏低使新生代农民工陷入可行能力陷阱之中，这种状态严重阻碍了新生代农民工市民化进程。最后，由于新生代农民工在城市中得不到认可，收入水平和消费水平无法均衡，由人力资本欠缺导致的生存压力就会弱化农民工长期在城市生活的意愿，而新生代农民工不愿返回乡村生活，进退两难的窘境会造成潜在的社会风险，而市民化停滞不前会阻碍新型城镇化的推进。因此，应积极加强新生代农民工职业教育，构建完善的职业技能培训体系以提升新生代农民工的就业竞争力，进而保障农民工的工资收入，提升其人力资本水平。

（三）存在成本障碍

新生代农民工市民化进程中，为了身份地位、社会权利、生活方式等方面与城市相融合，需要承担就业成本、生活成本、教育成本、住房成本等一系列支出，对于新生代农民工来说是沉重的负担，这些费用也是新生代农民工市民化进程中无法回避的问题。

第一，就业成本。新生代农民工群体拥有一定的知识背景，渴望在城市获得更多的就业甚至创业机会，敢于拼搏，因此，新生代农民工需要承担离开农村来到城市寻找工作需要支出的各项费用，以及启动新事业或创业所承担的风险成本。

第二，住房成本。近年来，各大城市的房价速度上涨较快，大城市生活成本不断提升，住房支出也成为新生代农民工所要承担的重要费用。无论是租房还是买房，这笔支出对新生代农民工来说都是最庞大的费用，虽然部分新生代农民工的收入水平有所上升，但与快速上涨的房地产价格仍存在巨大差距。

第三，教育成本。子女教育问题对新生代农民工来说是近年来必须面对的现实。新生代农民工大部分处在结婚生育的阶段，子女教育问题是新生代农民工所面临的重点问题之一，大多数父母为了子女获得更好的教育资源来到大城市工作，但是高额的教育费用和政策因素成为子女入学的障碍，此外，由于户籍制度的强制性，多数农民工子女到高中就必须返回户籍所在地就学，这也成为严重影响新生代农民工市民化的主要因素。

第四，生活成本。大城市生活所要承担的日常出行、购物、交际等成本也是不可忽视的一部分，此外，社会保障中的医疗保险、失业保险、养老保险等约占工资总额的 10%，占据农民工收入剩余支出很大一部分比例。新生代农民工往往缺乏稳定的工作，收入无法得到保障，较高的生活成本带来的压力会迫使该群体回到农村，或者转向小城镇生活。

（四）城市融入困难

经济学家舒尔茨认为，人力资本投资能够显著提升贫困人口的经济收入和福利水平。新生代农民工整体素质的提升是实现市民转化的重要条件，但其与城市同龄人的生活状态仍存在一定的差距，这种差距不仅体现在经济水平方面，还来自城乡观念、风俗、文化等方面的差异，使新生代农民工很难快速融入城市。

第一，综合素质偏低。新生代农民工综合素质障碍主要表现在文化素质水平较低、思想观念落后、法律意识淡薄等方面。随着我国经济发展水平的不断提升，对劳动力的素质要求普遍提高，导致了一些缺乏文化素养和职业技能的新生代农民工就业难度加大。新生代农民工主要集中在非正规就业和劳动密集型行业就业，收入水平有限，相对落后的思想观念不能适应城市的生活理念和文明生活方式，往往会因为生活行为产生矛盾，一定程度上阻碍了市民化进程。由于基础教育薄弱以及受教育年限较短，一些新生代农民工的法律意识淡薄，在就业时往往难以获得公平待遇，或者不敢签订劳务合同，缺乏自身权益维护意识。

第二，城乡习俗、观念存在差异。从新生代农民工的特征来看，该群体与老一辈农民工在思想理念上具有较大差异，该群体对城市拥有更高的憧憬，更愿意留在城市生活。但是，由于中国城乡之间长期处于二元分割状态，如何融入城市生活是新生代农民工市民化的重要问题。进城务工的农村青年人和城市同龄人之间仍存在沟通障碍，缺乏共同话题，认同感不足，甚至存在排斥心理，这也是农民工家庭很难融入城市之中一个典型的社会障碍。

第三，制度、社会和法律等外部环境因素。关于农民工市民化的障碍，多数学者认为制度壁垒是核心影响因素。二元户籍制度下衍生出社会保障制度、劳动保障制度、公共福利制度等方面。新生代农民工由于制度因素在城市无法享受到相关政治权利，严重影响了新生代农民工的生活保障和权利。

第四，心理和身份地位的压力。从目前市民化发展特点来看，农民工自身的素质能力不仅影响农民工的就业以及在城市的长期发展，更制约了农民工市民化。大量农民工虽然实现了地域和职业的转移，但是在心理和身份地位上仍没有实现真正意义上的转变，导致无法适应城市生活而回到农村。对于新生代农民工而言，由于观念障碍和相关制度而受到歧视和限制，需要承担一定的心理压力；另外，新生代农民工市民转化过程中收入偏低，却须支付高价的经济成本，从而也产生了较高的经济压力；同时，新生代农民工法律意识、政治素养和市民观念薄弱，需要承担社会压力。由此，多种压力形成新生代农民工城市适应能力障碍，制约了新生代农民工市民化进程，进而影响以"人"为本的新型城镇化建设。

五、推进新生代农民工城市融入的对策思考

现阶段，我国新生代农民工的城市融入仍是漫长的过程，不是一蹴而就的。城市融入过程涉及社会各个利益主体，需要多主体协调配合，有序推进新生代农民工城市融入进程。

（一）落实财政补贴政策

新生代农民工城市融入问题不但是新生代农民工群体的生存与发展问题，更涉及我国经济发展以及社会大环境的稳定问题。同样，保障新生代农民工群体基本权利的实现是城市发展的重要部分。新生代农民工群体的人力资本积累较少，经济收入明显不足，因此，政府适当的补贴十分必要，以促进新生代农民工的城市融入意愿，并逐步实现城市融入的目标。在不违背经济规律的基础上，可以采取局部地区先试先行的方法，以新生代农民工的贡献程度、工作年限和贫困程度为指标进行恰当的经济补贴，局部试行成功后才可在全国推广，逐渐加深城市融入的程度。

（二）完善社会保障体系

加强制度创新，确保新生代农民工城市融入的顺利推进，新生代农民工城市融合的障碍在于城乡二元体系。要顺利推进新生代农民工城市融合，要从上到下进行制度创新，对于消除城乡二元体制至关重要。应扩大资金来源渠道，各级财政要制定专项预算，建立城乡一体化的社会保障体系，保护新生代农民工的合法权益。将新生代农民工群体纳入城镇社会保障体系，使农民工和城镇居民享有医疗、养老、工伤、教育等公共服务的平等机会。这不仅有助于解决新生代农民工进城后社会福利不足的问题，还有助于增加农民工的安全感、归属感和身份认同感。同时，政府有关部门也应加大对劳动力市场的建设，强化监管和监督力度，对克扣农民工工资的违法行为实施严厉处罚。提高新生代农民工就业水平和劳动收入，创造公平竞争的就业环境，为新生代农民工就业提供充分机会。

（三）加强职业技能培训

从新生代农民工的个人角度来看，其人力资本存量的高低直接决定了城乡一体化的水平和质量。政府必须加大对人力、财力和物力的投入，为尽可能多的新生代农民工提供接受教育和职业培训的机会。拓宽新生代农民工就业渠道，提升其职业技术能力，以实现新生代农民工群体收入水平和生活质量的提升。此外，还要进一步加大对农村基础教育的投入，确保教育资源共享，提高农村青少年文化素质，提高农民工子女受教育程度也是加快新生代农民工城市融合的最有效因素。

加强政府资金投入力度，积极调动职业技能培训机构的主动性。整合城镇教育培训资源，广泛开展对新生代农民工指导性培训和职业技能培训，推进职业技术学校、企业内部培训和政府培训相结合，建立一些农民工重点培训基地，积极探索适合农民工技能提升的培训方式。根据国家职业标准和行业规则，对农民工进行适合自身特征的就业前培训或在岗培训，重点发展在岗培训，提升新生代农民工技术技能水平。鼓励校企联合培养方式，最大限度做到培训和就业接轨。发展委托、定向、订单等多样化的培训方式，鼓励更多的新生代农民工积极参与，激发热爱岗位、自觉学习技术的热情，从而提升自身职业能力。

（四）加大就业支持力度

出台返乡就业行动计划，促进新生代农民工就业创业。引导鼓励新生代农民工在家乡创业就业，并给予就业和创业方面的政策支持。构建完善的公共就业服务体系，组织开展针对新生代农民工实际情况的招聘会，并及时免费提供就业指导、介绍及政策咨询等公共就业服务。

保障和维护农民工工资报酬权益。在建筑业和其他易拖欠工资的行业实行工资保证金制度，建立完善的应急周转金制度，并落实工程总承包企业对所承包工程的农民工工资支付全面负责、劳动保障监察执法与刑事司法联动治理恶意欠薪、欠薪地方政府负总责三项制度。若用人单位拖欠农民工薪金，应及时在公共平台公开，并加大惩戒力度。全面落实农民工与城市工人同工同酬制度，消除就业歧视。

打通新生代农民工就业的信息渠道。各地区建立相应的农民工劳动力信息网站，为新生代农民工及时提供准确度高、覆盖面广的就业招聘信息，并实现城市和乡镇劳动招聘信息共享，拓宽新生代农民工的就业信息渠道，从而帮助其就业。同时，相关部门应建立新生代农民工信息库，对其基本情况、劳动技能水平、就业意愿、期望工作地点等问题进行摸底统计，登记入库，使信息系统充分发挥其导向作用。

促进新兴职业发展，拓宽就业渠道。随着经济发展方式的转变以及人口老龄化程度的迅速加深，社会需求催生出一些新的职业，如育婴师、家庭老人护工、高级家政师等，这为新生代农民工提供了很多就业选择机会。新生代农民工群体可以根据自身能力和行业要求，选择新兴职业谋求发展。此外，政府应该积极支持新兴行业发展，建立适应各个不同层次未就业人员需求的多层次的就业市场，构建相应的职业培训平台和行业管理规范，监督并促使其健康成长，为新生代农民工群体拓宽就业领域，增加就业机会。

（五）出台住房保障措施

新生代农民工对一个城市的归属感源于生活质量，要拥有稳定的住所。因此，应重点关注新生代农民工群体的居住问题，才能更有效地推进城市融入。

（1）提供公共租房，保障新生代农民工的基本居住权。地方政府应将城镇常住人口规模和建设用地面积进行统计与规划，并在住房发展规划中加入农民工住房问题，让更多符合条件的外来农民工能够享受公共租赁住房，保障新生代农民工的居住条件。考虑到新生代农民工的工资水平相对较低，可以在公共租房价格上予以优惠。

（2）发放住房补贴，减轻租房支出负担。为了减轻新生代农民工的租房费用，可结合本地区经济发展水平及房租价格，为新生代农民工发放适当的住房补贴。具体来说，对于实现稳定就业的新生代农民工，可采取政府和用人单位共同承担一半、农民工自己承担一半的方式，从而减轻新生代农民工的租房负担。此外，也可以借鉴德国的经验，对家庭负担重、人口较多、收入较低的新生代农民工家庭，以补"人头"的方式给予特殊补贴，提高其租房支付能力。

（3）建立新生代农民工住房公积金制度。结合城乡一体化的发展趋势，对有稳定工作和收入来源的新生代农民工，采取与城市职工相同的住房公积金制度。这样可以为新生代农民工在城市购房提供条件，帮助农民工通过在城市购买住房，进而实现在城市定居的梦想。考虑到新生代农民工的流动性，需完善住房公积金管理系统，简化迁移程序，方便公积金的迁移和异地提取。

第三节
新生代农民工市民化成本与城市规模的实证研究

新常态下的共享发展理念有利于提升新生代农民工的获得感和幸福感。本章通过测算 2003～2016 年中国 19 个不同规模城市的新生代农民工市民化成本，分析市民化成本的区域分异特征，探究市民化分项成本随着城市规模大小不同而产生的差异变化情况，从而为落实共享发展理念，推进多主体来共同分担市民化成本提供实证基础。

一、问题缘起与概念界定

新生代农民工市民化，是指城镇化进程中新生代农民工向城市市民转变的过程，除了具备独立的经济能力外，还拥有被接纳和认同的身份和地位，实现了文化交融，能与城市市民共享社会福利和公共服务。新生代农民工市民化是一个复杂的过程，不是"一蹴而就"就可以实现的。究其原因，一方面，城市发展过程中存在一些现实的障碍使得新生代农民工市民化推进缓慢。其中，城乡收入差距是导致农业人口转移的重要原因（Lewis，1954；Todaro，1969）。范晓莉和崔艺苧（2018）的实证研究认为，异质性人力资本对城乡收入差距存在显著影响，基础设施、人均地区生产总值和经济开放程度是影响城乡收入差距的重要因素。泽贝格（Seeborg，2000）发现，制度因素是影响中国农业人口转移的重要因素。另一方面，为满足迁入者在生活、教育和医疗等方面的需求还会产生一系列相关费用，即市民化成本（寇建岭、谢志岿，2018）。凡达娜和波特（Vandana & Porter，2008）证实了迁移人口在融入城市过程中会产生与教育、住房、社会保障等相关的成本。辛宝英（2017）认为，因市民化而放弃的土地所有权收益、地方政府承担的巨额公共成本等也阻碍了新生代农民工市民化进程。因此，在市民化进程中，除了要解决新生代农民工的城市住房、社会保障、基础设施、公共教育和医疗服务等方面的需求，还要大力培育新生代农民工的城市经济适应能力（张国胜、陈瑛，2013）。

关于市民化成本的内涵，学者们分别从不同视角进行界定。部分学者较为认同社会成本由私人成本与外部成本构成这一观点（格拉夫，1996；张国胜，2008）。在此基础上，杜海峰（2015）认为，这两种成本在其市民化前后的职业、生活方式等方面存在显著差异。李俭国和张鹏（2015）认为，成本包括城市生活成本、教育成本、住房成本、社会保障成本和城市基础设施成本等。另一部分学者则从享有公共服务权利视角对市民化成本内涵进行了界定。陆成林（2014）认为，市民化成本是农民工享有基础公共设施的公共成本。单菁菁（2015）认为，市民化成本是外来人口在迁入城镇后获得应有的社会福利和公共服务均等化而产生的投资。傅帅雄等（2017）认为，市民化成本是农村人口进入城市后享有基本的公共服务权利且由政府、企业和个人所承担的最低费用成本。

对于市民化成本的测算，多数学者采用了分类加总的方法。一类研究是从全国视角研究市民化成本大小。中国科学院研究小组（2005）研究得出，增加一个城市人口的最低成本为2.5万元。杨先明（2011）考虑到新生代农民工数量以及市民化成本的动态增长，估测2011年成本总和大致达到10万~40

万亿元的规模。另一类研究则以某一区域为研究对象对市民化成本进行了测算。其中，以内陆和东部地区为研究区域测算新生代农民工市民化成本成为学者们研究的重点，研究显示市民化成本呈现递增的趋势（张国胜、谭鑫，2008；杜海峰、顾东东、顾巍，2015；李俭国、张鹏，2015）。因此，面对规模如此庞大的市民化成本，需要探索构建合理的新生代农民工市民化的社会成本分担机制。目前，大部分学者比较认同构建由新生代农民工、企业和政府三方共担市民化成本的分担机制（王志章、韩佳丽，2015；傅帅雄、吴磊、韩一朋，2019）。

新常态下，由于我国正处于经济结构转型时期，经济由快速发展逐步向高质量发展转变，经济增速放缓为必然趋势，但新生代农民工的工资收入仍呈现稳步的上升态势，这也是经济结构转型的必然结果，但融入城市产生的其他成本也将影响新生代农民工市民化效果。因此，本书结合我国主要城市群及所含城市的城市规模大小，选取19个新生代农民工集聚地城市作为研究样本，将具有隐性成本属性的住房成本纳入市民化成本综合测算分析中，提出涵盖政府、企业、社会组织及新生代农民工等多主体共同参与的成本分担对策，将有助于增强新生代农民工的获得感和幸福感，对保障新生代农民工市民化进程有序推进具有重要的意义。

二、农民工市民化的成本考虑

新型城镇化带来的收益是显而易见的，但收益与成本是相辅相成的，有收益必然有成本。新型城镇化是"社会投资驱动型"城镇化，是高成本的城镇化，新生代农民工市民化是农民工一系列基本权利保障和公共服务共享实现的过程，但这一过程产生的高成本问题也成为新生代农民工市民化的主要瓶颈，基于庞大的社会成本考虑，新生代农民工市民化意愿会明显下降，在一定程度上也阻碍了市民化进程。新生代农民工市民化进程中，与城市共享城镇基本公共服务需要大量的资金支持，但资金的缺失也制约新生代农民工市民化进程，从而阻碍了新型城镇化的发展。因此，新生代农民工市民化的实现离不开财政与产业政策的强力支持，应建立资金保障机制以及多元化成本分担机制，由政府、企业、个人以及市场共同分担农民工市民化成本，此外，通过多渠道引入社会资本支持也有助于新生代农民工市民化的实现。

（一）农民工市民化成本的内涵及构成

新生代农民工市民化成本是指在新生代农民工向城市居民转变的过程中，为实现其在城镇定居生活并获得相应福利待遇和公共服务，各个主体在教育、医疗、住房、社会保障及基础设施等方面所必须支付的成本，这一成本是经多方权衡的最小资金投入量，使得新生代农民工"有活干，有学上，有房住，有保障"，最终实现身份地位、福利权益、价值观念、生产生活方式等方面的转变，使新生代农民工享受与城市居民同等的待遇（单菁菁，2015；欧阳力胜，2016）。

新生代农民工市民化进程中，不仅需要新生代农民工个人及其家庭承担成本，同时也需要政府、企业以及社会组织共同承担相应的社会成本。因此，有必要深入剖析新生代农民工市民化成本的构成，为破解新生代农民工城市融入困境提供支撑。根据已有研究，新生代农民工市民化成本可分为个人成本和公共成本两大类，由个人、政府和企业三方共同承担。

1. 个人成本。

从现有研究来看，学者们主要结合农民工进城务工的实际情况对农民工市民化个人需要支付的成本进行解构。陈广桂（2004）提出，农民工市民化的私人成本由生活成本、智力成本、自我保障成本和住房成本组成，其中，生活成本指农民成为城市新市民后在日常生活中所支出的水、电、气、交通、通信、食物等费用，这部分费用为农民工转移到城市的新增费用；智力成本指农民为实现自身市民化，通过教育培训获得职业技能而发生的人均教育支出；自我保障成本指农民市民化后为自己或家人购买保险而发生的人均保费支出；住房成本为农民市民化后产生的为获得平均标准住房面积而支付的人均房租。在上述成本中，生活成本和住房成本是构成农民工市民化成本的主要方面，且随着城市规模扩大生活成本呈递减规律，而住房成本则呈递增的现象。在此基础上，欧阳力胜（2013）又增加了迁移成本、就业成本、城市融入成本与子女教育成本。其中，迁移成本主要包括农民工在向城市迁移过程中发生的信息费、交通费和城市管理主体收取的各种费用；就业成本指进城农民工在寻找工作岗位时的搜索成本，这是由于城市劳动力市场中存在着严重的信息不对称与用工歧视等问题，以及农民工在工资兑现和因公致伤的医疗保障等方面存在较大风险，使得就业成本有所增加；城市融入成本是指农民工在融入城市的过程中所需要做出各种调整而面临的心理成本及情感压力；农民工的子女教育成本中，农民工必须支付相对于城市孩子更高昂的借读费和赞助费，这在一定程度上给许多农民工家庭带来沉重的负担。此外，还有学者指出，农民工市民化的个人成本还应包括农民工放弃在农村生活的机会成本，机会成本包括放弃农村土地收益、失去原有关系网络以及放弃农村良好的自然环境等（张逸冰，2019）。

2. 政府成本。

随着新生代农民工集中涌入城市的数量越来越多，造成城市的基础设施和社会设施超负荷运转，使得城市存在安全隐患。由此，刁承泰和黄京鸿（2005）、甄延临和陈怀录（2005）、高红艳（2010）等重点研究了新生代农民工市民化过程中政府支付的基础设施投入成本和就业岗位增加成本。一方面，城市的基础设施以及社会设施作为公共产品，政府有义务支付其被使用过程产生的成本，主要通过增加公共投资以加大城市基础设施的投入以及适当扩大城市规模。另一方面，农民工要想在城市立足，最基本的条件是有份稳定的工作，政府所支付的就业岗位增加成本是维持农民工生存要求的最低保障。此外，在新型城镇化进程中，政府还应承担部分职业介绍的责任，不断重视对新生代农民工进行职业培训，政府投入农民工就业领域的资金也随着农民工数量的增多而呈现逐年增加趋势。另外，还有部分研究将政府成本进行了细分并对内容进行了阐述。国务院发展研究中心课题组（2011）、申兵（2012）等认为，农民工市民化过程中政府成本包括为接纳新市民化人口而投入的基础设施建设成本、公共服务成本、社会保障成本、保障性住房成本、城市管理成本、农民工随迁子女教育成本等。其中，政府承担的社会保障成本包括养老保险、医疗保险、失业保险、工伤保险等以及社会救助性支出，对于农民工住房方面的问题，政府要大力推进保障性住房的建设。许玉明（2011）在研究重庆市农民工市民化成本中，不仅关注了政府需要承担农民工进入城镇所需要的成本，还注意到政府需要支付农民工退出农村所需要的成本。另外，张继良等（2015）、廖茂林等（2018）认为，在农民工市民化的各项成本中住房成本占比最高；刘斌（2020）构建了衡量农民工市民化的一次性住房成本的测算框架，提出实施区域差异化的住房政策，应该因地制宜、因城施策。近几年，多数研究将政府细分为中央政府与地方政府，建议两者共同承担新生代农民工市民化的公共成本，诸如中央政府和地方政府需要共同承担农民工随迁子女教育成本，承担的费用包括生均经费、新建校舍的土地投入、师资聘请以及其他设施设备购置等资金。

3. 企业成本。

我国农民工市民化的实质是实现公共服务均等化，保证社会保障覆盖全体新生代农民工，可有效促进公共服务均等化的实现。企业作为农民工集中工作的场所，在获得农民工劳动价值和经济收益的同时，有责任与义务去承担相关费用。企业承担的社会保障成本包括为农民工缴纳养老保险、医疗保险、工伤保险等费用，给予农民工与城市职工相同的社会福利待遇。对于农民工付出的劳动，企业需保障其"同工同酬"制度并承担工资待遇提升成本。除此之外，企业需要创新理念，注重新生代农民工的职业教育和技能培训，以提高新生代农民工的自身素质进而改善企业的经营绩效。为支持这一理念，企业需增加人力资本支出以提高农民工的从业技能培训质量，这一成本不可忽略。

（二）农民工市民化成本的测算与分担

对农民工市民化成本进行清晰准确的核算有利于实现新生代农民工市民化，核算环节的缺失会导致政府在政策制定上缺乏依据，以致难以进行系统的规划和有效的分工。因此，需要全面核算农民工市民化进程中实现基本公共服务均等化所必需的资金投入，并进行精细的财务测算。农民工市民化成本的测算结果呈现多样化。2005 年，中国社会科学院发布的《中国可持续发展战略报告》测算出城市每增加一个人，需要支付的公共成本是 1.5 万元。2010 年中国发展基金会发布的《中国发展报告：促进人的发展的中国新型城市化战略》、2013 年《农民工市民化的成本测算》以及《2013 年城市蓝皮书》测算出农民工市民化的人均成本分别为 10 万元左右、8 万元以及 14.9 万元，且成本的测算是一个动态的累计，在整个城镇化的进程中都在发生变化。

大部分学者对农民工市民化的成本测算主要分为两种：一种是使用相关统计数据进行分类加总测算方法；另一种是通过构建成本—收益模型来进行实证研究的方法。单菁菁（2015）采用分类加总法测算农民工市民化成本，将其分为公共成本（P_m）和个人成本（I_n）两部分，考虑公共成本的指标有城镇建设维护成本、公共服务管理成本、社会保障成本、随迁子女义务教育成本和保障性住房成本；个人成本的指标包括生活成本、住房成本和自我保障成本。其计算公式为：$Ci = \sum_{m=1}^{5}(P_m)i + \sum_{n=1}^{3}(I_n)i$。得出农民工市民化需要在短期内集中投入的公共成本约为 2.6 万元，长期投入的公共成本约需 2400 元/年。个人成本约为 11.9 万元/年。李小敏等（2016）对全国范围内农民工市民化进行边际成本测度，通过测算个人成本、公共成本和企业成本并加总，估计市民化总成本约为 11.1 万元。

还有学者考虑区域、成本变化区间等因素来测算农民工市民化成本。张国胜（2009）选择了 43 个农民工较为集中的东部沿海以及内陆的省会城市作为样本点城市进行分析，并构建农民工市民化的成本模型：$C = \sum_{i=1}^{5}(\sum_{m=1}^{43} Cim/43)$，得出东部沿海地区新生代农民工的社会成本为 9 万元，内陆地区新生代农民工的社会成本为 5 万元。陆成林（2014）认为，测算农民工市民化成本时应测算出下限成本和上限成本。因农民工市民化成本有一定的弹性与不确定性，为了更切合实际应将此成本作一个区间界定，在区间范围内认为成本是符合常理、可以接受的。其中，下限成本是现实状态下农民工市民化已经发生的成本，上限成本是理想状态下农民工市民化的公共成本。此外，估算农民工市民化所需资金规模时，还考虑到不同区域的差异性与不同等级规模城市的差异性。

面对巨大的农民工市民化成本，完全由政府承担势必会不堪重任。为解决这一问题，应本着"谁受益谁负担"并基于效率与公平的原则，建立一个由政府、企业、个人和市场"四位一体"的多元化成本分担机制，而成本分担机制的构建则需要政府、企业、个体以及市场主动参与、积极作为。

第一，政府以公共财政支出承担为主。政府应承担基础设施的投资成本以及农民工社会福利的投入，其中，基础设施的投资包括完善城市各项功能并提升其承载能力的交通运输、能源供应、环境卫生以及城市扩建所需的费用，而农民工社会福利的投入资金包括住房保障成本、社会保障成本、公共卫生、教育成本等。另外，中央政府与地方政府应各司其职，中央政府在承担自身责任的同时，要突出地方政府的分担主体地位。中央政府要统筹考虑不同区域之间的发展差异，对农民工集中流入地区、中西部相对落后地区以及生存压力大的地区加大资金投入，并设立专项资金支持农民工市民化。而地方政府作为分担主体，应重点承担农民工市民化过程中的城市建设与公共服务成本，包括公共卫生和计划生育、子女义务教育、就业扶持、权益维护以及社会保障中的社会救助等公共服务领域，还有涉及地方发展的水、电、路以及文化体育、环境卫生等城市基础设施投入，致力于为新生代农民工提供良好的生活环境和均等化的公共服务。这一过程中，农民工问题的复杂性与不同农民工群体市民化难易程度的不同决定了政府需考虑农民工市民化成本的阶段性和异质性。

第二，企业在农民工市民化成本的分担中发挥着重要作用。企业作为吸纳新生代农民工的主要载体，在确保签订劳动合同、农民工合理工资待遇和福利保障的基础上，应按照相关政策规定为农民工缴纳养老、医疗、工伤、生育等社会保险，以提高农民工参加城镇职工社会保险的比例，分担政府的支出压力。还需加大对职工的培训力度，促使其知识与技能得到提升，从而提高生产力，增强企业竞争力。除此之外，企业有义务尽到其社会责任，积极分担新生代农民工的心理成本，严格遵守并执行国家出台的政策法规，解决农民工的就业歧视问题，并为农民工提供免费心理咨询及心理疏导服务，帮助该群体学会自我管理、自我调节，以缓解心理压力、提高耐挫能力，减少社会越轨行为。另外，金融类机构、房地产行业等直接或者间接受益于新型城镇化进程的企业，也应该承担农民工市民化相应的成本。

第三，农民工自身以及家庭是农民工市民化过程中最大的受益者，该群体享受到了更好的城市公共服务与社会保障，故应正视并积极承担相应成本，尽可能减轻政府和社会的压力。农民工市民化的物质基础是工作带来的收入，新生代农民工就业是否稳定不仅影响该群体的市民化意愿，而且决定了该群体对市民化成本的承担能力。因此，除了政府与企业要在农民工的技能培训工作方面给予大力支持，农民工自身也要承担一定的市民化成本，积极参与职业技能培训，成为与城市经济发展相匹配的人力资源，以提升工资收入水平，从而加快农民工市民化的进程。

三、新生代农民工市民化成本测算

随着国家级城市群的提出，城市发展潜力逐步被挖掘，吸引着农村人口向各大城市群流动。其中，长三角、京津冀、长江中游和中原城市群是发展潜力较大的城市群，而广东省中南部则是最为发达且劳动力较为丰富的区域。未来，这几大城市群将是我国流动人口的主要聚集地和城镇化进程较快的主要区域。基于以上考虑，本书以新生代农民工的就业分布地区为研究对象，测算2003～2016年各区域新生代农民工的市民化成本。本书从京津冀地区、长江中游地区、中原地区、长三角地区、广东省中南部等区域选取了19个代表城市进行测算。从城市选取来看，京津冀地区首位城市作用较强，"核心城市"吸附能力明显，因此选取了北京、天津、石家庄作为研究样本城市。与之类似，广东省中南部为广东省最为发达的地区，吸纳了大量就业人口，由此选取广州、珠海、江门、佛山等城市进行测算。对于长三角、长江中游、中原地区来说，城市群中经济发达的城市是吸纳新生代农民工的重要载体。其中，长三角地区城市选取上海、南京、杭州、宁波；长江中游地区城市选取南昌、武汉、长沙、合肥；中原地区城市选取太原、济南、青岛、郑州。上述城市的选择也涵盖了超大城市、特大城市、Ⅰ型大城市、Ⅱ型大城市和中等城市五个等级的城市，表4-14为2016年我国新生代农民工集聚地19个城市人口等级规模分布情况。

表4-14　2016年我国新生代农民工集聚地19个城市人口等级规模分布情况

城市等级	划分标准（万人）	城市数量（个/百分比）	城市
超大城市	>1000	3/15.79	北京、上海、广州
特大城市	500~1000	2/10.53	天津、南京
Ⅰ型大城市	300~500	6/31.58	太原、济南、郑州、杭州、武汉、长沙
Ⅱ型大城市	100~300	6/31.58	石家庄、青岛、宁波、合肥、南昌、佛山
中等城市	50~100	2/10.51	珠海、江门
小计	—	19/100.00	

资料来源：笔者研究整理。

所用数据均来源于2004~2017年的《中国统计年鉴》《中国城市统计年鉴》《中国房地产统计年鉴》《中国保险年鉴》以及2003~2016年的《国民经济和社会发展统计公报》等。本书借鉴李俭国和张鹏（2015）的研究，设定新生代农民工市民化成本包括：城市生活成本、教育成本、社会保障成本、城市公共基础设施成本和住房成本，下面分项计算所选样本城市的新生代农民工市民化成本。基于篇幅原因，本书只给出2003年、2008年、2012年和2016年的数据结果。

（一）城市生活成本

本书用城市生活成本来衡量新生代农民工在城市生活的日常消费支出，包括通信、交通、电力、燃气、水、食物等方面的费用。测算公式为：

$$C_c = (0.5P_m/M + 0.5Q_m/N) \times k - L_m \qquad (4-1)$$

其中，M、N 分别是新生代农民工聚集地 19 个城市居民家庭人均用水、电量，P_m、Q_m 和 L_m 分别为城市居民家庭平均每人用水量、用电量和新生代农民工在该城市的实际消费支出，k 是全国城镇居民扣除住房支出后的平均消费性支出，其中 2003 年为 7773 元，2016 年为 28502 元。

由式（4-1）测得所选城市 2003 ~ 2016 年新生代农民工市民化的城市生活成本及年均变化情况。由表 4-15 可知，整体来看，存在显著的区域分异特征，且广东省中南部主要城市的人均生活成本最高。2016 年武汉、长沙、广州、珠海、江门、佛山的生活成本较高，在 20676 ~ 29645 元变动，相比之下，北京、上海、南京、杭州、宁波、合肥等地的生活成本略低，在 11073 ~ 16690 元变动，其他城市则均未超过万元。从年均变化来看，2003 ~ 2016 年城市生活成本年均增加较大的城市主要包括北京、武汉、长沙、广州、珠海、江门、佛山，年均增幅超过了 1000 元，而济南和石家庄则相对较低，年均增幅分别为 176 元和 207 元。经测算，2016 年 19 个城市新生代农民工的城市平均生活成本约为 15248 元。

表 4-15　　　　　新生代农民工市民化的城市生活成本　　　　　单位：元

城市	2003 年	2008 年	2012 年	2016 年	2003 ~ 2016 年年均变化
北京	2579	7146	12698	16690	1008
天津	1586	4277	7350	9099	537
石家庄	2543	4677	5916	5436	207
太原	3166	5715	8905	9524	454
济南	4077	5226	9739	6541	176
青岛	2755	7588	7252	9022	448
郑州	6168	5488	6091	12188	430
上海	4065	9446	14666	15623	826
南京	4342	5614	10298	11073	481
杭州	3808	8059	11169	11688	563
宁波	5031	6435	12050	13641	615
合肥	4673	8674	10173	12732	576
南昌	4969	8614	9012	9804	345
武汉	6899	11525	22820	21892	1071

续表

城市	2003 年	2008 年	2012 年	2016 年	2003 ~ 2016 年 年均变化
长沙	7764	17000	25773	24081	1165
广州	8752	21025	32850	27866	1365
珠海	5865	16353	24558	22481	1187
江门	4002	5894	12138	20676	1191
佛山	6303	10046	16215	29645	1667

资料来源：笔者研究整理。

（二）教育成本

本书借鉴李俭国和张鹏（2015）的研究，将学校的年人均教育支出视为教育和培训支出，用于反映新生代农民工与城市员工受教育程度的差异。测算公式为：

$$C_e = E_m \times (H_w - H_f) \qquad (4-2)$$

其中，E_m 是各城市人均教育成本、H_w 与 H_f 分别是城市居民与新生代农民工受教育年限。截至 2016 年，我国城市居民受教育年限为 10.71 年，新生代农民工受教育年限为 9.9 年。

整体来看，2003 ~ 2016 年 19 个城市的教育成本均呈现逐年递增，且超大城市北京和上海的教育成本相对较高，详见表 4 – 16。从区域分异来看，除了京津地区外，长三角地区主要城市的教育成本也较高。其中，2016 年北京、上海的教育成本处于高位，分别为 5273 元和 4698 元，其他城市的教育成本在 1550 ~ 4009 元变动。从年均变化来看，人均教育成本年均增幅最高的两个城市为北京和上海，年均增长分别为 345 元和 298 元。相比之下，太原、南昌、石家庄三个城市年均增长较慢，仅为 104 元、113 元和 113 元。由式（4 – 2）计算得出，2016 年 19 个城市新生代农民工的教育成本约为 2896 元。

表 4 – 16　　　　　　新生代农民工聚集地城市教育成本　　　　　单位：元

城市	2003 年	2008 年	2012 年	2016 年	2003 ~ 2016 年 年均变化
北京	448	1685	3629	5273	345
天津	292	1044	3097	3899	258

续表

城市	2003 年	2008 年	2012 年	2016 年	2003 ~ 2016 年 年均变化
石家庄	150	510	1537	1735	113
太原	91	455	1211	1550	104
济南	133	423	1182	1847	122
青岛	252	859	1787	3345	221
郑州	134	726	992	2288	154
上海	524	1544	3392	4698	298
南京	169	634	1499	2478	165
杭州	217	822	1702	3306	221
宁波	286	1110	2706	4009	266
合肥	122	371	2035	2081	140
南昌	70	357	1226	1653	113
武汉	115	502	1362	2722	186
长沙	108	604	1961	2635	181
广州	294	837	2121	2998	193
珠海	352	1304	3003	4033	263
江门	146	502	1116	1952	129
佛山	285	952	1868	2520	160

资料来源：笔者研究整理。

（三）社会保障成本

社会保障成本是新生代农民工市民化后在医疗、基本养老、生育等社会保险方面的最低资金支出。具体计算公式为：

$$C_{ss} = I_m \times T \qquad (4-3)$$

其中，I_m 是新生代农民工聚集地各城市平均保险支出，T 是新生代农民工务工年限。由于新生代农民工大多都是在 20 世纪 90 年代末外出务工，为了简化计算，将 2003 ~ 2009 年新生代农民工在城市务工年限假定为 10 年、2010 ~ 2016 年新生代农民工在城市务工年限假定为 15 年。

由式（4-3）计算得出，2003 ~ 2016 年各个城市承担的新生代农民工社会保障水平差距明显（见表 4-17），2016 年处于前两位的城市是北京和广州，上海、南京、杭州、珠海、佛山等地的新生代农民工市民化社会保障成本也较高，相对较低的城市是合肥、南昌和江门。这是由于各个城市集聚的新生代农民工数量存在显著差异，超大城市北京、广州和上海仍为新生代农民工的主要集聚地。社会保障成本的高低仍受到所处区域的经济发展水平影响，整体来看，长三角和广东省中南部地区的主要城市需要承担更高的社会保障成本。从年均变化来看，2003～2016 年 19 个城市中承担新生代农民工社会保障成本增幅最高的是广州，年均增长 13154 元，北京和上海次之，年均增长分别为12666 元和 9747 元。通过测算，2016 年 19 个城市承担新生代农民工市民化的平均社会保障水平为 93392 元。

表 4-17　　　　　　　　新生代农民工聚集地城市社会保障成本　　　　　单位：元

城市	2003 年	2008 年	2012 年	2016 年	2003～2016 年年均变化
北京	24547	45206	106715	201865	12666
天津	8133	18126	35968	76076	4853
石家庄	4132	9688	21440	49864	3267
太原	6378	16987	37518	88752	5884
济南	5830	15603	30563	78487	5190
青岛	6443	13488	31241	63698	4090
郑州	5240	13043	24960	84043	5629
上海	21740	43424	89753	158199	9747
南京	12229	21203	54957	109908	6977
杭州	10242	21793	53157	106628	6885
宁波	6995	15333	42766	65371	4170
合肥	4807	9739	18183	41481	2620
南昌	3490	8611	19166	43856	2883
武汉	5283	12541	31794	71436	4725
长沙	4262	11140	27636	52322	3433
广州	16076	41521	76872	200231	13154
珠海	15631	43536	76490	112979	6953
江门	2817	13151	22966	39174	2597
佛山	10273	26034	60320	130086	8558

资料来源：笔者研究整理。

（四）公共基础设施成本

公共基础设施成本是指新生代农民工市民化进程中新增建设的交通、通信、排水、节能以及环境保护等设施的最低资金投入。具体计算公式为：

$$C_i = \Big(\sum_{i=2003}^{2003+n-1} K_i/n \Big)/R_i, n \in [1,14] \qquad (4-4)$$

其中，K_i 是新生代农民工聚集地城市第 i 年固定资产投资（不包含住房投资），R_i 是各城市第 i 年的市辖区人口。

本书所选 19 个城市的固定资产投资额和市辖区人口均呈现逐年增长的趋势，但年投资额增长比率小于人口增长比率，这意味着大量的新生代农民工流入相应的城市，城市基础设施的投入随着人口的增加而不断上升。由式（4-4）可以得出，各城市 2003~2016 年城市基础设施成本呈逐年上升的趋势，增幅最高的城市为合肥，年均增长 3791 元，武汉、天津、长沙、南昌、宁波次之，年均增长在 2302~2610 元，相比之下，上海、北京、广州、江门等地的公共基础设施成本年均增幅较低，处于 1000 元以下。由表 4-18 可知，从 2016 年来看，合肥和宁波两地的公共基础设施成本处于前两位，其他城市的成本与年均变化情况较为相符。由此，说明各个城市加大了对基础设施的投入，特别是 I 型和 II 型大城市的公共基础设施年均成本增长较快，这也推动了剩余劳动力向城市的进一步转移，为人才、土地、资本等要素在城乡双向流动提供了良好的基础条件。经测算，2016 年 19 个新生代农民工聚集地城市的平均基础设施成本是 34648 元。

表 4-18　　　　新生代农民工聚集地城市公共基础设施成本　　　　单位：元

城市	2003 年	2008 年	2012 年	2016 年	2003~2016 年 年均变化
北京	13665	19157	24075	27179	965
天津	11478	19009	37930	44675	2371
石家庄	9549	15303	23289	25536	1142
太原	6238	12461	17123	24817	1327
济南	5148	14910	21322	20080	1067
青岛	10921	17521	21224	34608	1692

续表

城市	2003 年	2008 年	2012 年	2016 年	2003~2016 年 年均变化
郑州	10101	11629	9277	28620	1323
上海	13805	21400	24080	24748	782
南京	15893	21384	31402	37556	1547
杭州	16141	20503	27386	32267	1152
宁波	20854	34075	42245	53083	2302
合肥	10495	24762	47906	63566	3791
南昌	7770	17968	32913	40871	2364
武汉	6660	19377	31831	43195	2610
长沙	11927	20846	32613	44905	2356
广州	13107	17667	24518	25921	915
珠海	13953	19859	27670	36667	1622
江门	4175	7146	11014	16368	871
佛山	10657	19175	26193	33643	1642

资料来源：笔者研究整理。

（五）住房成本

住房成本是保障新生代农民工市民化后可以在城市定居所需要的最低费用支出。具体计算公式为：

$$C_h = S_m \left(\sum_{n=2003}^{n=i} U_{mn} / \sum_{n=2003}^{n=i} V_{mn} \right), i = 2003, \cdots, 2016 \qquad (4-5)$$

其中，S_m 是各新生代农民工聚集地城市的人均住房面积，U_{mn} 和 V_{mn} 分别是 2003~2016 年新生代农民工聚集地城市的住宅投资额和住宅竣工面积，i 表示年份。

由于数据获取的困难，本书测算了 2003~2016 年 16 个新生代农民工聚集地城市住房成本。由表 4-19 可知，各城市住房成本均呈现快速增长态势，除天津、石家庄、宁波、济南、青岛和广州外，其余 10 个城市的住房成本年均变化均超过 10000 元。2016 年上海和杭州的住房成本最高，分别为 221232 元和 228216 元，其他城市均在 137206~199512 元变动。尽管超大城市和特大城市能为年轻人提供更有力的创业平台及发展空间，但高昂的房价增加了居民的社会成本,使得部分群体选择到社会成本相对较低的城市就业,由此也进一步导致新的新生代农民工聚集地城市住房成本的提升,特别是Ⅰ型大城市的住房成本年均增长化较快。通过测算,2016 年 16 个新生代农民工聚集地城市的平均住房成本为 181693 元。

表 4 - 19　　　　　　　　新生代农民工聚集地城市住房成本　　　　　单位:元

城市	2003 年	2008 年	2012 年	2016 年	2003~2016 年年均变化
北京	57877	69643	130607	199512	10117
天津	27596	46803	92233	137206	7829
石家庄	52044	46947	147585	179754	9122
太原	22756	41789	163153	170433	10548
上海	63154	67252	130120	221232	11291
南京	41177	54253	127575	187758	10470
杭州	57453	75003	172849	228216	12197
宁波	48525	64093	141988	181240	9480
合肥	21892	48739	126637	191235	12096
南昌	26251	44522	118628	185231	11356
济南	50478	62638	187028	140783	6450
青岛	26945	55476	105395	143886	8353
郑州	44343	50448	128273	194875	10752
武汉	32324	50001	118758	190905	11327
长沙	29594	47813	117586	181952	10883
广州	60786	90359	111167	17861	8005

资料来源:笔者研究整理。

　　基于上述分析可知,本书测算了 2003~2016 年 19 个城市新生代农民工市民化成本,除了 2003~2006 年有小幅波动外,2006 年开始 19 个城市新生代农民工市民化成本呈现显著增长态势。其中,2016 年 19 个城市的平均城市生活成本、教育成本、社会保障成本、基础设施成本与住房成本分别为 15248

元、2896 元、93392 元、34648 元、181693 元，合计 327877 元，即我国 2016 年 19 个新生代农民工集聚地城市的市民化成本约为 33 万元，同样测得，2003 年约为 7 万元，2008 年约为 11 万元，2012 年约为 22 万元。整体研判，2003~2016 年新生代农民工集聚地 19 个城市的市民化成本年均增长约为 1.86 万元。

四、新生代农民工市民化成本分担的基本思路

为测算新生代农民工集聚地新生代农民工市民化成本，本书选取不同城市规模的 19 个城市为样本，并对 2003~2016 年各城市生活成本、教育成本、社会保障成本、基础设施成本与住房成本进行分项计算。研究发现，新生代农民工市民化成本整体自 2006 年开始呈现显著递增态势，且不同城市规模的聚集地城市市民化成本也存在地区差异化特征。此外，所选样本城市新生代农民工市民化分项成本之间存在明显的差异性，其中，住房成本和社会保障成本相对较高，基础设施成本和城市生活成本次之，教育成本相对较低。因此，为解决我国新生代农民工市民化问题，应坚持"以人为本"的原则，引入共享发展理念推进新生代农民工市民化进程，积极构建新生代农民工市民化成本多元主体分担机制，在保障新生代农民工收入水平的基础上，重点解决该群体的居住、社会保障及教育成本分担问题。由此，本书提出以下对策建议。

（1）建立健全城乡共享发展机制，优化财政支出结构，加大政府转移支付力度。建立健全新生代农民工输出地与输入地之间的合作机制，推进城乡社会保障制度的有效衔接，加快跨省参保制度的落实；探索城市与乡村之间土地流转机制，全面推行财产确权和集体资产股份化体制机制；适当增加对公共服务的投入力度，探索新生代农民工廉租房建设机制，如采取抵扣、退税等方式引导有条件的企业建设公寓住房，由政府、企业和个人三方共同分担住房成本；深化财税体制改革，积极推动第三次分配，引入慈善基金会、慈善组织机构为新生代农民工群体提供专业化的服务，拓宽新生代农民工的收入来源。

（2）发挥政府"元治理"核心主体作用，设立专项基金开展技能培训，提升新生代农民工的创业就业能力。以行业企业需求为目标，以职业类院校作为培训主体，打造实践教学培训平台，通过云课堂、网络教学等现代化教学方式开展新生代农民工职业教育培训及就业选择指导；构建学校、企业、新生代

农民工三方共赢机制，为新生代农民工就业群体共享实践教学培训基地，拓宽劳务技能提升渠道，着力提升新生代农民工可行能力和综合素质能力。

（3）以企业和社会组织为参与主体，搭建政府、企业和社会组织共享支持网络，切实保障农业转移就业人口权益。强化企业的社会责任，搭建新生代农民工市民化全过程共享网络平台，嵌入就业服务保障、岗前职业培训、缴纳社会保险、薪酬动态增长等环节，实现动态监控；积极引导社会资本投入，创造良好的教学条件，为新生代农民工子女提供教育机会，以降低新生代农民工承担的子女教育成本；设立心理疏导中心，关注新生代农民工群体的心理健康，为新生代农民工提供关爱和帮助。

（4）创新社会治理，发挥社区社会组织的多元化服务作用，打通新生代农民工参与社区管理渠道。积极发挥社区社会组织的非营利性、专业性和主体多元性的作用，通过多渠道、多方式为新生代农民工与城市居民提供沟通的平台，促进相互认同；着力打造基层"社会治理共同体"，以社区社会组织为主体构建开放包容的公共服务圈和群众自治圈，拓宽新生代农民工城市融入渠道；通过社区社会组织为新生代农民工提供物质支持、职业技能培训、搭建就业平台等多元化服务，增强其城市融入感与归属感，营造共建共享的城市社区生活风尚。

第四节
新生代农民工职业转换能力的影响因素研究

党的十九大提出了"努力实现更高质量、更有效率、更加公平、更可持续的发展"的新要求，努力推动新型工业化、信息化、城镇化、农业现代化同步发展。目前，我国城镇化进程已从注重数量增长进入到追求质量提升的关键时期，但是市民化严重滞后于城镇化这 问题仍制约着我国现阶段城镇化质量的提高（魏后凯、李玏、年猛，2020）。农民工作为城镇化的重要力量，已受到国家和社会的高度重视，该群体的行为习惯和价值观直接决定着我国城镇化的速度、质量和水平。据国家统计局北京调查总队发布的《新生代农民工工作生活特征分析——基于2019年北京农民工市民化监测调查》数据显示，2019年新生代农民工占农民工总量比重达50.6%，俨然成为农民工的主流群体。和第一代农民工相比，新生代农民工市民化意愿更高，但受二元市场分割和户籍地域歧视等问题影响，相对于城镇居民而言，新生代农民工群体就业层次较低且职业流动性较强，而职业转换频率又高于城镇居民（章莉、吴彬彬，2019），这显然不利于其资本积累以实现市民化。国家发展和改革委员会印发的《2020年新型城镇化建设和城乡融合发展重点任务》中提出，要加快实施以促进人的城镇化为核心、提高质量为导向的新型城镇化战略，以提高农业转移人口市民化质量，其关键在于大力提升农业转移人口的就业能力。新生代农民工主要集中于城市中的加工制造业、建筑业等次级劳动市场，面临着收入低、就业不稳定、晋升机会少等诸多问题，难以为其市民化提供持久的物质支撑和向上流动的动力。特别是在新型城镇化建设背景下，新生代农民工既要适应以技术革新和产业升级为代表的技术环境变化，还需要面对更加复杂多变、充满挑战的职业环境变化，这对其职业能力提出了更高的要求。因此，无论是为了获得更好的薪资待遇和职业发展机遇，还是适应技术环境和职业环境变化，新生代农民工都需要在其职业生涯中不断进行横向和纵向的职业转换，这意味着新生代农民工只有具备能够满足其自身职业发展的职业转换能力，才能为其市民化提供足够的物质保障和心理支持。

一、职业转换内涵及相关概念界定

学术界也对新生代农民工职业转换的内涵及影响因素开展了探讨。关于职业转换的内涵，绝大多数学者认为，职业转换是一个以任何形式发生的个体改变工作角色或者改变原先工作角色导向的过程，体现了职位变化或就业部门转换，是职业的一种社会性变换（Louis，1980；谢俊贵，2013；Sherman，2016）。随着我国新型城镇化进程的推进，部分国内学者更为关注新生代农民工群体的职业转换研究。学者谢俊贵（2013）提出，新生代农民工职业转换有利于其实现市民化。同样，赵莉（2014）也支持这一观点，认为随着城镇化进程的加快，新生代农民工面临着更广泛的选择，这也导致职业转换意愿加强。后续学者则从特定视角对不同群体的职业转换开展了深入分析。俞林等（2016）认为，在垂直方向上的职业转换方面，新生代农民工可以通过自身努力争取到更高的职位或者薪资待遇，而水平方向的职业转换方面主要取决于地理位置和工种性质的变化。王静（2020）则以大城市流动人口为例，从流动动机、流动方式、流动方向对职业转换类型进行了划分，分析了流动人口的"职业转换"对工资水平的影响。

现有关于新生代农民工职业转换影响因素的研究，大多从个体特征、人力资本、社会资本和心理因素等方面开展分析。一是个体特征。一种观点认为，年龄和性别等个体特征能够显著影响职业转换频率，认为年纪越小就越容易转换工作（邵敏、武鹏，2019），女性由于承担更多家庭事务相比于男性职业转换频率更低（罗明忠、陶志，2015）；另一种观点则认为，新生代农民工的性别、年龄、户籍等个人因素对职业转换频率没有显著影响（柳建平、魏雷，2017）。二是人力资本。教育、培训及工作经历是人力资本积累的重要方式，在农民工职业转换过程中发挥着至关重要的作用。受教育程度往往与职业转换频率呈负相关，而职业技能水平有助于农民工获得更高的经济收入和职场竞争力以实现向上的职业转换。三是社会资本。社会资本被认为是农民工城市生活的重要资源，社会资本的积累将对农民工市民化起到积极作用（李练军，2015），特别是在城市中与城市居民交往所形成的"跨越型"社会资本更有利于促使农民工收入增长（魏万青、高伟，2019）。四是心理因素。学者主要从市民化意愿方面研究。新生代农民工在城市中的职业发展过程越顺利，其对城市的认同感和归属感越强，成为城市居民的愿望愈加强烈，同时，市民化意愿又通过正向激励新生代农民工主动提高职业能力以实现城市融入（郑爱翔，2018）。

在职业转换内涵的界定上，学者们主要从工作角色转变的角度加以阐述。在分析农民工职业转换的影响因素中，已有文献从个体特征、人力资本、社会资本和心理因素等角度分析对其职业转换能力的影响，而对多个影响因素之间的关系研究不够深入。本书认为新生代农民工的个体特征、人力资本、社会资本、权利资本以及心理因素均对新生代农民工职业转换产生影响，因此，应将权利资本作为影响农民工职业转换能力的重要影响因素纳入分析框架，并最终共同催生新生代农民工职业转换行为，形成了如图4-3所示的概念模型。基于现有研究，本书采用问卷调查的方式进行研究，运用SEM模型分析影响新生代农民工职业转换能力的因素及影响因素之间的关系，根据新生代农民工群体特征，针对新型城镇化进程中显著影响新生代农民工职业转换能力的各个要素，提出相应的政策建议，为政府推进新生代农民工市民化提供决策参考。

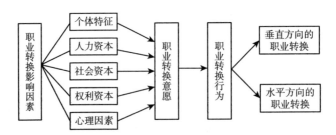

图 4 - 3 新生代农民工职业转换概念模型

资料来源：笔者研究整理。

二、数据来源与样本描述性统计分析

(一) 数据来源

本书课题组于 2019 年 9～11 月在河北省、河南省、浙江省进行了新生代农民职业转换能力的实地调查。本次调查对象为出生于 1980 年及以后的新生代农民工，为了方便受访者填写，分为线上、线下两种方式，在三省分别发放问卷 400 份，剔除全部题项选择同一答案、作答时间过短等明显不合格的网络问卷，回收有效问卷 1066 份，问卷有效率为 88.83%。

(二) 样本描述性统计分析

伦内贝格（Lunneberg，1979）认为，构建 SEM 模型的样本量至少需要240 份，本书所收集的 1066 份问卷符合对样本量的要求。通过对调查结果的统计分析，发现男性占比为 51.78%，略高于女性；调查对象大部分处于在23～35 岁，普遍受教育程度较高，大专学历占比 20.08%，中专和高中学历占比 46.25%，初中及以下学历占比 33.68%；被调查者主要集中于生产制造业、批发和零售业、建筑业、服务业等行业；被调查者所在企业规模主要为 0～50人和 51～100 人的中小型企业。问卷具体描述性统计见表 4 - 20。

表 4 - 20　　　　　　　　　描述统计性分析

项目	类型	所占比例（%）
性别	男	51.78
	女	48.22

续表

项目	类型	所占比例（%）
年龄	20 岁及以下	3.56
	21~25 岁	14.82
	26~30 岁	38.56
	31~35 岁	28.89
	36~40 岁	7.97
	40 岁以上	6.19
行业	建筑业	12.01
	住宿餐饮服务业	20.83
	生产制造业	30.21
	批发和零售业	18.57
	交通运输和邮政业	9.10
	采掘业	3.38
	其他行业	5.91
受教育程度	小学及以下	11.63
	初中	22.05
	高中、中专	46.25
	大专	20.08
所在企业规模	0~50 人	23.92
	51~100 人	30.11
	101~1000 人	23.36
	1001~2000 人	12.38
	2000 人以上	10.23

资料来源：笔者研究整理。

三、变量与结构方程模型的提出

（一）职业转换能力

职业转换源自对新角色的期待，新旧角色之间的差异促使个体不断学习以提高自身各方面的能力达到新角色的要求，并最终顺利实现转换。赫林（Herr，1992）提出，员工的职业技能、适应能力、问题解决能力、人际关系处理能力、职业发展动力因素等影响其职业转换。高希和福阿德（Ghosh & Fouad, 2016）认为，适应能力对职业转换有一定的预测作用，有明确职业目标并愿意投入准备的劳动者顺利实现职业转换的概率越高。郑爱翔等（2018）认为，新生代农民工需要具有适应职业转换和职业成长常态的动态职业能力，为市民化提供基础性能力支撑。新生代农民工通过职业技能培训提高其职业技能水平，有助于通过职业转换进入主要劳动市场进而实现市民化。从资本论角度来看，拥有的社会资本越丰富，其面对挑战所展现出的能力和弹性也就越强，因此个体职业转换的过程也就越顺利。当员工面临新旧职业在工作内容、环境以及氛围等各方面差异时，能够快速改变、适应并胜任的一种综合能力被称为职业转换能力。职业转换能力是一种综合性能力，主要包含职业技能水平、适应能力、学习能力、工作搜寻能力等。

（二）人力资本

舒尔茨认为，人力资本由知识、技能、健康三要素组成。新生代农民工的人力资本主要指通过对教育、培训、健康和迁移等方面的投资形成的能使人力资本水平提高的知识和技能。俞林等（2016）认为，职业培训与受教育经历等人力资本因素对职业转换能力有正向驱动作用。石智雷（2017）基于2010年流动人口动态监测数据研究发现，以文化程度、进城务工时间为标识的人力资本显著地影响了农民工向上的职业转换。新生代农民工从农业到非农职业的转移，以及不同工种间的转换，都要求其具备职业技能、适应能力和学习能力。人力资本因素通过专业技能的提高，降低了新生代农民工的职业转换难度，提升了职业转换能力，增加了劳动收入。基于此提出以下假设。

H4-1：人力资本与职业转换能力具有正向路径影响。

（三）社会资本

波茨（Portes, 1995）认为，社会资本是个体在其所处社会结构中取得或获取资源的能力。孙奎立（2014）利用二元 Logistic 回归模型研究表明，社区文化参与、公益参与以及表达参与对新生代农民工城市融入影响显著。邵宜航等（2016）认为，社会资本对代际梯次向上流动有明显的推动作用。魏万青和高伟（2019）认为，农民工的同乡网络有助于其在流入地更快找到工作，降低迁移成本与风险，但想要融入城市需要积累更多跨越型的社会资本。新生代农民工主要通过家人、亲戚和朋友来获取职业信息与就业支持，亲朋好友数量越多，联系越密切，说明其社会网络规模、密度和质量越高，社会资本存量就越大，向上的职业转换的可能性就越大。基于此提出以下假设。

H4-2：社会资本与职业转换能力具有正向路径影响。

（四）权利资本

亚当·斯密在《国富论》中提出，自由权利是经济正常运行的条件，劳动权利是其他一切权利的基础，是最神圣不容侵犯的"财产"。福利经济学家阿玛蒂亚·森（Amartya Sen，1981）认为，贫困的本质在于权利的丧失与可行能力的剥夺，权利具有资本属性与工具性价值。栾卉等（2017）通过实证调查认为，权利保护有助于农民工的职业稳定。新生代农民工的权利资本包含多个方面，如劳动合同订立情况、工作环境安全适宜程度、薪资福利、社会保障等。权利资本能够保障新生代农民工的劳动权益，增强工作稳定性，有助于新生代农民工持续稳定地获得经济收入，此外，还能为其带来心理上的归属感，增强了新生代农民工的职业发展的自信心。基于此提出以下假设。

H4-3：权利资本与职业转换能力具有正向路径影响。

（五）市民化意愿

新生代农民工的市民化意愿主要通过户籍转移意愿、定居意愿、自我身份认同等方面体现。佐赫和孙正林（2017）研究认为，外部就业环境对农民工市民化意愿的影响较大。苏群和李潇（2019）认为，生存能力和发展能力与新生代农民工城镇定居意愿呈现显著正相关。对于新生代农民工而言，由于市民化愿望的内在驱动，会通过激励新生代农民工主动寻求新的就业岗位或职业升迁，进而提高职业转换能力。在此基础上，提出以下假设。

H4-4：市民化意愿与职业转换能力具有正向路径影响。

有研究表明，受教育水平、医疗保险、社区活动参与等因素与对农民工市民化意愿正向相关。梅建明和袁玉洁（2016）通过建立 Logistic 回归模型进行实证分析，指出受教育程度、社区活动参与度和社会保障机制等均能对农民工市民化意愿产生正向影响。张宏如等（2015）认为，市民化意愿不仅能够直接影响新生代农民工的城市融入，也通过人力资本与社会资本对市民化意愿的间接效应，进而影响该群体的城市融入。王晓峰和温馨（2017）认为，接受技能培训、参加城镇职工医疗保险能显著提高农民工市民化意愿。陈典和马红梅（2019）通过西南三省调研数据表明，人力资本、社会资本都对农民工市民化意愿具有正向影响。梁土坤（2020）认为，职工医疗保险和居住证制度对农民工市民化意愿均具有显著的直接影响。新生代农民工的受教育程度、社区活动参与程度和工作保障程度越高，在心理上对农村与农业的疏离度越强，市民化意愿越强。基于此提出以下假设。

H4 - 5：市民化意愿在人力资本、社会资本和权利资本与职业转换能力之间起到中介作用。

综上所述，H4 - 1~H4 - 5为本书提出的关于新生代农民工职业转换能力微观影响因素及结构的五个假设。

（六）结构方程模型的提出

基于上述所有假设，根据人力资本、社会资本、权利资本、市民化意愿和职业转换能力5个潜变量之间的内在联系构造初始模型，如图4 - 4所示。由于健康因素较多受到先天条件和不可抗力的影响，人力资本包括新生代农民工受教育程度、职业技能培训次数、职业资格或技能等级证书、月平均收入、工作类型5个微观测量指标；社会资本包括在城市中的亲朋好友的数量、与亲朋好友交流的频次、能够在城市中求助的好友数量、参与社会活动频次4个微观测量指标；权利资本包括签订合同类型、工作环境安全舒适程度、维权方式、

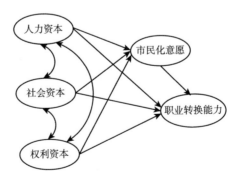

图4 - 4　初始结构模型

资料来源：笔者研究整理。

保险种类 4 个微观测量指标；市民化意愿包括在城市就业意愿、定居意愿、转户意愿、自我身份认同 4 个微观测量指标；职业转换能力包含职业技能水平、学习能力、快速适应能力、工作搜寻、经济能力、职业目标执行能力 6 个微观测量指标。

四、市民化进程的结构方程模型检验

(一) 量表赋值

本书包含人力资本、社会资本、权利资本、市民化意愿和职业转换能力 5 个潜变量，采用 LIKERT 五分量表法对变量进行测量，赋值范围从"非常不同意"到"非常同意"，分别对应数字"1"到"5"，具体赋值见表 4 - 21。

表 4 - 21　　　　　　　　　　变量的定义与符号

潜变量	测量变量	符号	定义
社会资本 (SZ)	亲朋好友数量	SZ1	很少 = 1，较少 = 2，一般 = 3，较多 = 4，很多 = 5
	与亲朋好友交流的次数	SZ2	很少 = 1，较少 = 2，一般 = 3，较多 - 4，很多 = 5
	求助好友数量	SZ3	一个也没有 = 1，1 ~ 4 个 = 2，5 ~ 8 个 = 3，9 ~ 12 个 = 4，12 个以上 = 5
	参与社会活动次数	SZ4	从不参加 = 1，偶尔参加 = 2，经常参加 = 3
人力资本 (RZ)	学历	RZ1	小学及以下 = 1，初中 = 2，高中、中专 = 3，大专及以上 = 4
	职业资格或技术等级证书	RZ2	没有 = 1，初级 = 2，中级 = 3，高级 = 4
	职业技能培训的次数	RZ3	0 次 = 1，1 ~ 3 次 = 2，4 ~ 6 次 = 3，6 ~ 10 次 = 4，10 次以上 = 5
	月均收入	RZ4	3000 元及以下 = 1，3001 ~ 4500 元 = 2，4501 ~ 6000 元 = 3，6001 ~ 8000 元 = 4，8001 ~ 10000 元 = 5，10000 元以上 = 6
	工作类型	RZ5	体力工作 = 1，低技能要求工作 = 2，一般工作 = 3，专业技能工作 = 4，管理工作 = 5

潜变量	测量变量	符号	定义
权利资本 （QZ）	签订劳动合同类型	QZ1	无合同 =1，无固定期限合同 =2，有固定的期限合同 =3，自雇 =4
	工作环境	QZ2	很差 =1，较差 =2，一般 =3，较好 =4，很好 =5
	维权方式	QZ3	自己解决 =1，非正式渠道维权（如找老乡、亲戚帮忙）=2，正式渠道维权（寻找政府、工会、媒体和法律机构求助）=3
	保险种类	QZ4	0 种 =1，1 种 =2，2 种 =3，3 种 =4，4 种 =5，5 种及以上 =6
市民化意愿（SY）	就业意愿	SY1	很不愿意 =1，不愿意 =2，一般 =3，愿意 =4，非常愿意 =5
	定居意愿	SY2	很不愿意 =1，不愿意 =2，一般 =3，愿意 =4，非常愿意 =5
	转户意愿	SY3	很不愿意 =1，不愿意 =2，一般 =3，愿意 =4，非常愿意 =5
	身份认同	SY4	很不愿意 =1，不愿意 =2，一般 =3，愿意 =4，非常愿意 =5
职业转换能力（ZH）	职业技能	ZH1	很不愿意 =1，不愿意 =2，一般 =3，愿意 =4，非常愿意 =5
	学习能力	ZH2	很不愿意 =1，不愿意 =2，一般 =3，愿意 =4，非常愿意 =5
	适应能力	ZH3	很不愿意 =1，不愿意 =2，一般 =3，愿意 =4，非常愿意 =5
	工作搜寻能力	ZH4	很不愿意 =1，不愿意 =2，一般 =3，愿意 =4，非常愿意 =5
	经济能力	ZH5	很不愿意 =1，不愿意 =2，一般 =3，愿意 =4，非常愿意 =5
	职业目标执行能力	ZH6	很不愿意 =1，不愿意 =2，一般 =3，愿意 =4，非常愿意 =5

资料来源：笔者研究整理。

（二）信度检验和效度检验

1. 信度检验。

为衡量问卷的可靠性、一致性与稳定性，本书采用信度检验进行检验。克朗巴赫（Cronbach）α信度系数是目前最常用的信度系数。社会资本、人力资本、权利资本、市民化意愿和职业转换能力的克朗巴赫α信度系数依次为0.783、0.804、0.815、0.792、0.859，皆高于0.7，说明各项测量指标存在一致性，本书所使用的数据具有良好的信度。

2. 效度检验。

效度分析是指能够准确测出所需测量事物的程度，效度越高说明测量结果与实际情况越吻合。计算出样本分布的Bartlett球形度检验显著，且KMO > 0.8，且P < 0.001，说明适用因子分析。利用因子分析进行量表结构效度检测，各变量因子载荷均满足大于0.6（见表4-22），平均提取方差都大于0.5，KMO值为0.873，C > 0.8，均满足条件，说明聚合效度较好，量表通过检验。

表4-22　　　　　　　　　　　验证性因子分析

潜变量	测量变量	变量符号	标准载荷	AVE 平均方差提取量	CR 组合信度	Cronbach 的 Alpha
人力资本（RZ）	学历	RZ1	0.796	0.5078	0.8365	0.804
	职业资格或技术等级证书	RZ2	0.721			
	职业技能培训的次数	RZ3	0.655			
	月均收入	RZ4	0.618			
	工作类型	RZ5	0.758			
社会资本（SZ）	城市中亲朋好友数量	SZ1	0.699	0.5011	0.8005	0.783
	与城市中亲朋好友交流的次数	SZ2	0.74			
	求助好友数量	SZ3	0.715			
	参与社会活动次数	SZ4	0.676			
权利资本（QZ）	签订合同类型	QZ1	0.751	0.5783	0.8457	0.815
	工作环境	QZ2	0.785			
	维权方式	QZ3	0.738			
	保险种类	QZ4	0.767			

续表

潜变量	测量变量	变量符号	标准载荷	AVE 平均方差提取量	CR 组合信度	Cronbach 的 Alpha
市民化意愿（SY）	就业意愿	SY1	0.751	0.5286	0.8176	0.792
	定居意愿	SY2	0.742			
	转户意愿	SY3	0.698			
	身份认同	SY4	0.716			
职业转换能力（ZH）	职业技能	ZH1	0.72	0.5166	0.8646	0.859
	学习能力	ZH2	0.783			
	适应能力	ZH3	0.687			
	工作搜寻能力	ZH4	0.741			
	经济能力	ZH5	0.638			
	职业目标执行能力	ZH6	0.735			

资料来源：笔者研究整理。

（三）结构方程模型检验

为保证被测变量的实际因子结构与理论预设相符，在探索性因子分析之后，还应对被测变量做验证性因子分析，以判断实际数据是否适配理论结构。在结构方程模型框架下，用AMOS24.0导入计算，采用似然比卡方检验结构方程的拟合优度，标准为被检验模型的各项检验值与饱和模型越接近，模型的拟合优度越好。观察结果发现，评价指标均符合适配标准，模型适配度较好，可以进行结构方程模型分析。模型的假设检验见表4-23。

表4-23　　　　假设检验

路径	估计值	S.E	C.R	P值
市民化意愿←社会资本	0.283	0.065	4.273	0.000 ***
市民化意愿←人力资本	0.384	0.049	5.934	0.000 ***
市民化意愿←权利资本	0.276	0.039	4.732	0000 ***
职业转换能力←市民化意愿	0.345	0.046	7.453	0.000 ***

续表

路径	估计值	S. E	C. R	P 值
职业转换能力←社会资本	0.195	0.045	4.372	0.000 ***
职业转换能力←人力资本	0.298	0.058	5.109	0.000 ***
职业转换能力←权利资本	0.073	0.034	2.136	0.033 *

注：* 表示 p < 0.05，*** 表示 p < 0.001（本表取小数点后三位）。

（四）中介效应检验

为了进一步验证市民化意愿在"人力资本/社会资本/权利资本→市民化意愿→职业转换能力"路径中的中介作用是否存在，需要进行中介效应检验。目前关于中介效应检验的方法有逐步回归法、系数乘积检验法（Sobel检验）、差异系数检验法和 Bootstrap 法，常见的 Sobel 检验法与逐步回归法在样本量不够大时可能会出现检验效能低的情况，而 bootstrap 方法则不需满足先验分布条件、操作简单并且检验效能高，因此本书使用 Bootstrap 方法对市民化意愿的中介效应进行检验。利用重复随机抽样的方法对样本做 5000 次的有放回重复抽样，设定偏差矫正（Bias-corrected）的置信度水平为 95%，在运行结果中核对间接效应的置信区间的上下限。如果中介效应 95% 的置信区间中不包括 0，则表示效应显著。结果表明，人力资本、社会资本和权利资本对职业转换能力的影响显著（B = 0.64，t = 19.30，p < 0.001；B = 0.49，t = 21.95，p < 0.001；B = 0.25，t = 19.52，p < 0.05），且放入中介变量市民化意愿后人力资本、社会资本、权利资本对职业转换能力的预测作用仍然显著（B = 0.38，t = 10.95，p < 0.001；B = 0.19，t = 13.14，p < 0.001；B = 0.07，t = 11.00，p < 0.05）。此外，人力资本、社会资本和权利资本对职业转换能力的直接效应及市民化意愿的中介效应的 bootstrap 95% 置信区间的上、下限均不包含 0（见表 4 - 24 ~ 表 4 - 26），表明人力资本、社会资本和权利资本不仅能够直接影响职业转换能力，而且能够通过市民化意愿的中介作用影响职业转换能力，因此，"社会资本/人力资本/权利资本→市民化意愿→职业转换能力"路径成立。

至此，研究假设 H4 - 1、H4 - 2、H4 - 3、H4 - 4、H4 - 5 全部得到了证实。

表4-24　　"人力资本→市民化意愿→职业转换能力"的中介效应

项目	效应值	Boot 标准误	Boot CI 下限	Boot CI 上限	效应占比
市民化意愿	0.26	0.02	0.21	0.31	0.41
直接效应	0.38	0.04	0.30	0.45	0.59
总效应	0.64	0.03	0.57	0.70	

表4-25　　"社会资本→市民化意愿→职业转换能力"的中介效应

项目	效应值	Boot 标准误	Boot CI 下限	Boot CI 上限	效应占比
市民化意愿	0.19	0.02	0.15	0.40	0.39
直接效应	0.30	0.03	0.29	0.60	0.61
总效应	0.49	0.02	0.49	0.58	

表4-26　　"权利资本→市民化意愿→职业转换能力"的中介效应

项目	效应值	Boot 标准误	Boot CI 下限	Boot CI 上限	效应占比
市民化意愿	0.18	0.02	0.17	0.26	0.72
直接效应	0.07	0.03	0.26	0.38	0.28
总效应	0.25	0.03	0.48	0.58	

注：所有数值保留小数点后两位。

（五）结构方程模型路径分析与结果分析

运用 Amos23.0 软件对结构方程模型进行分析，估计结果如图4-5所示。根据 SEM 模型的路径系数图以及中介效应表，得出以下结论。

第一，人力资本对职业转换能力的总效应为0.64，包括直接效应（0.38）和通过市民化意愿发挥的间接效应（0.26）两部分，表明人力资本对新生代农民工职业转换能力有直接显著正效应，还能通过影响市民化意愿间接作用于职业转换能力，研究假说 H4-1 得到证实。本书选取的人力资本测量指标中，新生代农民工的学历（0.80）、职业资格或技术等级证书（0.72）、工作类型（0.76）均对人力资本的荷载系数较高，说明受教育程度越高、参加培训和取得技能等级证书越多，人力资本积累越多，在劳动力市场中更容易获得高质量的就业机会，通过高技能获得更高的薪资待遇，有助于其向市民化转化。同时，受教育程度较高、从事较高技能工作和管理工作的新生代农民工通常更受

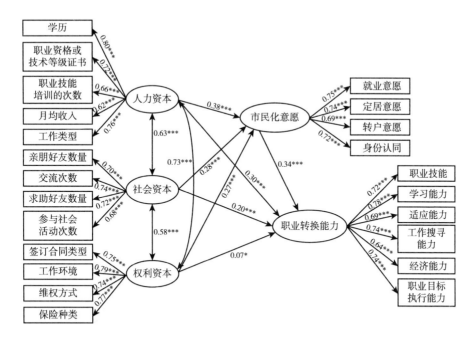

图 4 – 5　结构方程模型估计参数及路径

注：ﾟ、ﾟﾟﾟ 分别表示通过了 5%、1% 的显著性检验。

资料来源·笔者研究整理。

人尊敬，往往具备自信、工作环境适应能力强、学习能力强的特质，在心理层面上更容易向市民转化，更能融入城市生活，从而间接提升了新生代农民工的职业转换能力。

第二，社会资本对新生代农民工职业转换能力的正向促进作用通过了0.1%的显著性水平检验。社会资本对职业转换能力的总效应为0.49，其中，直接效应为0.30，而通过市民化意愿发挥的间接效应则为0.19，且直接效应值略低于人力资本的0.38，研究假说 H4 – 2 得到验证。在选取的测量指标中，新生代农民工在城市中的亲朋好友交流次数（0.74）和可以求助好友数量（0.72）的荷载系数较高。对于新生代农民工，离乡入城后往往通过亲戚、老乡、熟人拓展自身的社会关系，与城市中的亲朋好友的交流沟通能够了解更多求职、创业相关信息，增加求职创业的成功率。新生代农民工社会资本网络体系的规模和密度越大，能够获取信息质量越高，调动的资源越多，向上的职业流动机遇越多。此外，社会资本具备"强化效应"，与社会网络体系中成员的交流沟通能够增强个体的社会身份认同感和归属感，有助于新生代农民工共享市民愿景，增强心理融合能力，有助于提升其职业转换能力。

第三，权利资本对新生代农民工职业转换能力的正向促进作用通过了5%的显著性水平检验。权利资本对职业转换能力的总效应为0.29，其中，直接效应仅为0.07，而通过市民化意愿发挥的间接效应相对较高，为0.18，研究假说H4-3得到验证。权利资本对职业转换能力的直接效应（0.07）远低于间接效应（0.18），说明权利资本对职业转换能力的直接影响较小，主要通过影响市民化意愿正向影响新生代农民工职业转化能力。本书选取的权利资本测量指标中，工作环境、保险种类、签订合同类型、维权方式对权力资本的荷载系数相近，均可在较大程度上保障新生代农民工的劳动权益。良好的工作环境能够保障其生命安全、充分激发工作潜能；劳动合同的签订意味着在签订期限内的工作和收入更稳定；维权意识增强并在意识支配下努力掌握维权所需要的法律知识和政策有助于维护新生代农民工自身的合法权益；社会保障能够使新生代农民工在失业、遭受工伤、罹患疾病时减轻经济负担，拥有多种社会保险种类意味着拥有多重保障，有助于其经济能力的提升。这些均有助于新生代农民工在心理上增强对城市融入的愿望和信心，有利于其职业转换能力的提升。

第四，市民化意愿对新生代农民工的职业转换能力影响显著，其效应值为0.34，通过了0.1%的显著性水平检验，研究假说H4-5得到了验证。此外，中介效应部分成立，"人力资本/社会资本/权利资本→市民化意愿→职业转换能力"的间接效应路径经检验存在，验证了研究假说H4-5。反映市民化意愿的四个可观测指标中，就业意愿（0.75）、定居意愿（0.74）、转户意愿（0.69）、自我身份认同（0.72）对市民化意愿的荷载系数相近。在调查样本中，女性的市民化意愿相对较高，相对于男性更愿意选择市民化。市民化意愿可以反映新生代农民工在心理上对城市居民身份的角色转换认知，从而驱动其提升职业转换能力。

五、结论与政策启示

在新生代农民工职业转换概念模型提出的基础上，从人力资本、社会资本和权利资本的视角，运用SEM模型分析新生代农民工职业转换能力的影响因素。研究显示：人力资本对新生代农民工职业转换能力的正向驱动作用最强，总效应为 0.64，其直接效应相对较高；社会资本对新生代农民工职业转换能力总效应为 0.49，低于人力资本，其直接效应仍显著高于间接效应；权利资本对新生代农民工职业转换能力的总效应为 0.25，主要通过中介效应对职业转换能力产生正向影响；市民化意愿对市民化能力的影响显著，且发挥着重要的中介作用。

基于以上结论，得到如下启示。

第一，强化职业技能培训机制，搭建校企联合培训平台。完善农民工职业技能培训制度，以市场需求为导向，鼓励高等学院、职业院校、社会教育机构等有针对性地开展农民工群体职业技能培训。同时，加大对新生代农民工群体就业阶段的关注力度，搭建校企培训与就业衔接平台，积极畅通就业服务渠道，推进企业实行职业技能与薪酬挂钩制度，并提高培训经费补贴标准，助推新生代农民工就业意愿的提升。

第二，搭建信息交流平台，优化社会资本网络体系。利用"互联网 +"建立完善的网络服务体系，搭建就业创业信息交流平台，为新生代农民工提供信息服务、创新创业、权益维护等多方面的信息服务内容。同时，还应优化新生代农民工的社会资本网络体系，降低党组织、工会等正式组织的参与门槛，并发挥自管组织或协会在信息交流、心理疏导、权益维护等方面的介入功能，帮助新生代农民工有意识地扩大社交网络，积累新型社会资本。

第三，强化基础劳动权益保障，推进公共服务均等化。要合理配置现有公共医疗教育资源，鼓励社会资本参与创办农民工子弟学校，扩大针对农民工的社保覆盖范围，推进城乡居民医保的电子信息化建设，切实解决农民工群体教育医疗问题。另外，要强化新生代农民工劳动保障与监管工作，并积极构建平等的政治参与机制，保障农民工在户籍所在地的选举和被选举等民主权利，同时，还要加强新生代农民工群体的权利救济，切实维护司法公正。

第四，加快农村土地流转，推进城镇住房制度改革。一方面，要持续加大农村土地改革力度，积极创新农村土地流转方式并培育农村土地流转市场，健全土地流转方面相关政策，有效降低农民工市民化的机会成本和心理成本。另一方面，持续推进城镇住房制度改革，构建因地制宜的良性政策组合，为新生代农民工群体提供保障性住房和公租房使用权限，降低农民工城市融入成本，从而有效提高其市民化意愿。

第五章

城镇化进程中农民市民化教育模式的国际经验比较与借鉴

本章全面、系统地考察英国、美国、德国、日本、法国等发达国家以及印度、巴西等发展中国家农民市民化的教育经验，并进行有效比较，为我国新生代农民工市民化职业教育模式提供有益的借鉴。

第一节
城镇化进程中农民市民化教育模式的国际经验

一、发达国家

随着科技进步和工业化进程的推进，各国的城镇化也实现快速发展。诸如美国、英国、日本、德国等发达国家已经进入后工业时代，根据联合国统计数据显示，大部分发达国家平均城镇化率已达到80%以上。在完成工业化向后工业化转型后，传统行业开始从劳动密集型向技术资本密集型转变，其所生产的产品更注重消费功能，知识和信息的含量大幅度增加，对劳动力质量的需求也发生了明显变化。总体来看，这些国家城市化进程和市民化是同步的，而且农业劳动力转移过程中受教育程度与市民化是同步的。1980年末，发达国家农业劳动力受教育年限超过了11年，而美国和法国甚至分别达到了18.04年和15.96年（谢颖、梁浩，2020）。此外，发达国家的农业劳动力市民化模式也各具特色，可为我国农业剩余劳动力转移提供参考。

（一）英国

在发达国家中，英国属于最早开始进行工业革命的国家，也是最先完成农村劳动力转移的国家，经历了漫长的过程。早在1911年，英格兰和威尔士城市化程度最高，城镇化率达到78.1%，2005年城镇化率达到90%以上，成为世界上第一个实现城镇化的国家（李志平、陈恒、李丽萍，2013）。

1. 健全的教育培训法律和政策。

在城镇化进程中，出台针对贫困问题的相关法律和政策，为农业转移人口提供保障。英国很早就开始探索农村剩余劳动力转移的问题，在促进农村剩余劳动力转移和开展农民教育培训方面建立了较为完善的法律体系。英国的圈地运动带来了很多社会问题，很多农民被迫离开家乡，由于这些农民无法在城市获得就业，缺乏生活经济来源，失业现象也日益严重。由此，英国政府开始考虑救济贫民，1601年颁布《济贫法案》，通过征收济贫税救济贫民，救济办法也因情况而定，同时规定贫民子弟均需接受学徒培训（朱冬梅、黎赟，2014）。1662年通过《住所法》，对贫民的救济进行一定的限制，必须在所在的教区居住一定年限，后期进行不断的修改和完善（黄昉苨，2018），直到1946年的《国民保险法》和1948年的《国民救助法》通过，济贫法才被完全取代（楼清清，2009）。在此期间，英国不断针对社会问题颁布相关法律，以保证农村剩余劳动力的正常生活和就业。比如1866年的《卫生法》、1868年的《工人住房法》、1897年的《工人赔偿法》、1905年的《失业工人法》、1908年的《养老保险金法》、1909年的《住房和城市规划法案》、1911年的《国民保险法》、1945年的《家庭补助法》和《国民医疗保健法》等，这些法律从基本生活、卫生、住房、保险等多方面保障了工人的权益，为推动城市化建设提供了坚实基础（王习贤，2014）。

英国作为最先开始农村剩余劳动力转移的国家，不断探索解决农民职业培训中出现的问题。诸如，1964年制定《产业培训法》，针对职业培训中出现的问题做了明确规定，包括培训主体的设置、培训的财政制度、培训的监督控制机制等（王川，2006）。为提升农民培训效率和培训质量，1982年颁布了《农业培训局法》，不定期对农民培训工作开展调查研究，并根据调查中出现的问题及时改进，同时建立了较为严厉的奖惩制度和考核标准（郑其斌、吴雨函，

2021）。此外，该培训法要求学员只有考核通过后才能获得"国家职业资格证书"，并且设有专门的职业资格评审委员会保证证书的有效性，该法案于1987年进行修改，设立了"国家培训奖"，用于激励单位技术培训的积极性。

19世纪末到第二次世界大战结束，英国政府为了保证农村剩余劳动力向非农业部门转移，开始实施"教育培训政策"，提高农民素质促进就业。此后，又通过加大财政扶持力度、扶持优质职前教师教育机构、建立"实习学校"（teaching schools）联盟等方式强化师资培养与发展（王北生等，2017）。

2. 完善的教育培训体系。

英国是较早提倡终身教育的国家，并不断完善继续教育和成人教育。英国的教育部门将正规教育与业余职业培训相结合开展教育培训，两者之间互为补充，已形成分工明确的农民培训体系。

英国非常重视农业科研和农业教育，通过构建完善的教育培训体系提高了农业劳动者的科技素养和生产率。一是，英国的农民教育以农业培训机构为主体力量，兼有高校及科研与咨询机构的辅助，基本形成高级、中级、初级三个教育层次衔接的职业教育与技术培训相结合的农民教育培训体系，为不同层次的受训者提供完备的教育培训。二是，农民教育部门对不同层次院校的学生有相应的规定和要求。农业院系的大学不仅关注农业知识，还拓宽了所涉及的相关学科，为学生提供多元化课程，培养学生多方面的技能和知识。农业培训的对象也多种多样，除了农业工作者，还按照参加生产活动的时段分为前、中、后，并对相应的从业人员进行针对性的培训，培养农民的竞争力和创造力，以适应社会的不同需求。三是，英国还提供了职业教育的继续教育学院，主要培训群体为成年人和16岁以上的青年人，这些学院与当地企业、单位社区等建立了紧密的合作关系，有效地带动了地区经济发展。

3. 多元化的培训形式。

英国准确考虑到农民的差异化特征，针对不同层次的群体实施分层职业资格认证。英国针对农民教育培训的证书至少有17种，主要根据入学程度、培养目标和学制设置不同类型的证书，有效保证了农民职业技能的全面性（李慧静，2015）。英国的培训形式不仅多种多样，而且十分灵活。在农民职业教育方面，根据不同群体和层次，结合各方资源创建了很多学校和培训机构，为农民提供了多方位的教育培训资源。据统计，英国已经有57所农业院校、100所农业专科学校、200多个农业培训中心和2000所农业职业技术中学，充分满足了不同农民的职业教育需求（朱冬梅、黎赞，2014）。

农民教育培训主要根据当地的农业发展特点和经济特征的需求开设课程。为准确掌握市场变化特征，英国政府设立了专门机构研究农业，多角度进行市场调研，并根据调研结果制定符合市场需求特征的对口课程，课程的范围很广，门类丰富多元。同时，十分重视实践技能，除了课堂教学，会有专门教师到农场进行指导，学员需要参加实际的农业经营，培训形式具有很强的实用性和科学性。

4. 充分的教育培训资金。

早在 19 世纪二三十年代，英国就在社会上设立了许多培训学校，并且针对不同群体开设不同类型的培训学校，包括专门进行技术培训的技工学校、专门帮助学员调节时间进行培训的夜校、针对员工子女培训的职工子弟学校等。在这些培训学校学习，工人只需承担很少的学费。

英国对于教育培训资金专门进行立法，英国《工厂法》规定，童工必须由监护人选择学校就读，其就学所缴纳的学费从周薪里扣除（赵小强，2021）。针对教育经费问题，英国十分注重多方面资金筹集，尽可能拓宽资金筹集渠道。在农村普及农业教育过程中，曾采用集资的方式解决教育经费的问题，保障充足的资金供给，比如 20 世纪五六十年代，通过拨款、发放补贴、优惠贷款等多种方式吸引相关企业、农民及其他相关利益者参与培训。英国明确规定，只要农民参加职业培训，每天可以获得 5 英镑的生活补贴。据相关资料显示，英国农民培训经费的 70% 由政府财政提供，英国财政每年用于农民教育的经费达 600 亿美元（贾贵浩，2020）。此外，英国环境、食品和农村事务部还推出了"2000～2006 年农村发展计划"，期间政府财政将投入 2150 万英镑，为农民提供达 19000 门的培训课程及一系列职业资格认证（刘志民、吴冰，2013）。

（二）美国

美国经过一个半世纪的努力，1983 年已经成为世界上高度发达的城市化国家。美国最显著的特点是地多人少，决定了在工业化进程中农业剩余劳动力转移的特定形式，美国总体上是农业现代化发展带动的农村剩余劳动力转移。1860 年以后，美国城镇化得到了高速发展，逐渐成为高度城市化的国家。

美国职业农民是一种职业，根据自己的意愿进行选择，而且从事农业的人都有相应的资格证书。美国的职业农民区别于传统的农民属性，具有高素质和等级性，具备传统的农业知识和现代化的科学素养，拥有现代化的科学技术和管理能力，且根据从事农业的不同方面和地区农户人数的不同有等级区分。美国职业农民的平均年龄呈现不断上涨趋势，根据美国农业部统计，2002~2017年，75岁以上职业农民增加20%，为加快农业的快速发展，培养新型农业接班人，美国农业部提出培养新型职业农民，给予政策和资金支持，目前，已经有100多家新型农民培训机构（杨柳、杨帆、蒙生儒，2019）。

1. 健全的培训法律体系。

美国十分重视法制建设，针对农民的培训教育也不例外，美国的农业是世界上最发达的，有140多年的农业教育历史。政府通过立法，将提高农民科学素养作为全国性的组织工作，形成包含工业、农业和商业等一系列内容的职业教育，保障农民科学素养的提升。

美国通过构建完善的培训法律体系，提高了农民职业教育水平，推进了农业现代化进程。具体做法如下所述。

第一，为推动高等教育与工商业的发展，1857年美国颁布《毛雷尔法案》，目的是培养将工农相结合的人才，培养工农业所需人才（曹斌，2018）。该法案的颁布使美国的州立大学迅速增加，对美国工农业的发展具有极大的推动作用，麻省理工学院也于这一时期建立。

第二，1862年颁布《莫里尔赠地法案》，强调农民的理论和实践技能相结合，该法案为美国今后成立综合性大学打下了坚实的基础（于捷，2015）。这是一部关于农业教育的法案，法案规定各州以出售赠地所得费用建立学院，开设州立学院，目的是通过教育的形式提升农业生产技能，从而提高农业生产率，也为美国农业现代化进程储备了强大的人力资源，推动了农业化进程。该法案在1890年进行修订，规定联邦政府每年补助学院一定的金额，并要求消除对黑人的歧视，不分种族均可以接受教育，赠地学院得到了进一步的发展。

第三，1887年公布的《哈奇法》有效地将农业教育、科研、推广相结合，形成综合教育体系（杨九斌、卢琴，2021）。该法案主要为了加快农业现代化进程，联邦政府每年资助各州1.5万美元用于开展农业研究活动，此外，该法案的实施有效促进了美国农业进入高速发展时期，农业研究水平不断上升，涌现出大量农业科技成果。

第四，1914年颁布《史密斯—休斯教育法》，这是美国国会通过的第一部职业教育法，表明美国政府对农民职业教育的高度重视（张亮、周瑾、赵帮宏，2015）。这次之前，美国的培训方向主要针对农业教育，随着工业化进程的不断推进，人们开始意识到工业教育的重要性。首先，各州对州立学院进行资助开设非农专业，随后逐渐引起联邦政府的重视，形成包含工业教育、农业教育和商业教育等多方面的内容，丰富了职业教育的内容，并形成了一套系统的制度办法。该法案开创了联邦政府对职业教育资助的先河，同时也为美国现代职业教育发展奠定了基础。美国农业发展体系也得到进一步完善，将农业科研、教育、生产有效结合，美国农业现代化得到了巨大进步，为美国成为世界上第一农业大国奠定了基础。

第五，为呼吁全社会重视并支持失业人口职业培训，美国 1962 年颁布《人力开发与培训法》，其内容主要通过训练使劳动力获得技术能力，并规定家庭收入少于 1200 美元的家庭成员具有优先接受训练的机会（吴刚强，1999；程子非，2019）。而 1964 年颁布的《就业机会法》，则提出对农民实施一系列的帮助，如成人教育、医疗、就业等服务，同时对农村青少年和妇女群体也提供教育计划，为贫困农户和失业者提供补贴（李清华、楚琳、袁潇，2021）。

2. 高效的教育培训体系。

美国用近 70 年的时间，不断完善农业科学教育体系，形成了一套完备的农民教育体系。农民教育培训是一项复杂的系统，在教育培训活动开展过程中，政府的主导能力和管理范围是有限的，因此，政府需要呼吁社会多主体共同参与，集聚社会资源。

美国设有专门的农民教育管理机构。自 20 世纪 60 年代起，美国就开始通过普及教育来提升农村剩余劳动力的教育水平，为加速农业人口转移起到了积极作用。首先，美国在农民教育培训方面拥有高效的管理体制，农民教育培训由农业部推广局全面负责，由专门的机构进行领导和管理，大大提升了培训效率；其次，为提高农民的文化修养，美国于 1928 年创建未来农民联合会，这是全国性的农民教育培训机构（柳一桥，2017）。与此同时，为加强农村的人力资源开发，美国专门成立联邦农业部合作推广局，在开始培训课程之前，都会按照严格的要求进行市场调查，根据学员的不同需求开设课程，定向性的培训方式大大提高了培训的专业性。

美国对农民的教育培训，不仅包括技能的开发，还注重农民未来持续发展的培养。一方面，针对青年农民的培训，除了课堂教学，教师还会到家进行指导，同时会聘请专职教师白天进行走访指导，晚上授课。此外，学员可以自行选择授课老师，为学员提供了极大的便利和自由空间。另一方面，针对农场主的培训，培训内容不仅包括传统农场的管理，还会倡导农场向公司化改革，提供投融资决策、劳动力管理、财务管理软件等，为农场不断升级提供帮助。另外，美国还建立了一个非官方的团体——未来农民组织，其主要职能在于针对美国青少年群体开展农业机械操作、作物育种、病虫害防治等方面的培训（李金龙，2016）。

综上所述，美国科学有效的技能培训体系，形成了综合培训、科研和推广一体化的农业试验站。同样，美国高效的教育培训体系也快速实现了农业现代化，推动了农村剩余劳动力主动向工业部门转移。

3. 多样化的教育培训指导。

美国的职业教育形式非常多样化。除了政府支持的公立职业学校，还鼓励广泛的社会群体共同参与职业教育，包括公司企业、社会团体、工业行业等，同时还吸纳个人举办多种多样的农村职业教育。政府和培训机构在农村广泛开办培训班，向成年农民传授新的技术知识。社会的广泛参与扩大了职业教育范围，让更多的农民能够接受职业教育。

教育培训机构、培训群体和内容多样化。其一，通过社会培训机构的培训，农民可以获得综合科教文化知识，同时教育监管制度也为教育质量提供了保障。美国农业部下设有很多相关农业机构，为新型职业农民提供了更多的教育平台，扩大了受教育机会。其二，教育培训群体多样化，扩大涉农专业学生的招生规模，提高新型职业农民职业技能水平和综合能力（林少芸，2020）。美国农民教育的对象不仅是从事农业生产的人，还涉及农业产品生产链上的相关从业人员，其主要目的是培养农民对市场变化趋势和市场需求反应能力，提高其竞争和创造能力。其三，教育内容多样化，除了开展专业技能培训，更加注重农业教育与其他学科相结合，丰富农民的教育范围和知识体系，提高科技和管理训练的标准，不断拓宽农民就业范围。

多层次的管理技能指导。美国的农业部办公室遍布全国社区，政府、组织和个人均参与农民的职业教育，帮助职业农民提升技能水平和实践能力。第一，美国农业部服务中心为农民提供了极大便利，每位农民都可通过农业部获得相关服务，获得财政、土地、管理、运营的帮助。第二，美国农业部将农民与当地的其他相关组织联系起来，形成网络化体系，不同的组织可以帮助解决农民的不同问题。第三，除了政府教育支持，一些龙头企业、农业协会、农业科研结构等各类社会力量也会积极开展各类职业农民培训。美国企业也非常重视员工的教育培训工作，并逐年增加培训投入，还会选派优秀的员工参加大学教育，进一步提升员工的科学素养（王立宾、肖少华，2016；柳一桥，2017）。

4. 充足的教育资金。

美国财政对农民教育培训具有很强的保障作用，由联邦、州、地方共同承担教育经费。美国为教育培训设有专门的开支预算，保障长期稳定的财政投入。如，1934～1935 年，美国相继颁布了《乔治—埃雷尔法案》和《班克黑德—琼斯法案》，规定美国联邦政府为各州赠地学院拨款 1400 万美元，并每年增加 100 万美元拨款，后续提高至 500 万美元，主要用于农业研究（万蕾、刘小舟，2014）。近些年，美国仍大力推广新型职业农民的生产技能和经营管理能力培训，并给予大量的资金支持。如 2009～2012 年、2013～2017 年美国政府每年分别划拨 7500 万美元、5000 万美元到各类大学、农业推广中心、社会组织及其他公益性协会，主要用于新型职业农民的职业培训（刘益真，2017）。美国在农民教育方面的资金投入力度较大，已形成政府对农业院校的拨款制度，从经费上保障了教育的发展，实现了农业政策和农民教育的法制化和制度化。

美国通过政府干预来解决二战之后的农村剩余劳动力转移问题。一方面，政府支持新建工程、兴办企业等方式来吸引农村剩余劳动力就业；另一方面，为了提高农村劳动力的素质，帮助其适应工业化发展，助推其向非农业部门转移，美国政府每年为农业教育提供大量经费，并呈现逐年递增趋势。可见，美国在教育投资方面的增长速度十分明显，这也推动了农村剩余劳动力的职业技能大幅度提升。

多渠道的资金来源。美国财政和社会资助为农民教育提供了充足的经费保障，并通过专门的法律法规对职业农民进行政策扶持和经费支持，有效地保障了职业农民的技能技术培育工作（杨妍玮，2016）。2017 年美国农业部的研究经费分配比例显示，农业科学院和食品与农业研究院占用经费的比例较高，分别达到了 43% 和 48%，美国通过科学研发在保证国家粮食安全、推动农业发展、提高农民教育水平、改善农村环境方面发挥了巨大作用。经相关测算，美国农业教育每投资 1 美元可以获得 4.3 美元的回报（杨柳、杨帆、蒙生儒，

2015)。在农业教育上的大量资金投入是美国能在短时间内成为全球农业第一大国的直接原因，并且农业现代化的发展也助推了美国经济发展。

美国在短期内建立了高效、完善、系统性的职业农民培训体系，取决于政府对农民职业教育的高度重视，核心环节是提高农民职业素养和职业农民运营体系的结构性优化。以优惠政策为引导，为职业农民提供社会保障，并不断优化改进管理模式，确保资金持续供给。通过一系列的政策行为和保障制度为新型职业农民的培训教育提供了坚实基础，加快了农业现代化进程，推动了经济社会发展。

（三）德国

德国是世界上职业教育发展最为成功的国家之一。随着现代工业化和经济社会发展，德国社会对工业和服务业的从业人员需求不断增加，并逐渐开展徒工的职业技能培训和技术学习。德国通过培养新型农业从业人员，提高就业人员的职业技术能力，为现代化农业发展提供后备力量，从而更为广泛地推广和传播农业的实用新技术。

1. 健全的法律体系和制度保障。

德国制定了与职业教育相关的制度和法律，为职业教育发展提供了制度保障。德国没有严格区分农民工和城市居民，并制定了相关法律法规来保障农民工的基本权利。19 世纪，德国工业化发展带动了大量的农民进入城市，而经济危机爆发后，很多城市工人和农民工面临失业问题，由此，德国颁布了《穷人权利法规》来帮助贫困群体（李正，2014）。随后，通过颁布《疾病保险法》来保障劳动者的保险金，并规定月收入低于 610 马克的工人，由雇主承担其医疗保险费。为促进就业，1903 年德国政府为帮助失业工人寻找工作，建立职业介绍所，显著降低了失业率，保证了工人的经济收入来源。1969 年德国《职业教育法》颁布，明确了农业职业教育的地位、培训内容、资金投入等内容，规定了参与职业教育培训的相关机构、个人、组织的责任和义务，形成了正规的职业教育体系（尉淑敏、王继平，2021）。

德国通过严格的立法有效保证了职业教育的质量，建立了"双元制"的农村教育体制，推行实施职业资格证书制度的教育模式，同时也标志着现代职业资格证书制度的确立。德国之后又相继颁布了《企业基本法》《培训员资格条例》《青年劳动保护法》《职业教育促进法》《手工业条例》《实训教师资格条例》等，这些法律明确了相关条例和实施办法，规定了德国职业教育培训的性质、相关部门的权利和义务、考核机制等内容，通过法律约束职业教育行为，进一步推动了德国职业教育的发展。

德国给予农民有力的社会保障支持，是世界上最早确立农民养老保险的国家。1957年，德国颁布《农民老年救济法》，为90%的农业从业者提供了农业养老保险（聂建亮、董子越、吴玉锋，2021）。健全的养老保险制度消除了农民的后顾之忧，此外，政府还通过提供税收支持，极大地调动了农民的积极性和创造性。

2. 严格的教育培训制度。

德国的"双元制"职业教育是一种以企业培训为主的国家立法支持、学校教育与企业培训相结合的培养高素质技能人才的教育模式。一方面，职业学校传授与就业所需的专业技能知识；另一方面，通过企业或公共事业单位等校外实训获得专业职业技能知识。总体来说，理论与实践相结合的培训模式有效提升了受训者的综合技能。

中世纪德国开始实行学徒制度，开展职业技能培训，相应地举办职业技能考试，并为考试合格者颁发技能证书。德国规定，农民必须经过3年以上的培训才能参加实践技能考试，对参加培训的失业者还会给予资金补贴，但农民只有获得农业资格证书后才可享受国家优惠。整体来看，德国职业培训制度的实施有效调动了农民参加职业技能培训的积极性，从而促进了经济发展。

德国的从业资格证书认定十分严格，规范的培训制度和充足的实践学习有效保证了农业从业者的质量。其中，资格证书分为5个等级，最低级为学徒工，最高级为工程师证，且必须按照要求不断参加职业教育培训，才能获得更高一级的职业资格（杨瞻菲，2016）。此外，德国在实施培训的过程中不仅充分发挥各类院校、农业技术培训中心的作用，还充分利用各种家庭农场、合作场地等场所，以满足学员在实践中进行学习。学员接受培训的时间短则1~2周，长则3年，毕业后被授予"绿色证书"的学员具备经营农业的资格，可享受国家优惠贷款和支持（李月，2020）。

德国积极构建完善的职业教育培训体系，推行政企与学校配合、理论与实践相结合的培训模式。其中，政府成立相关协会审查职业培训的资质条件，农业职业学校和专科学校负责开展农民的教育培训，企业承担教育培训过程中的大部分费用支出。学校、企业和政府之间既相互合作，又明确各自的责任，以此提高受训者的技术技能水平。

德国的职业教育培训质量较高，这源于德国政府对中小企业职工教育培训的大力支持。在政府资金支持下，各地政府和中小企业联合培养职工，不断对职工进行知识更新和行业培训。政府推动中小企业与大型企业合作开展员工交流与培训学习，这种方式极大促进了中小企业的创新发展。同时，德国政府要求企业提取部分资金用于职工的培训和教育，要求职工就业必须取得职业技能认证。

3. 完备的教育管理机构。

德国有多个部门参与职业教育管理，分别有联办政府科技教育部、州政府、劳工局、行业协会，不同的机构和部门参与不同阶段的管理。其中，政府扮演宏观管理角色，企业和学校是进行教育培训的主体，企业负责实践教学，学校负责理论组织教学，整体上形成以政府为主导，学校、行业、生产组织的三重责任制，各部门有序履行自己的职责，共同推动德国职业教育发展。除此之外，德国鼓励民间组织开展教育培训活动，如"德国农业青年协会"，目前德国已经有几万个政府批准的私人农业培训企业，这些组织可以接受青年农民参加继续教育培训，也进一步拓宽了农民职业教育渠道。

4. 充分的教育培训经费支持。

德国为农民教育培训提供了有力保障，将农民教育培训费纳入年度财政预算。一方面，根据学校和培训机构制定的培训计划进行拨款。例如，每年政府向巴特伊药纳赫农业职业技术学校提供1000万欧元的经费支持。德国莱法州政府每年向农业学校与实习基地投入达8000万欧元，以维持学校教职工及学员在学校学习和实习的正常开支（谷莘、杨世彦，2009）。另一方面，德国政府对农民教育给予大力支持。其中，德国农民教育投资占国家教育投资的比重达到15.3%，培训经费由企业和政府共同承担，企业与政府的投入比例为1∶3，经费主要用于教育培训支出及对受训者的资助（栗雪锋，2019）。

各级政府组织农民进行职业培训并承担相应费用。政府成立专门的基金会负责管理教育培训资金，采取以政府、企业及个人集资的方式来筹集农民工教育培训经费。此外，为促进企业开展职业教育，政府给予企业税收支持，将农民培训费计入生产成本，对企业出售的商品进行减税作为补贴。同时，农民参加培训可免交杂费并获得补贴，通过经济手段的支持，有效调动了企业和农民参与培训的积极性。德国各级政府为农民提供财政补贴，这项财政支持不仅帮助农民改善生活，更能帮助其参与职业教育，提高职业技能水平。

（四）日本

相比于英国和美国而言，日本是发达国家中启动城市化较晚的国家，19世纪80年代日本开始启动工业化，且较快地完成了农村剩余劳动力转移，这在很大程度上与职业教育发展息息相关。日本职业教育学家认真研究职业教育理论，并大力宣传职业教育的意义，借鉴欧美职业教育的先进经验，结合本国特色，制定符合日本经济发展的职业教育体系。日本教育体系具有开放性，且随着经济发展和社会需求不断地做出调整，制定符合发展方向的培养计划，不断进行改革和完善，以保证向社会提供需要的人才。

1. 健全的政策和法律体系。

日本政府在农村劳动力转移过程中发挥了巨大作用，制定一系列相关政策以保障农村剩余劳动力的稳定转移。在土地政策方面，1952年日本制定《土地法》，并在之后进行三次修订，有效促进了农业发展，扩大了农户经营规模，为农村剩余劳动力转移提供了有利条件（方印、陶文娟，2017）。为了保证农业人员的就业和生活的稳定，1961年颁布《农业基本法》，鼓励农户"脱农"，推动小农户就业转移（韩朝华，2021）。规定采取必要的政策措施支持教育、职业训练和职业介绍等行业发展，同时，振兴农村地方工业，帮助农户向非农业转移。同年颁布了《农业现代化资金筹集法》，为促进农业现代化提供资金支持，同时推动劳动密集型产业发展，吸纳更多的劳动力就业。

日本在推动劳动力转移过程中十分重视教育发展。无论是日本政府、教育界还是普通农民都把职业教育视为兴国之本，这种理念也是推动日本职业教育发展的直接原因。一是，支持基础教育，打好农村劳动力的素质基础。日本从明治时代就制定相关法令，相继颁布了《学制》《农学校通则》《实业教育费国库补助法》等，大力发展农业教育，推动普及义务教育。推进《基本教育法》和《学校教育法》有效实施，并规定义务教育从6年延长至9年，进一步优化了教育事业，并为农村劳动力的技能培训奠定了良好的素质基础，为今后开展职业教育培训提供支持。二是，高度重视职业教育发展，推进职业技术教育制度化。通过颁布《社会教育法》《青年振兴法》等，政府资助农民参加教育培训，推动利用如图书馆、博物馆等社会资源帮助农民进行教育，有力地促进了日本农村职业技术教育正规化、制度化。三是，持续加大公共教育投资，提高农村人力资本水平。诸如，1965～1973 年，日本对公共教育的投资不断增加，甚至超过了同期的经济增长速度，对教育的高度重视使日本农业劳动力的素质得到了大幅度提升，为农村剩余劳动力向非农业产业转移就业提供了有利条件。另外，推动实施《三岛町振兴计划》，通过积极开发町民的想象力，弘扬和发展传统文化，并运用到现代生活中，充分调动了村民的积极性，不仅弘扬了乡村文化，还提升了职业技能水平，激发了农村人力资源潜力。除此之外，日本先后颁布了《农业改良助长法》《农业基本法》《社会教育法》等以保障和提高农民教育培训。

2. 系统的教育培训体系。

日本的教育培训体系以推进农业现代化为目标，由政府统筹规划，构建了从国家到地方的具有层次性、结构性的教育培训体系，形成了从技能型到农业专家不同层次人才培养的农业教育综合开发模式。教育系统是农民教育培训的主体，农业主管部门及其他相关部门进行分工协作，农业改良普及事业系统以及农协等部门则进行配合（刘改改，2020），开展的教育培训不仅具有针对性、前瞻性、实用性，还能满足农民的不同需求。

日本构建系统的教育培训体系，全方位提升农民的专业技能。一是，积极学习并借鉴国外先进农业生产经验和管理方法。通过学习国外的农业政策、农业经营管理、农产品销售以及农、牧、渔的生产技术、农产品储藏加工技术等知识，以提高农民的专业技能。在国内外留学制度方面，政府资助务农青年到欧美农业先进的国家进行学习，帮助务农青年掌握丰富的知识和科学管理方法。二是，强化农业技术普及教育。为提升农业技能水平，专门设立农业改良和普及中心，对农业技术知识进行普及教育。此外，日本定期针对高中学生群体开展农业讲座，体验农场农业经营活动，还通过举办农民夜校、农民补习学校、农民培训班等对农家子女进行各种专门的教育和培训。三是，开展多元化的农民教育。在农业教育普及的基础上，日本农协还为农户提供营农指导、购销服务、信贷服务等，同时，重视农业技术研发，并结合日本国情和实际问题，不断进行科学探索和深入研究，为农业和农村经济发展注入力量。

日本除了对农民进行系统的技能知识教育外，还向农民进行文化科技教育和健康问题指导。不仅丰富了教学内容，还能帮助农民了解更多的知识，拓展知识视野。日本还注重对农民进行终身教育，对已具备大学水平的农民进行继续教育，进一步提升该群体的知识技能水平。除此之外，日本政府还针对农家妇女群体开展各种专门教育和技能培训。

3. 完善的教育管理机制。

日本农业培训主要以国家为主体，农业相关部门分工合作共同开展。日本将多方力量联合起来形成综合社区组织，为稳定发展基础教育及高效率、针对性地开展农村劳动力教育活动提供保障。此外，日本职业教育在全国范围内具有极大的影响力。日本约有99%的农民会加入农协，拥有农业改良普及所611个，普及员1.2万多人，农村青年俱乐部4000多个，这对提高农民文化科技素质、活跃农村生活等方面起到了积极作用（蒋小东，2020）。

4. 充分的资金支持和制度保障。

日本政府在财政方面大力支持农业与农村的各项事业发展，给予农业教育大量的资金支持，保证农民培训有效进行。日本在二战后对农业实行直接投资和长期低息贷款政策，特别是在农业教育方面投入了大量的人力与物力。

日本职业培训经费由国家、地方和企业三方共同承担，国家办的学校由国家承担50%的经费，企业办的学校由国家、地方和企业各承担1/3。同时，日本对农民免费参加教育培训提供法律保护，如《粮食、农业、农村基本法》中明确规定在特定管辖区内农业职业学校实行免费教育，并定期进行免费农业技术培训和指导。

日本政府和各界人士重视青年农民的教育问题，全国共建立了53个县立营农大学校。办学经费由国家负担2/3，县里负担1/3（李慧静，2015）。日本为农村提供了十分完备的生产服务，从根本上激发农民参与农村建设，并鼓励农民参与决策和政府举办的培训活动。在农民接受培训和市民化过程中，给予了非常完备的制度保障。

（五）法国

法国是欧洲传统的农业生产大国，法国职业教育在世界上一直处于领先地位，其完备的教育体系提升了农民职业技能水平，也推动了农民职业教育的发展。

1. 完备的教育培训体系。

法国办学形式多样化，形成了完备的农民教育体系。自1860年开启自由贸易后，法国对劳动力的需求发生了改变，要求劳动力要具备精湛的职业技能水平，职业技术培训得到不断发展，很大程度上影响了法国的工业化进程（吕俊丽，2015）。一是，成立国立艺术与职业学院，支持职业教育发展。"一战"前的法国已有69所职业学校，同时工业化的快速发展也推动着法国职业教育体系的形成。二是，确立完备的农业教育培训体系。颁布《农业教育指导法案》，重点培养农业技术人才。三是，法国农业教育十分重视青年就业问题。农业教育培训的目标不只限于满足当前的技能培养，还着眼于未来的职业发展需求。四是，农民教育培训体系完备。法国的教育培训涵盖了初、中、高三级，教育层次实现有效衔接，且不同等级培养的任务不同，基本上满足了不同层次人员的需要。该体系主要包括中等农业职业技术教育、高等农业教育、职业培训和成人教育等，教育培训较为全面，且针对每一部分的教育培训细分不同的类型，比如，高等农业教育就包括2年的高等技术教育、4~5年的工程师教育以及6~8年的硕士、博士研究生教育三类，形式不限，给接受培训的法国农民提供了更多的选择空间（杨琴、吴兆明，2020）。

2. 多样化的实践技能培养。

法国农民教育相关的办学机制较为灵活，通过多主体方式培训农民实践技能。第一，法国的农民教育培训由国家和私人共同办学。灵活的培训形式可以满足农民在工作之余参与教育培训，还通过田间现场培训和农户指导等方式提升专业知识技能。另外，法国还充分调动各种社会力量参与办学，增加参与培训的积极性。第二，推进教学改革，注重实践技能培养。法国拥有科学的教育理念，不断优化教学方式，结合实际需求推进农业教育改革和调整，专业划分不断细化。第三，法国农民培训范围很广，特别强调实践的重要性。在开展农民职业教育过程中，通过定期组织农民到企业实习和参加实际生产劳动，以增强实践技能水平。另外，农民教育内容还涉及农业、土地、环境保护、管理等方面的专业知识教育培训，以拓宽农民的知识面和提高综合素质。

3. 严格的管理制度。

法国对培训的要求十分严格，对于不同的教育培训制定不同的规则，以保证培训质量。一方面，给予农民教育较为宽松的政策，农民在接受短期的高等技术教育后会被授予农业高级技术员证书，而对于工程师教育而言，则要求学员必须经过预备学习，再进行专业学习方可获得工程师文凭。另一方面，为保证农业教育发展，强化培训技能，法国要求从事农业经营必须具备相应的资格证书。其中，要求18岁以上的农民必须参加一年的农业技能培训，18岁以下的农民除了接受 3 个月的农业技能培训，还要接受在农场或企业实习 3 年，考核合格后才能获得"绿色"教育证书，凭证书才能获得相关政府资助（郭珊玲、吴锦程，2014）。

在法国，农业部门是农民教育唯一的主管部门，主要负责农民教育培训的资金投入、教学工作、师资建设等方面。此外，还设置专门的研究机构，促进农业教育的发展以保证就业需求。1995 年，法国农业部专门成立科学委员会，与高校签订合作协议，推动地方教学与科研机构共建交流网络，保证培训方向与时俱进，实现农业教育与国际先进水平保持一致。另外，法国专门成立三所农业师范学院，为农业教育提供高水平师资。

4. 健全的社会保障。

法国的相关社会保障是全国联网的，公民可在全国范围内享受社会福利，为公民提供了极大的便利。由于社会保障制度没有地区限制，减少了不必要的管理费用，农民也不会受到地位歧视和社会福利限制，其子女入学只需将学籍资料转移到新地区即可，从而进一步促进了农村剩余劳动力的工作转移。

在法国，农村劳动力培训的费用主要以政府投入为主，除了政府提供资金支持，还有部分资金来源于农业发展协会的税收，大部分农民接受教育培训都是免费的，有力地支持了农村劳动力培训。法国农业技术学校和私立农民教育学校中校长和教师的工资大部分由农业部提供。如 2017 年法国农业部的财政预算有 30% 用在了教育上，1975~2015 年学习农业的学生增长了近 70%（林少芸，2020）。此外，法国还十分注重青年农民的培训问题，针对不同年龄层和不同学历的青年农民进行相应的义务培训，对有一定基础和条件的农民提供资金支持，强化宣传教育，培养一批有知识、有技能、会管理的高素质新农民。

二、发展中国家

（一）印度

印度人口众多，整体受教育程度不高。在高等教育领域，印度受过高等教育的人口比例为 8%。相比之下，日本高达 50%，而美国达 31%。尤其是农村劳动力，即使接受过教育，但仍缺乏劳动技能，导致从事农业部门工作的劳动力供过于求，而非农业部门则面临缺乏劳动力的窘境。农业劳动力过剩导致大量农民向城市转移，而缺乏劳动技能的农村剩余劳动力大量涌入城市又造成严重的社会问题。整体来看，印度农村劳动力转移进程较为缓慢，但在提升农民教育水平方面仍做出了巨大努力，也取得了一定的成果。

1. 完备的职业教育培训体系。

印度的农业教育和推广的管理体系层次清晰，各个农业大学均设有农业推广机构，还有专门的农业推广管理国家协会负责对推广人员进行培训。印度中央政府主要负责全国农业教育和农业推广的协调和制度指导，各邦负责具体的教育培训和推广工作。印度农业部下设多个部门，分别负责不同的工作，比如负责农业推广和计划制定的推广处，推广处下设的推广办公室主要负责推广管理、培训和农业信息等工作。各部门分工合作，其中，科研教育局及下属研究机构、大学等负责农业推广和教育培训工作，而农业科学中心担任桥梁作用，将科研、教育、推广很好地链接在一起，清晰的组织特征有效发挥各个机构的作用，开展农民职业教育培训工作。

印度高等农业教育以政府为主导，遵循印度农业研究委员会（ICAR）提出重视并解决农业和农村问题的发展理念，形成农业科研、教育、推广三位一体的教育培训模式，开展相关教育培训（赵宗峰、赵邦宏、王丽丽，2015）。政府和相关农业专家共同参与农民教育培训的管理，通过法律的形式明确责任。目前，ICAR 设有 48 个国家级农业研究所、30 个国家级研究中心、10 个科研项目指导委员会，这些研究所和机构主要目的是为农业和农村服务，培养专业化的技能人才，解决农村的社会经济问题。

印度教育模式具有多样性。其中，最具代表性的为农业技术管理局模式（ATMA）。该模式主要针对地区特点制定相应的农业指导和推广方案，向农民培训新技术。农业推广培训是通过县级农业科学中心的教育科学模式进行科研、推广与培训。此外，通过农田的现场教学为农民提供实习场地和技术服务也是十分典型的农民教育模式。

印度十分重视职业农民的基础教育，开展职业农民教育培训的对象具有明显的青年化特征。农村基础教育阶段开始实施农业科技教育，重点针对农村的青年群体开展职业教育，同时，在中等职业教育阶段开设职业教育及培训的课程。在师资特征方面，印度农业院校教师除教学工作外，还从事科学研究和推广工作，这也进一步提升了教师的研究能力和实践技能水平。

2. 多形式的教育培训措施。

印度制定了相关教育、就业、培训相结合的专项计划和一系列培训措施。第一，针对农村青年群体出台专项培养计划。为扩大农村 18~35 岁的青年知识分子就业范围，印度推行并实施"青年自谋职业计划"。该项计划是专项计划中成就最大的，主要政府通过教育机构、企业、技术专家等对农村失业青年进行教育培训。此外，政府联合企业和研究机构对青少年开展技术培训，增加青少年就业渠道。第二，政府对教育的高度重视和支持。印度政府在每个县都设置培训学校，并向学员提供助学金，另外，邦属大学的校长也由邦长直接兼任。第三，高度重视生产实践教育教学。印度的农业教育与生产实际紧密结合，为提升工人的技能水平，1941 年开设农业学校，开始实施农业职业教育，其中课程的一半用于学习生产实践。根据不同季节开设相应的农业实践课，具有显著的针对性和实效性。

为解决农村劳动力受教育程度低、劳动技能匮乏、非农业部分缺乏劳动力等问题，1967 年印度推出"农民功能性扫盲计划"，通过广播的形式解决农民文盲问题，向农民传授农业生产知识，提高农业生产水平。1978 年全国推行"全国成人教育推进计划"，通过远程教育培训的形式提高农民的劳动技能和现代化水平。印度在远程教育方面做了很大的努力，2004 年发射了世界上首颗教育专用卫星，将教育电视网络覆盖至全国，让每个农民通过远程教育都能获得培训服务。近 20 年来，印度的远程教育在农民扫盲、摆脱贫困、促进农村经济和文化的发展中发挥了重要作用（刘春香、李一涛，2010）。

3. 高度的职业教育保障。

印度十分重视农业教育，1923 年各地方中小学均已开设包括理论和实践的农业选修课程。在绿色革命开始阶段，北方邦的大多数中学开设了农业、土木、纺织等工农业课程。高中阶段，则增加了职业教育和工作经验课程，并将农业课程优先列入计划。在"绿色革命"期间，印度政府对农业教育的投入力度不断增加，农业职业教育得到了快速发展，农业大学从 1966 年的 6 所增加到 1984 年的 23 所，财政拨款也从"三五"计划期间的 1200 万卢比上升到"五五"计划期间的 4.7 亿卢比，机构和经费分别增长了 2.8 倍和 33.8 倍，由此可以看出，印度政府对农业教育的高度重视（潘鸿、刘志强，2010）。此外，在全国农村建立示范点，主要向农民展示职业教育培训中取得的新技术成果。

印度出台覆盖农民工群体的社会保障制度，这项制度在发展中国家属于较为完备的，同时考虑到了农民工各方面的保障。在金砖国家中，印度对教育培训的支持力度最大，为保证农民工的培训质量，印度非常重视农业的科学发展，对农业科研、农民教育培训和农业科技的推广均实行全额拨款。1979年颁布《邦之间流动农民工法案》，规定了各邦之间流动农民工的最低工资标准，并规定雇主需要保障农民工及其家人的生活，包括交通补助和医疗费用（李正，2014）。

（二）巴西

巴西经过50多年的发展，从落后的农业国发展成为新兴的工业化国家，巴西城镇化率已经和欧美发达国家一致。但巴西城镇化发展速度过快，大量农村劳动力盲目流入城市，而城市无法为这些劳动力提供就业，导致很多人成为"游民"，增加了社会风险。但是，巴西十分重视农民素质的培养，通过政策扶持和教育培训，巴西农业得到快速提升。

1. 拥有完备的农业科研体系。

巴西十分重视科技创新，全国共有40个研究中心，目的是解决农业生产过程中的技术问题和社会问题，为实现农业现代化和可持续发展奠定基础（岳德荣等，2008）。一是，重视农业技术发展和推广，构建农业科研体系。为推动农村社会发展，20世纪90年代巴西成立了农业职业教育服务机构，开展农村职业培训，推广和发展现代农业技术，协助管理相关农村职业发展计划和项目。同时，由农业院校、农业科研公司和研究所等共同构建农业科研体系，培养掌握科研技术的农业人才。事实证明，巴西的农业职业教育服务机构和农业技术联合体有效提高了农业生产率。二是，推行青年农民和员工培训计划，形成农业科研推广体系。1995年，巴西实施了以1970年的雇员税为基础的"员工继续培训计划"，将资金分配到工会组织、非政府组织、私人企业和政府机关，为企业培养众多优秀的青年农民和员工（刘志民、吴冰，2013）。另外，随着巴西农业科研的不断发展和推广，如今全国已经有118个研究中心和1800多个农业科研站，已形成了具有特色的农业科研推广体系。

2. 多主体参与的教育培训体系。

巴西的农民技能培训是由政府主导，职业教育体系主要由私人部门提供，形成了科研、教育、推广三位一体的教育培训体系。巴西主要通过政策引导来提升农民的受教育水平，提高农业生产率。1991年巴西政府成立国家农业职业教育服务机构，由多个部门共同组成管理委员会，主要为了促进农村地区的农民职业教育培训和社会进步，提升农民的技术能力，改善国民生活品质（刘志民、吴冰，2013）。综合来看，教育培训方面呈现出明显的多主体特征，有效地将农业高效的科研、教育、培训融合并发挥各自作用。一方面，巴西政府根据本国的经济水平和发展条件，整合各类教育资源，推动教育机构、企业组织、科研机构等共同加入农民培训的组织中，参与农民的教育培训工作；另一方面，巴西设立了专门的农业职业教育机构，实行技术工人认证制度，为促进农村的社会进步、职业教育发展以及培养一大批技术工人发挥了重要作用。

3. 健全的制度保障支持。

巴西政府高度重视农业发展，在不同阶段制定了不同的政策支持农业发展和农民的技能水平提升。第一，在促进农业发展的制度保障方面，出台一系列农业支持计划和补贴政策。为鼓励农民的积极性和提高农业生产效率，1965～1985年，巴西主要通过农业补贴给予支持；1985～1995年，从农业补贴转向以农产品价格支持政策；1995年以后，出台了产品售空计划（PEP）和期权合约补贴的价格支持政策。此外，巴西每年60%的投资用于改善农业基础设施（赵宗峰、赵邦宏、王丽丽，2015）。第二，在加快提升农民技能水平方面，巴西实行免费的基础教育，重视师资综合素质的提升。为了保证基础教育，《全国教育方针与基本法》规定实行强制性、免费的基础教育，政府承担0～6岁儿童的教育费用，给予特殊群体专门教育服务，并为贫困家庭给予资助和奖学金（王建梁、武炎吉，2020）；设立基础教育发展与教师专业发展基金，确保基础教育的顺利进行，将州和政府收入的15%设立专门账户，用于基础教育支出；推行教师素质提升计划，鼓励贫困地区教师在假期参加免费素质培训。总体来看，巴西通过出台一系列相关政策支持教育发展，有效提高了基础教育水平，缩短了贫困和富裕家庭接受基础教育的差距（李逸波等，2015）。

第二节
国际经验借鉴与启示

新型城镇化进程中，农民工市民化是农村剩余劳动力转移的重要途径，而农民工接受职业教育并获得职业技能是农民工市民化的必要手段，是助推农村剩余劳动力在城市获得稳定生活的有力保障。通过对国外农民工市民化教育模式的梳理和比较，理清城镇化进程中发达国家和发展中国家的农民工市民化教育发展规律及职业教育模式，有效借鉴先进经验，为我国新型城镇化建设及新生代农民工市民化职业教育提供参考。

一、加强政府制度建设是根本

我国一直将"三农"工作放在首位，但针对农民工培训的相关制度建设和立法程序还应进一步加快和完善，应有效发挥职业教育推进新生代农民工市民化进程的重要作用。因此，政府应发挥主导作用，提升对新生代农民工市民化职业教育的重视程度，完善教育培训相关的法律制度，推进新生代农民工教育培训工作更加细致化并纳入立法体系，保障新生代农民工教育培训的权利和社会地位。

根据国外对农民工职业教育培训经验，城镇化进程中必然产生大量农村剩余劳动力流入城镇的现象，而完善的制度保障和立法体系是维护农民工就业培训的保证，更有助于推进市民化进程。无论是美国、英国和德国等发达国家，还是印度等发展中国家，均设立了明确的农民工社会制度保障，强调制度保障在教育培训中的重要作用，确保农民工在城市享有一定的权利和地位。与之相比，我国目前仍缺少针对农民工职业教育的相关法律规定，也未完全构建与职业教育配套的制度体系。因此，在我国新型城镇化建设中，有必要构建更加完备的新生代农民工市民化职业教育制度体系，制定专门的新生代农民工教育培训法，重点解决新生代农民工市民化教育的目标制定、培训内容、资金运作、运营管理等一系列问题，以保证新型城镇化高质量发展，推进我国新生代农民工职业教育的持续健康发展。

二、健全教育培训体系是关键

教育培训体系的建立是农民工职业教育的重要组成部分，是实现新生代农民工市民化职业教育目标的关键。纵观国外成功的农民教育发展过程，各个国家已经形成了符合自身国家经济发展的农业教育体系。其中，英国农民培训的特点是充分发挥高校、企业和机构的作用，将农民职业培训和正规教育相结合；美国为农民提供更加多元化的教育模式，并利用信息化技术拓宽农民培训渠道；日本在培训内容上紧密结合新知识、新技术，多方面不断更新的知识培养和提升了农民适应社会需求的能力。因此，结合我国新生代农民工市民化的现实需求，借鉴国外成功经验，应积极建立健全新生代农民工职业教育培训体系。

目前，我国新生代农民工群体普遍具有新思想、新目标，构建教育培训体系要符合新生代农民工群体的需求特征，并提供更多的模式选择。具体来看，第一，教育培训内容必须符合经济发展方向和社会需求特征，符合新生代农民工的思想特征；第二，设置多元化的课程培训体系，不断丰富课程内容，为新生代农民工提供更多的选择空间，拓宽知识视野，提升该群体的综合技能水平；第三，资格认证是检验新生代农民工职业技术水平的有效途径。大多数国外发达国家十分重视职业资格认证，对资格鉴定具有严格的标准，严格的职业资格认定标准不仅可以保证受训者的培训质量，还能提升职业培训效率。因此，我国也有必要建立规范的新生代农民工职业资格认定标准，要求新生代农民工学员通过培训获得理论知识，还要通过实践获得技术认定，为社会输送优秀的从业人员，从而有助于新生代农民工市民化进程的有序推进。

三、强化培训管理机制是重点

新生代农民工职业教育培训是一项复杂工程，必须确保培训效率和培训质量。对教育培训机构、培训单位、组织等团体进行规范管理，保证职业培训目标实现，有助于新生代农民工市民化进程的有序推进，提升新生代农民工职业教育培训质量和效率。

发达国家普遍设有专门的教育培训管理机构以维护农民工教育培训工作，涉及农民工教育的各个方面，已形成一套较为完备的组织体系。诸如，日本农民工培训以政府为主导，各部门共同协作，并吸引社会力量参与农民培训；美国将农民教育培训推广到联邦、州、县，各层次设置专门培训机构，营造了良好的教育培训氛围；德国同样有多个部门参与教育培训，各组织分工明确，确保培训工作有序进行。因此，为保证新生代农民工市民化职业教育培训效率和质量，我国应结合社会发展需求，设立专门的农民工职业教育管理部门，主要承担协调解决教育培训过程中出现的问题，组织开展调研市场需求、制订培训计划、确保资金流向、严格监督管理、定期社会调查等工作，严格执行新生代农民工职业教育培训中的各个环节，定期进行调研、检查、核实，保证教育培训工作的顺利进行，并有助于提升新生代农民工就业质量，促使其更快融入城市。

四、多方位资金支持是必要条件

新生代农民工教育培训需要大量的资金投入，提高全社会新生代农民工的职业技能和综合素养是整个社会的责任。在经济学领域，农民工教育培训属于准公共物品的范畴。因此，农民工教育培训的财政不仅来自政府，还需要社会资源的共同参与。从国外农民教育培训的发展特征来看，无论是发达国家还是发展中国家，都十分注重多渠道的资金筹备，呼吁全社会参与农民教育培训工作。特别是发达国家，政府作为资金投入主体，政府的资金援助是农民工教育培训的主要来源，同时呼吁社会各界相关组织、企业、私人等多方向筹集资金。

结合我国经济社会发展实际以及新生代农民工市民化的现实考量，应积极推进新生代农民工教育培训资金投入制度化。一方面，通过政府资金扶持鼓励新生代农民工参与职业技能培训，并确保新生代农民工职业教育的资金投入到位；另一方面，构建政府、企业、组织等多主体参与新生代农民工教育培训机制，通过优惠政策吸引企业为新生代农民工提供教育投资，建立社会共同参与的多元化投入机制。

综上所述，从国外农民职业教育发展来看，对农民工教育培训的投资会获得更多的回报，因此，教育培训投资可以看作一项高回报率的工作，不仅会对受训者个人带来巨大收益，更有利于国家长期经济社会发展水平的提升。因此，在我国新型城镇化进程中，应顺应时代变革，并充分借鉴国外农民市民化教育的先进经验。整体来看，我国新生代农民工市民化能力相对较弱，且绝大部分城市的市民化成本较高，因此，提升职业转换能力是加快新生代农民工市民化的重要路径，应积极构建基于新型城镇化的以新生代农民工为主体的多层次、差异化的现代职业教育培训模式，提供更多可供选择的职业技能培训菜单，建立新生代农民工市民化职业教育的社会支持体系和保障机制。

第六章

基于新型城镇化的多层次、差异化的新生代农民工市民化职业教育模式构建

在比较和借鉴国际经验的基础上，本章结合新型城镇化对新生代农民工市民化职业教育的现实需求以及新生代农民工市民化城市融入调查的实证结果，尝试构建基于新型城镇化的多层次、差异化的新生代农民工市民化职业教育模式。

第一节
新型城镇化建设中新生代农民工职业教育存在的问题

新型城镇化建设不仅要实现人口地理区位的转移，更要满足新生代农民工在城市拥有稳定的生活，保障新生代农民工在城市就业市场具有竞争力，具备就业技能。职业教育作为新生代农民工教育培训的重要内容，通过对新生代农民工开展继续教育和技能培训，对于提升人力资本水平，促进新生代农民工稳定就业具有重要的意义。因此，应准确认识新生代农民工教育培训过程中存在的问题，有助于制定相关政策，提升新生代农民工职业教育水平。

一、新生代农民工职业教育个人成本较高

新生代农民工职业教育个人成本指新生代农民工为实现自身市民化，通过

教育培训获得职业技能而支付的费用，应由政府、企业以及农民工自身共同分担，但由于政府财力有限、企业积极性不高等因素，使得新生代农民工个人需要承担较高的职业教育成本。

（1）从政府角度看，其政策积极，但财政支出中尚未将新生代农民工培训经费作为一项常项工作，政府对企业开展新生代农民工职业培训补贴标准总体偏低。虽然近年来政府不断提高对农民工教育培训的财政投入，但新生代农民工占农民工比例逐年增加，且新生代农民工群体参与职业培训的愿望更加强烈，财政支持的增加仍无法满足与日俱增的新生代农民工的培训需求，政府投入经费依然不足。调查显示，若农民工希望拥有一技之长以达到稳定化就业，至少需要 3 个月的教育培训周期，平均费用为 800 ~ 1200 元，以厦门市为例，大部分农民工的补贴水平在 500 元左右①，远低于职教经费的下限，补贴标准明显偏低。此外，政府缺乏对农民工教育培训机构的扶持和激励，还未完全建立新生代农民工职业教育的多元化投入机制。政府的财政经费投入力度有限，而商业资本一般不会涉足农民工职业教育培训领域。尤其是一些经济欠发达的地区，对新生代农民工的职业培训重视度不高，同时，因为财政本身就很困难，新生代农民工的教育培训经费难以保障，这在很大程度上导致了新生代农民工职业教育个人成本偏高的问题。

（2）从企业角度看，企业缺乏参与农民工职业教育培训的积极性和主动性。原因主要有三点：其一，大多数企业以盈利为目的，追求短期可见利益，忽视农民工素质提升带来的间接利益。其二，企业培训农民工增加的运营成本较高，部分企业无力承担新生代农民工职业培训费用。随着原材料、能源、劳动力等成本的上升，企业利润空间被大幅压缩，特别是对于一些中小企业来说，更难以承担这一成本支出。其三，企业对农民工职业培训的资金投入有较大风险。农民工与企业正式员工相比，缺乏长期稳定的合约关系，时常会因为季节性农业生产、子女上学等因素返乡，以及农民工的频繁跳槽使得企业对其进行教育培训的投资容易发生收益外溢的现象。因此，企业会最大限度地降低对农民工群体的培训投入。

（3）从农民工自身角度看，新生代农民工对于教育培训的费用缺乏支付

---

① 资料来源：《厦门市人力资源和社会保障局关于做好职业培训和技能鉴定等补助资金申报工作的通知》。

意愿与支付能力。其中，支付能力又分为经济实力与时间成本。新生代农民工仍缺乏自我投资意识，工资收入整体不高，家庭支出占比较高，且时常被拖欠工资，另外，除去日常消费支出后，可支配的收入已所剩无几。因此，新生代农民工用于教育培训的支出非常有限，且农民工每日工作时间长，没有充足的时间参加职业教育培训。以上因素均会影响新生代农民工参加教育培训的积极性。

总体而言，我国的新生代农民工群体职业教育培训机制仍不健全，培训经费投入仍显不足，这也是导致新生代农民工职业教育个人成本较高的重要原因之一。特别是在教育培训成本分担机制中，政府、企业以及个人三个环节的步调仍不一致，自费的比例较高，使得新生代农民工教育培训经费缺乏基本保障。

二、职业培训内容与职业需求不匹配

通过以往农民工职业技能培训特征来看，过去主要通过工作经验来提升能力，培养了大批熟练工。新型城镇化建设必须顺应新时代经济发展的要求，随着产业结构升级，培养拥有不同层次技能水平的劳动力，如今低端劳动力市场的缺口远远低于高端劳动力市场的缺口，简单的师傅带徒弟的学徒方式已经不能满足新生代农民工职业技能的质量需求。一方面，免费的职业培训的内容单一浅薄，几次课程无法满足农民工的教育需求，而培训质量高、技术含量高的培训课程往往需要更高的培训费用，农民工受收入限制没有能力承担。特别对于新生代农民工而言，该群体具备一定的知识基础，并拥有一定的创新动力和积极性，更倾向于理论和实践相结合的互动式培训方式，希望能够通过现场案例教学获得实践技能，开阔视野。然而，目前市场上职业教育培训模式无法开展现场教学，单纯的理论知识无法满足农民工的职业技能需求。另一方面，多数职业教育培训提供的课程、培训内容等与生产实际脱节，不能准确把握市场结构变化设置课程，导致职业技能培训缺少针对性与实用性。同时，培训方式较为单一、不够灵活，多为课堂式教学，并且培训地点离农民工居住地较远，教学时间不匹配，进而导致新生代农民工职业教育培训的效率低下。

三、新生代农民工职业教育主体供给不足

目前来看，政府、企业和社会培训机构是职业教育的供给主体，但是在实践过程中还存在诸多不足。政府层面，为促进新型城镇化建设，加快新生代农民工市民化进程，近年来政府在新生代农民工职业教育培训方面不断做出努力，培养高素质技能型人才。但长期的城乡二元教育体制导致我国教育资源分配失衡，农村基础教育长期滞后，限制了新生代农民工群体的职业教育方向。此外，政府的引导作用发挥较为有限，对职业教育培训的资金投入相对不足，缺乏有效的法制体系保障职业教育的开展。企业层面，缺乏职工培训意识，对新生代农民工群体的职业教育培训积极性不高，为数不多的教育培训多为安全规范方面或围绕企业利益的培训，提升新生代农民工职业技能能力较为有限，也无法满足新生代农民工的长期职业发展。社会培训机构层面，社会整体职业教育意识不强，参与度较低，社会培训机构大多以营利为目的，单一宽泛的教育培训内容无法满足新生代农民工的需求，高质量的培训内容又伴随高额的培训费用，因此，对于新生代农民工而言，在职业教育培训方面存在选择性受限问题，符合新生代农民工群体市民化需求的职业教育主体供给仍显不足。

<hr>

第二节

新生代农民工市民化职业教育模式设计

有效的教育模式是促进新生代农民工职业培训质量提升和融入城市生活的重要途径。但客观上，在国家统筹推进新型城镇化建设的过程中，现行职业培训理念安排与模式供给还不能适应新型城镇化建设的需要，也不能满足新生代农民工对于职业培训的需求。为了有效推进新型城镇化建设，需要在借鉴国外转移劳动力职业培训先进经验的基础上，明确新生代农民工职业教育发展理念与发展原则，设计针对新生代农民工的职业教育培训体系，充分发挥新生代农民工职业教育在市民化与城镇化之间的纽带作用，这也是我国新型城镇化建设在教育领域的一项十分重要的工作安排。

一、新生代农民工职业教育发展理念设计

（一）面向新生代农民工的职业教育目标定位

1. 对接各方需求，服务新型城镇化发展。

精准发挥职业教育在新生代农民工与市民化之间的桥梁引导作用，是现阶段推进我国新型城镇化高质量发展的重要动力。首先，新生代农民工可视为推动新型城镇化的潜在劳动力（就业转换）与直接关系主体（身份转换），由于新生代农民工尚不具备精准服务新型城镇化发展需求的专业能力，需要付出时间与资金（成本），并通过职业教育的培训与技能深化，将所付成本凝结于自身，形成可服务新型城镇化发展的人力资本（收益）。而一个完备的职业教育体系可以精确地从供给侧出发，通过培养农业转移人口，将其转化为当前城镇真切需要的、有能力服务新型城镇化各个领域的、不同层次的人力资本，并在服务城镇化的过程中以终身职业教育的形式对其职业技能持续更新和深化，达到人力资本持续升值的效果（收益≥成本）。这有利于新生代农民工通过不断更新和深化知识与技能，最终实现更加充分、更有质量地融入城市社会，为新型城镇化建设持续提供人才动力的目的。同时，新型城镇化的持续推进又会在社会不同层面催生新的劳动需求，又能通过职业教育吸纳新一批农业转移人口。因此，新型城镇化与职业教育之间存在"共生"作用，二者相互促进、协同发展，而充分落实职业教育的发展理念则是构建"职业教育—新型城镇化"闭环体系的基础。

2. 提升人力资本存量，优化人力资本结构。

新型城镇化进程中，就业是新生代农民工面对的直接问题。在就业的基础上，进一步强调高质量就业，以实现自身更好的发展。但由于新生代农民工自身综合素质不高，技能水平较为薄弱，这就赋予新生代农民工职业教育新的任务，从注重就业导向型职业培训逐步向能力提升型转变。因此，职业教育机构在设计新生代农民工职业培训内容时，需要把新生代农民工技能与素质能力的提高作为重要考虑因素。充分考虑地区差异，依据各个地区新生代农民工的自身特点，建立符合各个地区人力资本市场需求的特色职业培训项目，以政府为主体，联合企业、高校、社会团体等机构做好特色技能培训项目，使新生代农

民工的区域化特色技能得到加强，优化人力资本结构，提升新生代农民工的人力资本存量和就业竞争力。

3. 助力城市文明认同，加强新生代农民工心理融入。

除经济融入外，新生代农民工要实现真正意义上的市民化，还需完成文化与心理层面的融入——社会融入。社会融入是判断新生代农民工市民化的关键因素，是新生代农民工职业教育发展的新目标。要充分发挥职业教育的作用，通过职业教育丰富新生代农民工文化资本，促进农民工文化与心理的社会融合，消释精神贫困。具体而言：一是通过职业教育传播现代城市文明、社会规范和价值观念等，让新生代农民工充分了解城市生活技能、法律法规、市民的行为习惯等，逐渐引导新生代农民工改变传统习惯，如偏重情感型的交际方式、落后的价值观念等，在此基础上增强对城市价值观和生活习惯的认同感。二是通过职业教育并融入适当的心理健康教育，及时对新生代农民工进行心理疏导，助其排解在市民化进程中出现的心理压力和心理障碍，进而使其主动融入城市、服务城市。三是通过开展职业技能培训，提升新生代农民工的制度文化资本，增强其与市民交往的自信，缩短与市民间的心理距离，从而对城市产生安全感、归属感和认同感，实现心理层面的社会融入。

（二）面向新生代农民工的职业教育发展原则

1. 普适性。

发挥职业教育的普适性是构建新生代农民工职业教育体系的前提。普适理念体现在两个方面：一是受众群体大，能涵盖大部分新生代农民工；二是教学内容广泛，能满足新型城镇化的大部分需求。在受众群体方面，从供给角度看，新生代农民工作为新型城镇化的潜在劳动力，尚未成为职业教育体系的真正受众群体，传统的职业教育并未有针对性地将农民工纳入覆盖范围。从需求角度看，新生代农民工受"学习—工作"机会成本等因素影响，对接受职业教育的积极性较低，而机会成本的矛盾又能反映出接受职业教育所产生的成本与收益之间的不对等。新生代农民工群体的受教育意愿直接关系着职业教育功能的发挥，因此，应结合新生代农民工群体的实际教学需求，构建完善的具有普适性的职业教育体系。一方面，要广泛满足新型城镇化人才所需，能针对新型城镇化不同时期的差异化需求动态调整培养侧重；另一方面，能广泛地培养不同领域的职业技能人才。职业教育不应只是作为新生代农民工市民化的单一门槛，还应成为精准引导新生代农民工多层次深入服务城市的系统保障。而构建普适性的职业教育体系，既可弥补当前传统职业教育体系培养能力扁平化的不足，又可充分调动新生代农民工及其他潜在劳动力融入城市的积极性。

2. 以人为本。

"人的城镇化"是新型城镇化的核心。教育是促进人的发展的活动，理应以人的发展为主要目的。发挥"以人为本"的理念，主要体现在新生代农民工发展需求的满足上，即借助职业教育的帮助，真正使新生代农民工获得融入城市所需要的职业技能、文明素养和社会尊重。这就要求各地区要结合本地的经济背景、社会发展特点和人力资源需求状况等因素，进而构建具有本地特色模式的就业培训机构，突出各个机构自身的特点和优势，从而开展职业培训。同时，培训的内容要能满足参加培训者的多样性需求。建议根据不同技能层次需求对新生代农民工进行划分，并设置差异化的培训课程，尽量与当地产业发展的重点专业领域相结合开展实际教学。对于不同年龄、性别、学历和兴趣爱好的新生代农民工要区别对待，有针对性地进行知识和技能的培养，并且最终达到有效促进农村剩余劳动力转移的总体目标。

以人为本的职业教育原则不仅体现在教学内容上，还体现在多样的教学形式上。应充分考虑新生代农民工的实际工作情况，制定多样、灵活的教学形式以及新生代农民工容易理解和接受的授课方式。在授课实践上，要针对新生代农民工群体的时间分配情况进行分类，并且分别设置长期教学和短期教学、周内教学和周末教学、白天教学和晚班教学，以满足该群体的不同需求。在培训地点上，更要灵活应变，对于无法到培训机构上课的新生代农民工，可以采取深入乡镇、社区等形式的培训模式。

3. 可持续性。

树立职业教育的终身理念是当前新型城镇化建设过程的必然要求。改革开放以来，我国社会经济生活发生深刻变化。伴随现代科学技术的迅猛发展，科学知识和科技成果的生命周期显著缩短，人们需要不断地接受新的知识和技术，与此同时，产业结构的调整带动经济结构发生变动，导致劳动力就业结构的变动和技术结构的调整，这就要求人们不断地接受继续教育。其中，最为典型的就是新生代农民工，该群体要转移至城市生活和工作，充分融入城市，需要进行职业培训。新生代农民工技能的与时俱进是充分融入城市的进一步保障，然而新生代农民工职业流动性较大，不确定性较高，为适应新的工作，需要持续不断地接受教育，以此深化知识与技能，从而更好地满足在城市工作和生活的现实需求。

　　新型城镇化背景下新生代农民工市民化发展的终极目标是实现个人的可持续发展，即不断提高自身素质，以实现在服务新型城镇化建设的基础上更好地融入城市社会。终身教育不仅是促进个人不断发展的活动，更是促进城镇化深层次发展的建设性需求。现阶段，传统暂时性的职业培训在知识深化以及与时俱进功能方面已凸显出不足，而职业教育的终身性主要表现在其学习的持续性上，是长期的学习过程，而非一段时间的任务。因此，作为终身教育的一部分，新型职业教育也应该秉承终身教育的理念，全方位、多领域地对新生代农民工进行技能深化，或与其他类型的教育机构相互联系和补充，为相关群体提供进修甚至终身学习的平台，以满足新生代农民工群体学习的需要和社会的长期动态需求。

二、新生代农民工市民化职业教育模式设计

（一）函授模式——基于校企双方的横纵衔接

1. 学历提升——职教机构高级化。

　　当前，我国普通教育体系分为五个部分，分别是九年义务教育（小学至初中）、普通高中教育、本科教育、硕士以及博士研究生教育，其中本科生、硕士以及博士研究生毕业可获得相应的学位证。而我国现有职业教育体系主要包含初等职业教育、中等职业教育、高等职业教育三个层次，虽然部分地区已成立应用型本科职业类院校，但至今尚未在全国范围内形成规模。与此同时，随着九年义务教育的普及，初等职业教育规模正逐渐萎缩。未来我国新型城镇化工作不断深化，初等职业教育将逐渐失去其原有的作用，未来将被九年义务教育取代。当前，我国正向新型工业化、信息化、城镇化及农业现代化的目标快速推进，生产力水平提高、经济增长方式转变和产业结构升级均对人力资本的类型和层次有了更高的要求。而对于新生代农民工来说，单纯依靠现有初等职业教育、中等职业教育和高等职业教育三个层次的培养已难以适应新型城镇化的需求。目前，无论是顺应产业结构高级化趋势，对接现代产业体系需求，还是构建新型职业教育生态，引导新生代农民工服务新型城镇化建设，都迫切

需要职业教育的整体层次上移。因此，调整现有职业教育体系，建立相对完善的新生代农民工职业教育模式，是实现我国职业教育与新型城镇化良性互动的重要一环。新型城镇化职业教育体系如图6－1所示。

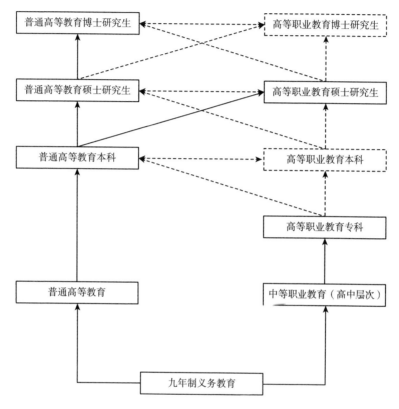

图6－1　新型城镇化职业教育体系

资料来源：笔者研究整理。

（1）高层次职业教育体系对接新型城镇化需求。具体来说，一是针对新生代农民工建立农民职业大学，积极发展四年制职业本科；二是在办学条件比较好、办学水平较高的职业院校举办研究生层次的职业教育。

发展本科与研究生层次的高等职业教育，应进一步明确高层次应用型人才在推动新型城镇化建设中的重要性。通过政府、企业与社会三方主体共建，运用宏观管理、行业企业指导评价以及社会团体监督等手段，使高等职业教育层次的新生代农民工职业教育人才培养质量与经济社会发展需要相适应。综上所述，构建我国职业教育层次体系见表6-1。

表6-1 我国职业教育多层次体系构建

职业教育体系	层次		学历学位类别
中等职业教育	高中		中等职业教育学历证书
高等职业教育	专科		专科学历证书 准学士学位
	本科		本科学历证书 职业型学士学位
	研究生	硕士研究生	硕士研究生学历证书 专业硕士学位
		博士研究生	博士研究生学历证书 专业博士学位

资料来源：笔者研究整理。

在此基础上，需要贯通职业教育升学体系，使职业教育学历体系形成一个有机统一的、各层次分工合作的整体，为社会经济发展培养所需要的各行各业、多个层次的应用型人才，应进一步明确各个层次职业教育的人才培养目标和定位。

第一，中等职业教育是在义务教育或初等职业教育基础上举办的较为系统化的技术技能教育和培训。中等职业教育机构涵盖中专、技工学校、职业中学以及与之相关的培训机构。其培养目标有两点：一是为城市输送新型城镇化建设所需要的一线技术工人。其中，接受中等职业教育的新生代农民工拥有必要的基础文化以及良好的职业道德，具备较为熟练的职业技能以及与之相关的专业知识，职业资格相当于中级技工水平。二是为专科层次职业教育提供优良生源，为新生代农民工知识技能进一步深化打下基础。

第二，高等职业教育的大学专科教育是在中等职业教育的基础上设立的高层次职业教育。其主要目标是培养新生代农民工能运用先进技术，具有良好的学习能力与职业道德，掌握具有一定深度的理论知识和职业技能，成为能够熟练应用装备和复杂加工工艺的应用型产业工人。毕业时颁发职业教育专科毕业证书，其职业资格相当于高级技工水平。

第三，本科层次的高等职业教育是在专科层次基础上举办的职业教育。其主要培养目标是培养注重"面向生产第一线"和"适应现代化经济发展需要"的新生代农民工群体。与专科不同的是，职业本科在授课内容方面更为深化，旨在培养新生代农民工掌握扎实而深厚的技术理论与职业技能。毕业生具备一定的理论水平与较强的实操能力。毕业授予应用型本科学士学位，职业资格相当于技师水平。

第四，研究生层次的高等职业教育是在应用型本科的基础上继续发展的硕士、博士研究生层次的职业教育。这一层次的职业教育对新生代农民工群体已有更高的要求，要具备较高的知识积累和技能水平，而举办研究生层次职业教育的机构一般是高等职业院校或普通高等院校。其培养目标与本科层次相比，更加强调学生的创新能力与科研水平，要求学生除了熟练掌握本领域的相关理论与职业技能之外，还要具备技术技能的开发能力，特别是具备一定创新的科技研发能力。毕业授予相应研究生学位，职业资格相当于高级技师。

（2）各层次职业教育机构纵向衔接。纵向上要加强教育机构之间的衔接性。拓宽新生代农民工升学路径，打通中职向高职、高职向应用型本科的职业教育纵向学历上升通道。具体来说，一是加强中高职教育机构之间的合作，可相互建立"3＋2"培养机制，实现五年一贯制，贯通中职到高职的无缝对接。以中职学校为主体，依托职教机构、优秀高职本科院校、高技能人才培养基地等平台载体，开展联合培养，借助其优质的教育资源和灵活的办学机制体制，整合资源，充分发挥办学优势，辐射带动学校教育教学质量的提升，加快新生代农民工职业教育立交桥的建设。二是在扩大应用型本科的基础上加强"高一本"职业教育的衔接。实行一体化人才培养方案，直接规划高职到本科阶段的学习内容和学习目标，在课程体系、师资队伍、办学条件，乃至管理方式等方面都能得到很好衔接，更利于人才培养目标的实现。

尝试构建"中职—高职—本科—专业研究生"的多层次技术技能人才培养体系，贯通新生代农民工继续学习上升通道。针对专业硕士主要培养有特定职业背景的高级专业人才的特点，联合区内本科院校开设专业硕士试点，引入高等教育资源，加速专业学位研究生教育发展，让更多高职毕业生通过专业硕士的培养成为高级人力资本。同时，推行"3＋2""3＋4"等职业教育与应用型本科教育之间的转换，把专业学位制度引入职业教育领域，根据学制的不同，颁发与学科类学位有别的应用技术类副学士（专科毕业）、学士、硕士、博士学位，构建技术技能型完整的学位体系，从而形成低、中、高多层次技术技能型人才培养路径，打造与学科型人才并行的另一条新生代农民工学历提升通道。

2. 校企合作——多样化的校企联合。

要加强职业院校和企业的衔接。职业教育作为与产业经济紧密相连的一种教育形式，承载着为区域输送应用型人才的任务。输送的人才只有"适销对路"才能将职业教育的功能最大化体现。职业院校为使新生代农民工培养更加贴近产业发展需求，需要主动适应产业发展，积极跟踪产业动向。同时，企业也要面向职业院校主动提出人才需求，双方共同构建专业的培养目标和培养规格。在培养过程中，学校可按照企业要求开设相应课程，使专业内容能深度贴近实际生产。此外，企业在提出当前阶段人才需求的同时，也要提供相应的实训教学资源，最终招收毕业生。职业院校与企业深度合作，按照"课程设置职业化、理论教学与实践教学一体化、教学内容模块化、技能训练岗位化、双证教育普及化、素质教育企业化"的原则提出工作岗位要求。

3. 专业适应——对接重点产业提供授课内容。

目前，我国正处在新型城镇化发展的关键时期，转变经济发展方式、推动产业结构升级是我国经济社会领域的重点任务。而职业教育则服务于新型城镇化发展，为社会各界输送应用型人才。因此，应充分开发新生代农民工人力资本，提高其基本素质，促进该群体更快地对接地区经济发展需求。一方面，要推动构建满足新型城镇化需求的新生代农民工职业教育体系，系统培养一大批经济社会发展所需要的涵盖新生代农民工群体的各级各类技术技能型人才；另一方面，要采取切实措施建立系统的技术技能积累、传承和创新融合机制，培养新生代农民工成为推动新兴产业发展和增强区域核心竞争力的关键要素，从而进一步推进经济结构战略性调整和新型城镇化高质量发展。自工业化以来的历史已经证明，建立现代职业教育体系已经成为一个国家实现经济社会可持续发展、成为经济强国的重要支撑。同样，建设现代职业教育体系也是精准服务我国新型城镇化建设的现实需求。

从产业端来看，当前我国战略性新兴产业和先进制造业的持续健康发展、传统产业转型升级以及现代服务业发展壮大等均需大批高素质、高层次技术技能人才提供支持和保障，特别是随着信息化和工业化深度融合以及智能化技术在产业发展中的广泛应用，需要加快具备新知识、应用新技术、掌握新装备的技术技能人才培养。另外，文化创意和设计产业迅猛发展，也需要加快培养兼有创业能力、创意能力和动手能力的技术技能人才。

从企业端来看，企业技术技能的持续积累，产品、工艺和流程的应用性创新，需要加快培养从生产一线成长起来的管理型、复合型、创新型技术技能人才。同样，高技能高附加值制造成为高精尖生产设备和高档消费品竞争力的重要基础，需要加快培养能够既适应现代生产方式又接受系统技能训练的高技能人才。

总体来看，传统生产方式面临深刻变革，新技术产业化速度大大加快，高技术应用人才的储备成为新型城镇化建设发展的关键。根据《现代职业教育体系建设规划（2014～2020年）》，我国现代产业体系重点建设领域与职业教育方向主要体现在现代农业、现代制造业、现代服务业、战略新兴产业、能源产业、交通运输产业、海洋产业、文化产业等领域的技术技能人才培养。因此，应充分调动新生代农民工群体的能动性，培养各层次新型技术技能人才，加快推进新生代农民工劳动力结构升级，从而助推新型城镇化建设与发展，这也是建设新生代农民工职业教育体系的重大战略任务。

（二）非函授模式——基于社区教育的三方共建

1. 社区教育的内涵。

"社区教育"（community education）的定义与功能随着时间推移而不断演变。近年来，我国学者也对其进行了重新考量，内涵如下：一是区域性的有组织的能反映和满足社区发展需要的教育活动和过程；二是体现出社区教育的社会化、一体化特征；三是以提升社会群体成员素质、身心健康和生活质量为目标。总体来看，社区教育的核心观念是基本一致的，即社区教育是以推进社会发展为目标，以教育的方式促进社区精神文明和物质文明建设的教学模式。社区教育的内涵可描述为教育目标、社区进步与社会发展密切联系的一种活动过程，其本质是教育同社区的结合、教育与社会的联系。

2. 新生代农民工社区教育的内涵及作用。

新生代农民工社区教育是指针对新生代农民工群体而言的将函授类型的职业教育与社区教育进行整合的一种教育类型。职业教育应兼顾新生代农民工的各层次教育需求，以该群体的社会融入需求为目标，并将社区教育作为职业教育的重要载体来开展教育活动，为推进新型城镇化建设提供支持。通过社区教育，充分利用社区各种资源的支持，为社区培养拥有专业技能的社区人才，也可以增加新生代农民工的社会融入感，使职业教育的功能发挥到最大，实现新生代农民工市民化与新型城镇化的双赢。

社区教育模式是新生代农民工职业教育体系普适性与以人为本的最直观体现。这种教育模式以在城市社区生活的新生代农民工为目标主体，能针对该群体社会支持薄弱的特点，确定社区教育的总体发展目标，积极为新生代农民工提供灵活开放、适宜高效的社区教育环境。为顺应新型城镇化的发展需要，满足新生代农民工对于职业技能提升的要求，我国社区教育的培训对象与教育内容的范围均有所扩大。在培训对象方面，从起初的面向青少年开展教育转变为面向社区全体居民的服务，未来需进一步设立针对新生代农民工的社区教育；在教育内容方面，从基本的德育教育扩展为以社区居民需求为导向的教育，涵盖职业技能培训、社区文化活动等多元化的课程。

（1）社区教育是提升新生代农民工基础素质的重要途径。社区教育是助力新生代农民工融入城市社会的推进器。在城镇化进程中，由于农民工普遍存在文化水平较低、劳动技能不足、发展意识薄弱等问题，老一代农民工的能力素质难以适应新型工业化进程和经济发展方式转型，社会矛盾日益凸显。随着以人为本的新型城镇化的提出，强调走生态可持续的科学发展道路，重点对以新生代农民工为主体的外来人口进行培养，通过提升其文化素质、职业技能等基础素质，实现其对迁入地生产效率与发展质量的提升，进而推进新型城镇化高质量发展。社区教育的教育功能主要包括两点：一是，可以有效针对新生代农民工受教育程度进行差异化培训。对于文化水平较低的新生代农民工个体进行基础教育普及，使其满足日常城市生活、工作的需要，达到职业教育机构的基本入学水平。二是，可以帮助新生代农民工掌握基本的职业技能（如计算机、互联网等），使其在普通劳动市场平等竞争，改变其在城市社会中边缘化的生产生活状态，有助于提升其人力资本，弥补自身能力不足，进而为新型城镇化建设做出积极贡献。总之，社区教育是满足新生代农民工文化知识普及、职业技能掌握以及生存发展的需要，促进其交流沟通和文化娱乐等社会活动的需要，也是提升城市竞争力的重要途径之一。

（2）社区教育是提升新生代农民工社会融入感的必要手段。社区教育的特殊性在于其以社区作为基本载体，并在社区范围内，调动各类资源，充分发挥社区优势，以教育的形式提高社区全体成员整体素质与文化水平，改善社区生活质量，促进城市经济建设、社会发展和教育自身发展。现阶段，新生代农民工多集中居住于城市边缘的社区，该类社区居民文化素质存在显著差异，居民职业技能缺乏竞争性。此外，社区对文化建设重视度仍显不足，公共服务亟待完善，新生代农民工融入城市难度较大。而面向新生代农民工的社区教育能够促使新生代农民工更新观念，积极融入城市生活，主动遵守城市的共同规则和一般要求，自觉通过道德培植、文化修身来规范自身行为，养成文明的生活方式和生活习惯，并树立良好的生活观念和市民意识，从而创造良好的人居环境。同时，社区教育为新生代农民工与原生城市居民提供了合作与交流的机会，双方可通过社区教育的学习与活动的机会加强互动、交流与合作，培养良好的包容性。总体来看，社区教育不仅有助于增加社会和谐度，还有利于加快新生代农民工的社会融入，对完善新型城镇化过程中的社会治理，促进城市精明增长等产生积极作用。

（3）社区教育是终身教育的优良载体。从教育角度看，构建终身教育体系、建立学习型社会是我国教育改革的主要方向与目标。一方面，社区教育与终身教育均是构建学习化社会的重要手段；另一方面，社区教育作为建立终身教育体系的基本模式之一，也是终身教育体系的基本一环。建设学习型社会是一个漫长且复杂的过程，需从社会的最基本单元入手，而社区正是组成社会的基本单元。当前，社区教育是社区居民终身教育最合适的载体，创建终身教育、学习型社会需要从"社区"层面入手，推进作为基本单元的社区（包括其中的企业、单位和家庭）学习化，促使整个社会实现学习化。

3. 建立由政府主导、校企参与、社区自治三者结合的社区教育组织机构。

构建多样、灵活的社区教育形式，积极开展线上与线下相结合的培训模式是新生代农民工职业教育原则的体现。一方面，发展多样化的线下培训班及社区活动。依托传统课堂授课与开展社会实践的方式，使新生代农民工学员系统地学习科学文化知识。另一方面，构建"互联网＋社区教育"平台。现阶段新生代农民工网络媒介使用率普遍较高，而移动学习形式具有自由灵活的学习时间、丰富多样的学习资源等优势，可以解决工学矛盾，因此，远程网络的移动学习形式更利于新生代农民工群体开展非全日制学习，满足新生代农民工多样化的文化学习需求。

（1）基础教育——社区学院为主体的社区教育机构。由于社区教育是一项复杂的综合工程，新生代农民工整体素质参差不齐，完全由社区自发组织来实现社区教育的有效运行相对困难，因此需要由政府、职业教育机构和社区来共同推动。首先，鉴于初等职业教育机构逐渐被九年义务教育取代的现实趋势，可由政府主导成立社区学院，将初等职业教育机构完全引入社区教育范畴。同时，改良初等职业教育机构定位，充分整合教育资源，利用现有的或建设新的活动室、阅读室等开展社区教育活动。其次，以构建社区学院为中心的实体型教育机构，为新生代农民工提供基础性的科学文化知识普及、公民基本素质教育以及休闲娱乐教育等，并在社区教育内容上侧重强化其异质文化的融合。再次，由于新生代农民工的特殊性，社区教育必须以学校为组织与实施载体，坚持社区的主体发展，建立社区与中高等职业教育机构的沟通合作机制。最后，由职业教育机构提供教学资源与师资力量，社区提供教学场地，利用周末、节假日等空闲时间开展新生代农民工社区教育活动和就业技能训练。

（2）持续深化——企业课堂深入社区。在社区学院满足新生代农民工基本教育需求的基础上，以政府为主导，搭建"社区—企业"对接平台，引导中小企业与社区进行无缝对接，双方联合创建"企业课堂"，进一步提升新生代农民工学员的职业技术能力。推动构建"学校—企业—社区"三方联合教育模式，该模式基于社区教育的主体地位，邀请中等、高等职业教育机构提供定期教学，并由企业方派遣富有经验的技术人员深入社区，定期向新生代农民工进行技能培训。根据教学内容，由对应企业提供实训场地及相应的就业岗位。该模式最大的特点在于针对性强、灵活性高。可采用"订单式培养"方案，由企业提出岗位需求，职业教育机构在若干个社区间成立"定向培养班"，并由职业教育机构与对应企业提供师资联合培养，不断调整以往职业教育机构的入学方式，打通社区教育通道，直接从社区入手，在社区内发掘、培养高水平人才。

（3）终身学习——基于"互联网＋"的社区教育平台。当前，互联网及5G技术广泛普及，带动了教育产业的数字化建设，MOOCS、翻转课堂等"互联网＋"的教学形式不断渗透到教育教学过程中，大力推进了教育终身化的发展。因此，结合现阶段新生代农民工网络媒介素养普遍较高的特点，社区教育的形式也应该与时俱进，充分结合互联网技术并推广数字化的学习形式。推进打造"互联网＋"学习平台，重点加强新生代农民工社区教育平台的数字化建设。数字化社区教育模式是通过大数据信息平台，整合数字化学习资源，形成开放式、大众化的普适教育空间，让新生代农民工随时随地通过多样化学习方式实现个性化学习的社区教育方式。通过网络云课堂、手机终端、远程视频等方式学习，提高工作技能、提升个人人文修养，突破时空限制，有助于实现新生代农民工学员个性化的学习需求，学习形式更加多样化，学习途径也更加自由化。综合来看，数字化社区教育模式具有自由灵活的学习时间、丰富的学习资源等优势，也促使新生代农民工根据自己的实际需要安排学习进度，以缓解工学矛盾问题，从而满足新生代农民工多样化的学习需求。

　　具体来说，一是要整合社区内外的教学资源，在网上建立新生代农民工学习课堂，开发适宜新生代农民工心理健康、文化娱乐、职业技能教育等内容的网络课程，形成新生代农民工终身学习的电子资源库。二是要注重新生代农民工的网络精品课程建设，建立"师资库"和"课程库"，对适宜有效的课程资源可以制成视频教材的形式投放至社区的教育网上，探索网上学习圈、虚拟社群、移动学习、学习地图建设，以供更多的新生代农民工学员学习。三是要建立专门的新生代农民工社区教育网上平台，对新生代农民工进行有效的心理辅导，培养良好的韧性与乐观品质，使其在应对社会压力时保持健康心态，逐渐适应并融入城市生活环境。因此，基于数字化社区教育专业网站，不仅可以为新生代农民工传递良好的数字化学习模式，还可以通过网上点击率、访问资料库记录、实时互动情况，进一步把握新生代农民工社区教育的总体质量、动态需求与问题导向。

三、新生代农民工市民化职业教育师资保障

（一）外部引进——人才计划为师资团队注入活力

　　高素质的师资队伍是促进新生代农民工职业教育可持续发展的重要条件。随着新型城镇化建设的持续深化，社会各界对新技术、新工艺以及复合专业人才需求不断扩大，由此对职业教育师资水平有了更高的要求。提升职业教育师资队伍水平，引进拥有复合技能的国际化人才对职业教育师资更新换代至关重

要。具体来说，一是要配合各地人才计划的发展，地方高校应该在总结以往人才引进经验的基础上，与时俱进、因地制宜地制订科学、合理的人才引进策略，不断优化人才引进的路径。二是参照国际先进专业建设标准、课程标准、评估标准，培养具有国际视野、了解国际规则的国内外技术人才，丰富教师队伍。三是借助人才计划的实施，强化高端人才引进力度，使高端人才引得进、留得住，切实服务新生代农民工职业教育领域，为职业教育师资团队注入新的活力，实现职业教育体系的可持续发展。

（二）内部提升——"双师型"人才促师资力量与时俱进

在完善新生代农民工职业教育全职师资的基础上，职业院校还应扩大人才引进渠道，进一步提高"双师型"教师队伍比例。具体来说，一是加大职业院校与企业之间人员互聘共用，通过从企业聘请具有丰富实践经验并能胜任教学工作的技术人员作为学校等培训机构兼职教师的方式，建设兼职培训教师队伍，以加强与企业的分工协作，建立和完善"校企互动"的师资培养模式和兼职培训教师的管理体制。二是依托行业办学，通过对兼职教师进行职业教育理论等相关知识的定期培训，提高兼职培训教师的教学能力，使其承担实践技能课程的教学工作，从而在校企合作的基础上与企业协作培养"双师型"教师。让教师了解企业当前情况，掌握企业新工艺、新技术、新的经营管理方法，并在实际教学当中升级教学内容、改进教学方法。与此同时，企业也应设立相应的校企协作培养机制，建立健全相关制度，改善培养环境，创造培养条件，推进双师型教师队伍的建设。

四、新生代农民工市民化职业教育经费保障

（一）"谁受益，谁投资"的教育成本分担模式为主

构建"谁受益，谁投资"的教育成本分担模式是新生代农民工职业教育工作推进的基础。从宏观层面看，新生代农民工职业教育为企业输送多层次、多领域的人才，最终目的是服务新型城镇化建设。从微观层面看，新生代农民工是职业教育的直接受益主体。因此，构建"政府—社会—个体"教育成本三方分担模式是保障新生代农民工职业教育资金的关键。

具体来说，一是企业作为用人主体，应承担新生代农民工群体培训过程中部分师资人员和实训基地的供给。企业要明确自身的定位，强化责任与义务，积极落实国家政策，参与新生代农民工职业教育培训，这实际上是对企业自身与社会的一种教育投资，也会为企业带来回报。二是新生代农民工作为职业教育的主要受益者，要承担一定的技能培训费用。基于获得职业技能和稳定工作的考虑，新生代农民工理应承担培训费用的一部分，这也是对自身未来成长的投资。对于一些热门职业的工作技能或者培训费用额度较大的项目，可以实行合同制，通过契约合作来保障投资者的利益，新生代农民工在接受培训提升职业技能后，要为企业创造价值，更好地回报社会。三是基于职业教育作为准公共物品的定位，政府应给予其相应的资助及合理的引导。对于社区教育，可以通过一些社会资本或者非政府机构的资金筹集来提供。同时，要明确政府各部门的职责和义务，将工作落实到每一个细节上，让新生代农民工公平地享受国家政策的福利待遇，从职业教育中受益终身，真正融入城市生活以及城市建设发展。

（二）多元化职业教育资金投入为辅

推进全方位多渠道的新生代农民工职业技能培训资金分担模式。一是，建议通过减免税收方式来鼓励企业开展新生代农民工的职业培训，或可采取奖励性措施来提高新生代农民工群体的相关培训机构和企业内部培训机构的积极性和参与度。二是，通过向社会团体和其他组织及个人募集新生代农民工培训资金，强化专款专用，如网络平台、微博、微信等均可用来发布信息引导舆论发展趋向，利用慈善组织机构等社会团体为新生代农民工培训工作募集资本。三是，通过银行或部分中小型的金融机构为新生代农民工培训费用提供优惠贷款支持，建议推出低息或特困农民工的免息贷款，结合精准扶贫与脱贫攻坚背景，切实使每一位新生代农民工拥有接受培训的机会。因此，通过建立全方位的资金融资渠道，保障培训费用到位，从而保证新生代农民工职业教育的受众面。

五、新生代农民工市民化职业教育绩效评估体系

教育评估是对教育效果的质量考核，是保证新生代农民工职业教育可持续

开展的动力，因此，管理主体应该定期对职业教育体系中的各个要素、各个环节进行科学评估。

（一）成立专门的绩效评估机构

建立相应的绩效评估机构，是对新生代农民工职业教育的进一步保证。新生代农民工职业教育模式涵盖政府、企业以及职业教育机构三方主体，且各个主体具有不同的利益诉求。因此，在评估新生代农民工职业教育的绩效时，不仅要对政府、企业、培训机构等独立个体的行为绩效进行评估，还要对三者相互作用所带来的社会影响进行评估。目前，政府部门所成立特定的专家小组和以营利为目的的第三方评估服务机构是最常见的两种绩效评估机构。其中，政府评估机构实行行政式的评估，个别评估结果缺乏一定的客观性，而第三方评估服务机构具有较强的独立性和公平性，但受经济利益的影响，介入这一领域的积极性不高。因此，必须要为新生代农民工职业培训供给模式绩效评估建立专门的评估机构，该绩效评估机构与负责新生代农民工职业培训供给的政府、企业和民办培训机构均无利益关系，以切实保证绩效评估客观、有效。

（二）建立完善的绩效评估指标体系

绩效评估（performance evaluation）源于企业的绩效考核（performance appraisal），是指按照一定的标准通过定量定性分析对企业（或员工）一定时期内的业绩和效益进行评判。而绩效评估指标体系是各个具体的绩效评估项目的总和，绩效评估指标体系的建立可为绩效评估工作提供有效参考。

由于新生代农民工职业教育模式建设具有长期性与复杂性，其绩效评估应体现新生代农民工职业教育培训的全过程。如表6-2所示，结合新生代农民工群体参与职业教育培训的现实情况，将绩效评估指标按预期目标、成本投入与实际效果三方面进行划分。由于绩效评估既重视过程评估，又重视结果评估，因此，可将新生代农民工职业技能培训的预期目标与成本投入两者划归为过程评估方面，而培训的实际效果则可单独归为结果评估。

表6-2   新生代农民工职业教育绩效评估指标体系

一级指标	二级指标	三级指标
过程评估	制度保障：政府重视程度及职业教育布局合理性	经费投入办法
		出台激励政策并有效实施
		拨款总额占地方可用财力比重
		新生代农民工职业教育升学率
		新生代农民工职业教育生均预算内教育事业费与普通本科生之比
		地方财政职业教育拨款三个增长达标
	教育管理：教学过程及高职教育的职业特色	师生比
		"双师型"教师比例
		开放式实训基地投入与生均仪器设备
		校企互派教师实习与兼课
结果评估	社会效益：办学成果	新生代农民工学员同时获得学历证书和职业资格证书比例
		技能大赛获奖数或创业率
		校企实质性合作接纳新生代农民工学员实习上岗比例
		职业技能鉴定率或就业率
		当地职业技能培训和就业再就业培训

资料来源：笔者研究整理。

积极推进新生代农民工职业教育评估体系的构建。基本思路如下：第一，目标维度包含培训新生代农民工的次数、人数、内容、培训方式、经费预算以及职业资格证书和技能等级证书获得情况。第二，过程评估涉及制度保障和教育管理两大方面，制度保障强调政府重视程度及职业教育布局的合理性，而教育管理更强调教学过程及高等职业教育的职业特色。其中，制度保障包括经费投入办法、有关政策、资金扶持力度、升学率、生均有关预算、财政职业教育拨款等方面。而教育管理包含师生比、"双师型"教师比例、校企互派教师实习与兼课物资投入、开放式实训基地投入与生均仪器设备包括培训基地、基础设施和实验实训设备等方面。第三，结果评估主要涉及社会效益，强调办学成果的体现。主要包括新生代农民工学员同时获得学历证书和职业资格证书比例、技能大赛获奖数或创业率、校企实质性合作接纳新生代农民工学员实习上岗比例、职业技能鉴定率或就业率、当地职业技能培训和就业再就业培训。

第七章

保障新生代农民工市民化职业教育模式有效运行的政策组合设计

新型城镇化的本质是实现"人的城镇化",其关键问题之一是推动新生代农民工的市民化进程。新生代农民工融入城市的方式仍以进城务工为主,就业方向主要集中在技术技能含量较低、职业声望和劳动报酬普遍不高的劳动密集型行业。在新生代农民工城市融入过程中,要重点审视其核心需求,通过有针对性的农民工职业教育政策调整,避免因城乡迁移出现贫困和边缘化现象,助其融入城市主流生活,最大限度地促使其成功脱贫并避免其返贫。

一、总体设计

总体来看,应充分发挥政府"元治理"的核心主体作用,构筑政府、企业、社区、职业类院校、普通高校及科研院所等多元主体协同参与的新生代农民工职业教育精准扶贫路径,推进以专项岗位能力提升为目标,以政府为主导、新生代农民工为主体,行业企业充分参与和社会广泛支持的技术技能培训体系建设,突破新生代农民工市民化精准扶贫中的人力资本困境,保障新生代农民工市民化的有效推进。

(一)树立"职普同等"的教育理念,推进新生代农民工成为产业工人

树立"职普同等"的教育理念,逐步推进新生代农民工逐步成长为高素

质高技能的现代化产业工人。切实将新时代工匠精神纳入大学本科和中高职院校的课本及课程建设中，并在各大高校、普通高中、职业院校中进行宣讲"职普同等"的教育理念，直接面向政策适用对象，特别是针对新生代农民工群体以及紧缺行业的人才实现精准宣传；同时，运用各大网络媒体，增加政策的曝光度，为完成九年义务教育后选择职业教育的毕业生树立自信；加大对典型"工匠"的宣传力度，比如主流新闻媒体在重要版面、黄金时段推出系列重点报道、开展主题实践活动，引导广大文艺工作者创作更多在促进产业发展过程中新生代农民工群体发挥积极作用、展现时代风貌的优秀文艺作品。成立宣讲工作组，深入各地区重点企业开展政策主题宣讲，灵活运用各主流媒体、网络自媒体、移动终端等各类传播媒介，开展政策宣传普及，逐步推动新生代农民工成长为高技能产业人才，并增强社会对产业人才的认同感。

（二）强化顶层设计，充分调动地方政府的积极性并纳入绩效考核

强化顶层设计，推动地方政府在新生代农民工职业素养教育体系构建与运行过程中发挥主要责任。地方政府作为地方职业教育深化产教融合、校企合作，不断进行政策创新的主体，具有规划职业教育发展目标、调整学校布局和专业结构、整合资源、落实经费等职能。国家应该充分调动起地方政府的积极性，促使地方政府在结合本地方实际，探索解决新生代农民工职业教育发展的难点问题，依据当地经济社会发展的实际大胆探索创新，对地区经济社会发展的人才需求趋势进行预测，统筹规划职业教育与普通教育的发展规模和职业教育中学校的布局，不断提高办学的经济效益和社会效益，切实发挥职业教育为区域经济社会服务的能力。这就需要明确政府、相关部门、行业组织、企业和学校的各自责任，解除地方政府肩负的一些具体职业教育责任，充分赋权予学校，减轻政府负担，使其主要精力用于营造制度环境、制定发展规划、改善基本办学条件、足额拨付办学经费、加强规范管理和监督指导等。在对地方政府的绩效考核中，对政府的文化教育事业一项进行考核时，可以把新生代农民工职业教育培训纳入考核体系，将其与产教融合、校企合作等情况共同作为参照内容，促使其更加重视新生代农民工职业教育的发展。

（三）调整职业教育机构培养重心，人才培养对接战略性新兴产业

以新生代农民工市民化为目标，以战略性新兴产业需求为导向，推进职业教育机构培养拥有高端职业技能的新生代农民工，将其打造成高端技能产业工人。一是明确高端职业技能人才培养目标。加强与战略性新兴产业的衔接，依托一些双一流高校、地方院校及相关研究院所开展先试先行，汲取高技能人才培养经验，落实战略性新兴产业领域在院校的专业地位，构建高端技能产业工人培养新目标。二是推进调整技能型人才培养内容。在明确培养目标的基础上，推进职业院校调整培养内容，以产业需求为导向积极推进新生代农民工职业教育与其他学科专业交叉融合和改革，推进新技术、新工艺、新领域对传统优势专业的渗透，围绕产业高级化方向重点培养既具备传统产业运作技能，又拥有新技术和新理念的复合型应用人才，重点从新生代农民工群体中培养一批符合产业发展需求的职业技能产业工人。三是完善新生代农民工培养的结构和层次。出台导向性政策，鼓励院校人才培养工作与经济产业结构调整和布局相适应，结合最新科研生产成果适当调整课程设置和教学内容，尤其加强数控技术、模具精细化工、生物医药、航空物流、人工智能等产业方面紧缺产业工人的培养；推进职业院校合理规划招生规模和专业设置，瞄准新材料、新医药和新能源领域前沿学科，给予政策支持相关产业技能人才实训基地的创建，强化高端服务业和先进制造业人才培养力度。

（四）强化政策引导机制，助力新生代农民工转型为高技能产业工人

作为参与新型城镇化建设的重要群体，新生代农民工市民化更需要拥有城市的归属感，因此，应强化政策引导机制，进一步推动新时代农民工转型为高技能产业工人。一是推动企业建立多元化新生代农民工职业发展渠道。通过设置横向和纵向职业发展渠道，促进新生代农民工成长为技能型产业工人，并关注其个人发展，如由国家部委牵头，定期组织企业选送优秀的高技能产业工人到知名企业或者科研院所进行进修或深造；推进高校内科研人员与企业内高技能型人才合作，打通高技能产业工人对外产学研合作的渠道，提高科研创新成果的转化率。二是推进《保障农民工工资支付条例》有效落实，鼓励企业创

新薪酬分配制度。加强地方政府各部门对企业的监督、监管和巡查责任，对于符合高技能产业工人条件的新生代农民工，按照其为企业发展所带来的贡献与价值按比例进行薪酬分配，为更多符合高技能产业工人的新生代农民工群体提供更高层面的知识性收益。三是进行制度创新，推进高技能型新生代农民工开展创新活动。通过税收减免优惠政策或增加研究补贴等措施推动企业科研创新，发挥政府性投资基金的科研导向作用并引导金融机构为高技能的新生代农民工开展创新活动提供金融服务支持，鼓励行业协会、企业及个人等设立职工科技奖项。四是营造良好的用人环境。制定专门的高技能型新生代农民工考核评价机制，进一步强化能力、实绩、贡献的人才绩效考核导向，做到分级分类评价和激励；增加高技能型新生代农民工在评先评优推荐中的名额比例，推进高技能型新生代农民工可以享受高层次人才同等待遇；建立公开监督机制，充分发挥高技能型新生代农民工的民主监督作用。

（五）开展多方式职业技能培训，提升"工匠型"新生代农民工综合素质

一是推进落实市、区（县）、街镇三位一体工作模式。市、区（县）、街镇三级各负其责，协同配合，共同开展新生代农民工职业技能培训工作，全流程管控，确保全过程高效透明；针对现阶段实际培训工作中存在的问题，联合财政、教育、工会等部门，构建一套科学有效的培训工作机制和体系。二是支持建设产教融合实训基地和公共实训基地。积极推进职业技能培训资源共建共享，鼓励职业类院校和企业签订专项合同，建立培训导师团队和专家、高级技师讲师团队，制作多种形式的课程、实操训练教学大纲以及培训教材，实现企业需求与"工匠型"新生代农民工供给的精准对接；大力推广"工学一体化""职业培训包""互联网＋"等先进培训方式，主推互联网培训平台建设；鼓励中小企业打破封闭式的在职培训，发挥自身特色优势与其他机构或者企业、行业协会进行合作。三是定期举办全国性的各类技能竞赛。搭建有利于优秀"工匠型"新生代农民工脱颖而出的发展平台；鼓励社会捐助、企业、协会赞助职业技能竞赛活动。四是加强职业技能、通用职业素质和求职能力等综合性培训。将职业道德、工匠精神、相关法律法规、安全环保和健康卫生、就业指导等内容贯穿"工匠型"新生代农民工培训全过程。

（六）强化师资队伍柔性管理机制建设，打造"双师型"高素质教师队伍

一是推进职业院校拓宽"双师型"高层次人才引进渠道，改革现有教师选聘的体制。在引进储备研究型的教授、博士、硕士等高学历人才的基础上，突破学历限制聘用拥有精湛技术技能的"工匠"类的行业企业优秀人才，优化现有师资队伍结构。遴选具备较强教学能力的高素质应用型、技能型的企业技术骨干及优秀人才作为兼职教师，建立兼职教师的管理机制，并定期对兼职教师进行技能理论学习，增强兼职教师的教育教学能力。二是完善多途径的培训体系，做好系统性规划。以新兴产业发展为导向，探索职业院校与工科院校、双一流院校、行业企业、研究机构等共建共享实验实训室、联合技术攻关、相互挂职等形式开展职业教育教师培养。打造服务新兴产业发展的"名师工作室""大师工作室"，并以此为载体形成各类教学资源、技术资源共享的专业共同体。三是借助大数据的信息共享功能，开发专门的数据库，构建"双师型"教师与产业发展相适应的动态培养机制，实现产业需求与师资供给的精准对接。四是建立一套科学合理、适用有效的考核评价体系，将企业挂职、技术交流、项目合作等柔性方式纳入评价体系，重视职业教育师资的专业能力、实践能力及创新能力的培养与考核，为培养"双师型"高素质教师队伍、提升人才培养质量提供有力支撑。

（七）完善新生代农民工保障制度，推进新时代高技能型农民工队伍建设

一是保障新生代农民工的民主权利和薪资报酬。推动落实以职工代表大会为基本形式的民主管理制度，完善职工监事制度，畅通高技能型农民工参与企业生产经营管理的渠道；加大在新生代农民工中发展党员力度，重视在非公有制企业、社会组织及小微企业就业的农民工中发展党员工作，提高新生代农民工党员比例；完善新生代农民工的薪资报酬保障制度，健全向一线农民工倾斜的分配制度，保障高技能型农民工的工资增幅。二是完善新生代农民工职业发展的体制保障。组织有关部门、行业协会、龙头企业研究完善技能等级评价制度，构建职业资格评价、职业技能等级认定和专项职业能力考核相互衔接的多元评价体系；落实相关培训工作补贴和政策支持，明确补贴标准，确保专款专

用，对于紧缺型职业，加大新生代农民工职业培训补贴力度。三是健全新生代农民工的社会保障制度。落实全民参保计划，做到新生代农民工应保尽保；鼓励企业为符合"工匠型"高贡献高技能型农民工建立年金制度，探索发展商业养老保险路径；拓宽就业创业扶持政策对象范围，为高技能型农民工中的创业群体提供资金、装置、场地、咨询、管理以及技能培训等全方位支持服务。

二、分层设计

（一）政府层面

地方政府应充分发挥新生代农民工职业技能培训主体职能作用，通过制定相关政策为新生代农民工提供保障、组织、服务等政策支持。此外，政府应加大资金支持，营造有利于农民工职业技能培训的良好环境，确保新生代农民工的职业技能培训工作顺利完成。

1. 地方政府要健全完善农民工职业教育培训体系机制。

随着经济发展水平的不断提升，现有的农民工职业教育体系已经不再适合我国各地区的经济发展需求，也无法满足国际市场的竞争需求。现阶段，新生代农民工的职业技能培训仍存在组织方式单一，非营利、公益性组织参与比重偏低，不同组织主体之间也缺乏合作等问题，因此，地方政府应出台相关的政策并通过合理地规划，建立以"政府为主体，多方合作"的新型职业技能培训模式，即以地方政府为主体，构建由职业院校、行业协会、企业、劳务输出机构组成的就业服务联合体，开展培训就业一站式服务。第一，政府应深入整合现有的教育培训资源，挖掘出新的教育资源。与职业院校开展合作，建立新生代农民工的职业技能培训基地，充分发挥职业院校与职业技能培训机构的优势，打破行为主体界限。第二，要根据新生代农民工和市场的实际需求，开展相应的创新创业职业技能培训项目。对拟创业和创业初期的新生代农民工，可以通过开展电子商务培训，提高其创业基本技能。对具备一定知识和技术条件的新生代农民工则可开展以创办小微企业为中心的创业技能培训。对于已创业的新生代农民工，可结合实际需求开展利于企业生产经营与发展的创业能力提升和经营指导。第三，地方政府要强化各合作方之间的交流与沟通。根据企业的用工需求及时调整职业技能培训内容，更好地满足用工方的需求。同时，也要做好信息采集工作，制定出更契合市场与新生代农民工需求的培训政策。第四，推进企业在新生代农民工职业技能培训中的主体作用发挥。整合教育培训资源，扎实推进企业与职业高校开展校企合作，并根据企业职业技能的实际需求来定向培养新生代农民工，使得新生代农民工所接受的培训与从事的职业紧密贴合，具有高效性和实用性。

此外，应积极开展新生代农民工常态化教育培训，创建以政府主导的与九年义务教育相衔接的新生代农民工职业教育培训体系，构筑政府、用人单位、行业协会及培训机构等多主体协同参与新生代农民工市民化职业技能培训教育精准扶贫路径，有助于提升该群体专业技能水平。一方面，拓宽新生代农民工职业技能培训渠道，政府应通过政策支持用人单位或培训机构建立稳定的劳务技能培训基地，解决实训设施、实用教材、师资配备等问题，开展"一站式"订单培训；另一方面，在专业设置和培训内容方面应紧密贴合劳动力市场需求，强化其技术应用能力和岗位适应性，确保新生代农民工群体接受的职业技能培训与输入地产业结构调整需求相匹配，提升新生代农民工人力资本水平和就业质量。

2. 加大地方财政对职业培训的资金扶持力度。

现阶段，由于我国农民工基数大，职业技能培训教育起步晚，绝大部分的职业技能培训都需要农民工自费承担，这也是导致职业技能培训参与率低的重要原因。因此，政府应加大对新生代农民工职业教育培训的资金扶持力度，并制定有针对性的新生代农民工职业教育激励政策，建立以政府投入为核心，企业、职业学校等多方共同参与的资金投入机制。一是政府应加大对职业类院校的资金投入。制定新生代农民工教育补贴政策，鼓励高等或中等职业类院校开办新生代农民工就业培训班；强化"一对一"资助政策，为有职业教育需求的新生代农民工提供奖学金制度，减轻农民工群体的经济负担。二是要重点强化政府在市场需求和信息共享等方面的优势，应积极与企业、职业类院校合建农民工技术技能培训基地和实训基地。政府提供政策和资金支持，企业提供实训场地，院校提供师资力量，共同创建完善的新生代农民工教育服务体系。在加大对农民工职业技能培训资金投入的同时，也要规范资金的使用与管理模式，建立新生代农民工职业技能教育培训专项资金，还要建立有效的监管机制，确保资金使用的有效性与合理性，杜绝出现资金浪费的情况。三是政府还可运用税收调节政策来鼓励企业开展新生代农民工职业技能培训，降低新生代农民工参与职业技能培训中的个人所要支付的费用，减轻新生代农民工的个人经济压力。各级政府要转变思想观念，重视新生代农民工的职业教育问题，加大资金扶持力度，要认识到并解决好新生代农民工的就业问题，这是全面建设小康社会，加快新型城镇化建设的重要环节。

（二）学校层面

职业能力水平的高低是新生代农民工职业转换能否实现及可持续性发展的关键因素，现代文明程度及生活习惯等综合素养的高低是其能否快速适应并融入城市生活的重要条件。职业高校和培训机构作为新生代农民工的培训主体，应整合教育资源，积极参与职业技能培训，通过优化课程，集中师资力量，对接企业需求，旨在培养企业所需的技术人才。

1. 创新新生代农民工职业技能培训方式。

新生代农民工的职业教育存在受教育程度、职场经验参差不齐的现象。从学历方面来看，有初中毕业、高中毕业等各种层次的；从职业经验方面来看，有些是刚刚参加工作的，有些是已经工作几年的，还有些则是已经具有丰富工作经验的。针对这一现象，新生代农民工职业教育课程应当进行改革调整，才能有效提高职业教育的实效性。

一是开展模块化教学。通过开发组织结构体系严密且可以灵活组合的新生代农民工职业教育课程体系，确保每一个模块都能与新生代农民工的实际工作高度匹配，从而完成对不同类型的新生代农民工群体的职业技能培训。职业技能模块课程的优势是：其一，可以因材施教，根据受教育者未来职业的发展需要和企业未来的人才需求来规划组织学习；其二，可以增加课程的灵活性，根据个人或企业实际工作新要求，以模块的形式及时向课程体系中添加新知识。

二是运用"互联网＋职业教育"模式开展新生代农民工线上课程培训。例如：网易云课堂、腾讯课堂、学习通、超新星等在线教育软件，这些在线教育软件都可以成为新生代农民工职业教育的载体，并且新生代农民工对于网络及在线沟通方式并不陌生，农民工每人手中也有智能手机等一系列的上网工具。近几年，许多高职院校也在线开发了诸多精品课程及精品资源共享课，学院层面、省市级、国家级各类精品课程、精品资源共享课也相继出现，课程涉及面也越来越广泛。积极推进高职院校开发职业培训的网络课程体系，既可以有效利用原有资源，又能够拓展职业培训的覆盖面。尤其是理论课程，学员在任何时间使用电脑或手机都可以学习，大大提高了知识的传播效率，也有助于新生代农民工快速掌握所学知识和技能。

三是根据新生代农民工的家庭背景、受教育程度、自我需要等因素，提供全面丰富的教育培训内容，提供更多的专业技能、业务知识和管理知识等多样化的培训，以适应新生代农民工的专业发展。首先，在职业选择的培训过程中，应该从受教育程度低的局限性出发，从政治、经济、法律法规、精神文明修养等多个方面，进行全面、多样化的职业教育和培训，使新生代农民工在专业技能水平得到提高的同时，法律、文化水平、人文素质也得以提高，从而促使其转变传统观念，适应经济社会发展。其次，通过创业知识培训吸引有创业意愿的新生代农民工，培训的重点应放在创业理念和方法、法律知识、如何准确把握市场方向和应对创业风险等方面。再次，根据企业的实际要求，对新生代农民工进行岗前培训和技能提升培训，使技能训练真正精细化。最后，针对新生代农民工的业务骨干群体，根据该群体的实际需要，积极开展涵盖经济、法律、心理等领域的管理知识培训，从而切实提高新生代农民工作为基层管理者的管理水平。

四是尝试将"车间"移入培训学校，通过"做中学，做中教"的方式，有效提高新生代农民工的实践技能水平，实现理论与实践相结合。教学方法要以岗位需求为导向实践教学，通过专题教学、现场模拟等方式与企业的实际生产需要紧密贴合，还应根据新生代农民工群体的技能水平、受教育程度、地方特色产业等实际情况，进一步与行业协会、各类学会开展合作式的培训。根据新生代农民工所在行业的差异性，启动所在行业协会、学会开展新生代农民工职业技能水平评价认定试点，通过培训与职业技能鉴定相结合的方式，完善就业准入制度。

2. 推进技能培训和学历教育有效衔接。

对于新生代农民工群体来说，既要参加职业技能培训，也要注重学历及文化层次方面的提升，从而弥补自身学历层次低的短板。在当前教育招生体制与制度条件下，选择职业院校（中高职、技工学校）进修学习是破解新生代农民工整体学历水平不高、综合素质偏低的现实选择，有助于提高农民工的整体文化素质，进一步加快新型城镇化的进程。

职业院校可以将职业教育分为实践课程和理论课程两个方面，实践课程主要对接企业及用工单位的实际需求，旨在培养出"出校即可上岗"熟练掌握各项职业技能的应用型人才，而推进新生代农民工更好地融入城市成为"新生代市民"，理论学习也尤为重要。从人才整体培养的角度出发，不仅要培养出会操作的应用型人才，还要提高受训农民工的整体文化素质。但需注意的是，新生代农民工不同于一般的高中应届毕业生，通常大多数农民工都已经参与过具体的技术工作，该群体在实践、操作方面都有一定的基础，因此，职业高校在培训新生代农民工技术技能的同时，应该制定更具有针对性的培养方案，可以适当增加学历教育的比重。这就要求在进行理论培训时，既要满足职业技能培训的理论需求，同时也要满足对应的学历教育要求，使得学历教育与职业教育相结合起来。当新生代农民工接受完职业技能培训后，既学习了企业和用工单位所需的职业技能，又得到了相应的学历证书，在提高职业技能的同时，又提高了学历和文化素质。

因此，高职或中职（含技工学校）院校应根据我国现阶段新生代农民工的基本特征和实际诉求，在教育内容、教育手段以及教育方法上突破创新，探寻相对灵活的教育方式。构筑政府、企业及职业类院校等多主体协同参与新生代农民工市民化学历职业教育精准扶贫路径，能够提升该群体综合素质能力和创新能力。一方面，可通过如半工半读培训、现代远程教育等方式，增强其接受学历教育的积极性和实效性；另一方面，探寻高等或中等职业院校开展与行业、企业合作办学的模式，以产学研为载体，为新生代农民工提供良好的实训基地，通过定向培养为企业输送专业性强、综合素质高的人才，提升了职业类院校的实践教育教学质量，从而构建起校、企以及新生代农民工三方共赢机制。

（三）企业层面

与老一代农民工有明显不同，接受良好教育的新生代农民工希望用人企业给予认可，期盼能有途径和机会学习新技术，掌握新技能，因此，企业应该发挥主体作用，与其他主体共同搭建培训平台，不断提升新生代农民工的职业技能水平，助力其融入城市，实现就业稳定。

1. 以技能大赛引领新生代农民工职业技能培训普及。

新生代农民工岗位技能水平是保证其所从事行业可持续发展的重要环节，因此，针对不同行业企业新生代农民工的现状及岗位技术新要求，对新生代农民工进行技能提升至关重要，既有利于促进新生代农民工群体更加专业化，也有助于提高新生代农民工的职业素养。一些大中型企业应积极响应中央"努力推进建设知识型、技能型、创新型劳动者大军"的号召，对标技能大赛，由管理人员组织一线操作新生代农民工组队参与竞技，同时也可以带动企业行业广泛开展岗位技术技能训练，激发新生代农民工的创新创造活力，助推新生代农民工向技能型产业工人转型。与此同时，企业还需要进一步加强宣传引导，建议结合新生代农民工的自身需求，切实整合培训资源，有针对性地开发实操性强的技能培训课程，并配以竞赛形式激发新生代农民工的积极性，实现以赛促学。而对于在竞赛中脱颖而出的且具备一定条件的技能型新生代农民工，培养其成为企业技术骨干，不断带动新的一批新生代农民工群体成长。

此外，建议鼓励企业支持新生代农民工参加职业培训和职业技能鉴定，特别是在新生代农民工参与在岗培训的政策配套、资金扶持、工作机制等方面予以支持，使新生代农民工的培训需求与企业自身的需求相一致。通过参与培训项目的开发，促使新生代农民工与企业所需技能匹配，有助于实现就业稳定性，增强对企业的归属感。同时，企业应重点强化规范化管理、系统化培训，加强内部管理监督和员工监督，完善企业外部执法监督机制，重点推动政策、制度和规定落地执行，实现企业的可持续发展。

2. 推进企业与职业院校合作共建培训平台。

党的十九大以来，国家相继出台一系列政策意见，不断强化对新生代农民工群体的关注和职业技能培训支持力度，但仍存在政策覆盖面有限、培训供给不足等问题。因此，应积极推进企业与职业院校合作共建培训平台，实现企业广泛与职业学校建立起新生代农民工"订单式"培养的合作关系，形成"培养、就业、保障"三位一体的培训模式。而企业应积极参与到"订单式"新生代农民工培训过程，校企共同参与和承担新生代农民工的管理、教学计划的制定、业务实践等。除了校企合作外，要充分考虑新生代农民工的实际情况，逐步推广工学一体化、"互联网＋企业职业技能培训"、职业培训包、多媒体资源培训等多种类型的培训，推进新生代农民工实现稳定就业。因此，需要进一步完善经费管理制度，政府需要统筹新生代农民工技能培训经费投入，采取政府财政投入为主、企业及新生代农民工个人共同承担的多元投入机制，确保专款专用。同时，探索财政补贴与用人企业持证上岗率及职业技能培训挂钩的模式，对于开展新生代农民工技能培训的企业给予相应的奖励和不同程度的税收优惠，鼓励企业参与新生代农民工职业技能培训，以"办学"促双赢。

企业要根据不同岗位的实际需要，采取多样化的培训方式，对新生代农民工的职业教育培训应当更加细化、更加具有针对性。建议企业重点对新生代农民工开展企业新型学徒制培训，加强劳模精神和工匠精神培育，促进新生代农民工尽快成长、熟悉业务、掌握技能。此外，对于具备条件的技能型新生代农民工，企业还可以开展岗位创新创效培训或进行委托培训。通过引进第三方培训机构，根据企业实际需求，引导新生代农民工爱岗敬业，追求精益求精，更好地为新生代农民工提供职业教育和培训服务。此外，有条件的企业还可以整合自身资源，完善培训软硬件环境，引进现代培训方法和技术，将新生代农民工培养成为高技能、高素质、稳定就业的劳动者，实现新生代农民工与企业的共赢。

（四）社会层面

城市社区作为新生代农民工融入的最终空间载体，是新生代农民工融入城市生活的关键节点和重要平台，应充分发挥城市社区的功能作用，为农民工的融入提供便利的条件，强化城市社会对新生代农民工的重视以及认同，从而促进新生代农民工市民化进程。

1. 以专业化的社会公共资源辅助职业教育。

目前，我国现有的社会资源十分丰富，整合社会资源可以有效帮助新生代农民工进行职业技能培训。诸如，逐步开放省市级的图书馆以及社区的图书室，为农民工提供学习知识的专门场所；推进各大高校的专家下基层开展讲座，帮助新生代农民工拓宽视野，让农民工接触到国际上先进的学习、培训理念，有利于农民工的职业技能提升；积极开展社区职业教育，社区教育不仅可以提升新生代农民工的职业技能，还可以拉近新生代农民工与社区居民之间的距离，通过引导新生代农民工亲身参与各类社区公益讲座、社区专题活动、节庆仪式、社区继续教育活动等，增加新生代农民工对城市常规知识的了解，拓宽视野，增进新生代农民工对社区的归属感。

此外，还应以新生代农民工市民化为目标，结合所在社区的新生代农民工职业教育的特定需求，充分挖掘各大高校、科研院所的优质师资，整合社区居民资源，依托互联网技术建立统一的社区融合性教育交流平台，多渠道、多手段招募兼职教师和志愿者，组建起专业化的社会公共资源辅助职业教育教师队伍，真正实现通过多方式的职业教育促进新生代农民工城市融入，有效推进新生代农民工市民化进程。

2. 以社区性融合性教育增强新生代农民工的社会认同感。

当前，新生代农民工遭遇的排斥行为及不同程度的偏见和歧视现象是城市融入过程中一种隐形的文化障碍，不利于我国新型城镇化持续健康发展。因此，要克服新生代农民工市民化过程中存在的心理以及社会认同层面的障碍，需要以"融合"为目标，营造和谐包容、平等交流的社会氛围。开展非正规教育方式的社区融合性职业教育活动，是对学历教育和职业技术教育方式的有效补充。因此，为增强新生代农民工城市融入的幸福度和社会认同感，应建立健全社区服务和管理体系，构筑政府、居民、社会组织、普通高校及科研院所等多主体协同参与新生代农民工市民化社区融合性教育精准扶贫路径，有助于增强该群体的幸福度和社会认同感。一是，积极推进新生代农民工社区融合性教育制度普及。将该群体纳入社区文化生活活动规划，开展诸如缔结友好家庭、邻里互助帮扶、公益创投等家庭生活互助活动，拓宽新生代农民工与城市社区居民之间面对面沟通的渠道，并为其提供专业的职业生涯规划服务。二是，探索构建政府、居民、社会组织、普通高校及科研院所等多元主体协同参与的社区融合性教育体系。通过组织新生代农民工参与社区公共事务、环境保护、业主委员会建设、居民自治组织建设等发展性实践教育活动，增强其城市融入的真实感和积极性，充分让其与城市居民、城市社区和城市文化"一体互融"，从而实现真正的市民化。同时，政府应为社区融合性教育提供相应的配套政策，给予教育经费和人员支持，并承担起总体规划、宏观统筹和效果问责的"元治理"角色，建议通过立法形式来强化社区性融合性教育在职业教育中的战略地位。

附　　录

新生代农民工市民化职业教育调查问卷

尊敬的先生/女士：

您好，为了了解和准确把握我国新型城镇化对农民工市民化职业教育的现实需求，且能够进一步做好农民工教育规划工作，便于更好地服务于地区经济发展，特此进行问卷调查，此问卷不涉及您的姓名及个人隐私，请您放心填写，感谢配合！

一、个人基本情况（请您在选中的项目框中打"√"）

1. 您的年龄____岁，性别　□男　□女

2. 婚姻状况　□已婚　□未婚（如未婚则跳过第3～5题）

3. 是否有孩子　□是　□否

4. 您觉得在城市抚养孩子容易吗　□非常容易　□容易　□还可以　□不容易　□非常不容易

5. 您的抚养方式　□在老家由父母抚养　□在老家由其他亲人抚养　□带在身边　□其他（请填写）_____

6. 您的户口性质　□城市户口　□农村户口；您的出生地　□生在城市　□生在农村

7. 现所在城市_____市/省，现居住地_____区，工作地_____区

8. 您在城市所居住的房屋面积是_____m²，居住人口____人

9. 您的父母现状　□父母都在城市打工　□父母只有一方在城市打工　□父母在城市但都无工作　□父母有一方在城市　□父母都在农村

10. 您现在的工作单位

□党政机关　□军队　□事业单位　□国有企业　□集体企业　□民营企业　□个体企业　□社区　□其他_____

11. 您所在的行业　□制造业　□建筑业　□交通运输及仓储业　□邮政业　□批发和零售业　□餐饮业　□居民、社会服务业与其他服务业　□其他（请填写）_____

12. 您的工作稳定吗　□稳定　□不稳定

13. 您的个人收入（税后）　□≤2500元　□2501～5000元　□5001～7000元　□7001～9000元　□9001元及以上

14. 您的收入主要用于（多选）　□存钱买房　□租赁房屋　□吃、穿、用　□子女教育　□个人学历再教育　□寄回老家　□娱乐　□其他（请填写）_____

15. 您目前通过何种方式在您所工作的城市中解决自己的住房问题

□自己租赁　□自己购买　□用工单位统一租赁　□包工头统一租赁　□用工企业集体宿舍　□其他（请填写）_____

16. 您对目前的工作状况　□非常满意　□满意　□一般　□不满意　□非常不满意

二、市民化情况

17. 您所在城市地铁系统是否完善　□非常完善　□较为完善　□一般　□不完善　□非常不完善

18. 您住房的周边环境是怎样的　□非常好　□好　□一般　□不太好　□非常不好（请注明原因）_____

19. 您日常工作的出行方式是　□私家车　□单位班车　□公交　□地铁（其他方式请填写）_____，您从家到工作单位的时间大约需要_____分钟/小时

20. 您一天的工作时间　□8个小时以下　□8～10个小时　□11～12个小时　□12个小时以上

21. 您工作之余的时间主要用来　□上网　□看电视　□棋牌麻将　□逛街　□利用业余时间来学习　□其他（请填写）_____

22. 您在城市生活，经济压力大不大　□非常大　□大　□一般　□有一点　□没有压力

23. 您是否会选择公园、广场等地方来丰富您的休闲娱乐生活　□是　□否

24. 综合 17~23 题，您对您的生活质量是否满意　□非常满意　□满意　□一般　□不满意　□非常不满意

25. 您进城务工多少年　□1 年以下　□1~5 年　□6~10 年　□10 年以上

26. 自进城务工以来您换过_____次工作

27. 若您换过工作，您换工作的原因（可多选）　□收入太低　□工作太累　□工作环境差　□跟亲戚朋友一起走　□其他（请填写）_____

28. 您参加工会等组织了吗　□参加　□没有

29. 您觉得工会等组织对于维护您的权益有没有帮助　□非常有帮助　□比较有帮助　□有些帮助　□帮助很少　□没有帮助

30. 您觉得您所在的工作单位给您提供足够的社会保险吗　□非常足够　□足够　□一般　□欠缺　□十分欠缺

31. 您所在的工作单位给您提供什么保险待遇　□五险一金　□三险一金　□没有（请注明原因）_____

32. 您参加的社会保险险种的范围有哪些　□医疗保险　□工伤保险　□养老保险　□失业保险　□什么都没办　□其他（请填写）_____；相比较以前，您参加的社会保险范围是否不断拓宽　□是　□否

33. 您觉得您所在的城市给您提供的医疗服务足够完善吗　□非常足够　□足够　□一般　□欠缺　□十分欠缺

34. 您在所在城市的社区是否有选举权　□是　□否

35. 在您的生活中，您与城市居民的接触是否密切　□十分密切，特别喜欢与城市居民接触　□一般，既不过分密切也不排斥　□不密切　□非常不密切，怀有抵触心理　□视情况而定

36. 在与城市居民接触的时候，您是否会感到不自在　□从不　□偶尔　□经常　□总是

37. 在与城市居民接触的时候，您是否可以很好地融入其中　□非常可以 □可以 □还行 □不可以 □非常不可以

38. 您对更好地融入城市生活有没有信心　□非常有信心 □有信心 □一般 □没有信心 □非常没有信心，感到前途渺茫

39. 您对您所在的城市有没有感情　□非常有感情，我是城市的主人 □有感情，希望可以参与其中 □没有感情，我只是这座城市的过客 □非常没有感情，不喜欢这里 □不确定自己的感情

40. 您是否愿意留在您所在的城市居住（是否愿意把户口迁入城市成为城市居民）　□非常愿意 □愿意 □一般 □不愿意 □非常不愿意（若愿意在城市居住则不用填写41题）

41. 上题如果不愿意在城市定居，您的原因是　□城市生活费用太高 □没有自己的住房 □子女入学困难 □城市居民的排挤 □当地政府的政策排外 □在城里只是打工挣钱，家里还有土地 □其他＿＿＿＿＿＿＿

42. 当前形势下，您认为政府的哪项工作对促进农民工就业最重要　□政府加快制定相关政策和制度 □提供免费的职业技能培训 □提供有利于农民工创业的优惠条件 □搜集并提供就业信息，举办招聘会 □解决农民工子女教育问题 □其他（请填写）＿＿＿＿＿＿＿＿＿＿

三、接受教育情况

43. 您的受教育程度　□高中及以下 □大专 □本科 □硕士 □博士

44. 您认为您的知识结构与学历是否适应当前社会或者职业发展　□非常适应 □适应 □一般 □不适应 □非常不适应

45. 在社会转型期，您认为自己应付及解决工作、生活问题的知识与能力处于何种状态　□非常足够 □足够 □一般 □较为欠缺 □十分欠缺

46. 您所在的单位所举办的教育培训活动如何　□总是举办 □时常举办 □偶尔举办 □很少举办 □从来没有

47. 您所在的社区所举办的教育培训活动如何　□总是举办 □时常举办 □偶尔举办 □很少举办 □从来没有

48. 您参加教育活动的主要动机是（限选3项）　□获取学历文凭 □胜任工作 □兴趣爱好 □知识更新 □职位晋升 □人际交往 □从众心理 □其他（请填写）＿＿＿＿＿＿＿＿

49. 影响您或周边同事参加教育、培训的主要因素是（限选3项）

□培训内容缺少趣味 □培训时间缺少选择性 □工学矛盾 □费用高 □学习地点不便利 □不知道该学什么 □自己文化程度低，接受新事物能力差 □家庭经济能力差 □学习意识淡薄 □其他（请填写）_____

50. 您参加教育经费的来源 □单位经费 □自费 □接受捐助 □免费 □其他（请填写）_____

51. 您希望培训的周期是 □每周一次 □每月一次 □每季度一次 □每年一次 □其他（请填写）_____

52. 您希望教育培训时间为 □半天 □1～2天 □3～4天 □一周 □一个月以上

53. 您所在单位（群体）个人发展所面临的主要问题是（限选3项） □生存与竞争压力大 □晋升与学习机会少 □提升素质动力不足 □无危险意识 □家庭矛盾多 □受到不同程度的歧视 □其他（请填写）_____

54. 您认为培训对于提升工作绩效、促进个人发展是否起到实际作用，您是否愿意参加培训 □非常有帮助，希望多组织各种培训 □有较大帮助，乐意参加 □多少有点帮助，回去听听 □有帮助，但是没有时间参加 □基本没什么帮助，不会去参加的

55. 您认为自己对企业培训的迫切程度如何 □非常迫切 □比较迫切 □有一些培训需求，不是那么紧迫 □无所谓，可有可无 □不需要

56. 您认为您过去参加的培训有哪些需要改进 □培训内容理论程度应深化 □培训内容程度应加强 □培训形式应该多样化 □培训次数太少，应适度增加 □没有参加过培训，不知道 □其他（请填写）_____

注：若您未婚、没有子女则不用填写57～62题

57. 您觉得子女在哪个阶段入学困难 □幼儿园 □小学 □初中 □高中

58. 您孩子的在学阶段为 □幼儿园 □小学 □初中 □高中 □大学

59. 您孩子在何处上学 □在公办学校 □在私立学校 □在农民工子女学校

60. 在学习费用方面是否与城市孩子享受同等待遇 □是 □否

61. 您每年对孩子的教育支出情况是怎样的 □500元以下 □500～1000元 □1001～2000元 □2000元以上

62. 孩子的教育问题对您来说是否重要 □非常重要，教育意味着未来 □重要 □一般，任其发展 □无所谓 □不重要，上学无用

四、学习需求

63. 您是否愿意继续学习　□是　□否

64. 您若愿意继续学习，则最希望　□提升学历（选择第 65 题）　□参加短期职业技能培训（选择第 66 题）

注：（请按照您的选择完成下面的 65 题或 66 题）

65. 您若希望提升学历，请填写：

（1）您提升学历的原因是什么

□个人未来发展　□工作需要　□兴趣爱好　□其他（请填写）＿＿＿＿

（2）您希望提升到的学历层次是

□中专（职高）　□大专（高职）　□本科　□研究生　□博士

（3）学习方式

□脱产式学习　□业余学习　□完全自学

（4）您希望学习的学校或机构

□普通高校　□高等职业技术院校　□自学考试　□其他成人高校　□中专技校

66. 您若希望参加短期职业技术培训，请填写：

（1）学习内容

□机械加工与制造　□电子申器　□数控技术　□机电技术　□设备安装与维修　□化工　□烹饪　□家电维修　□建筑　□市场营销　□旅游服务　□社区家政服务　□医疗保健　□计算机应用　□汽车维修　□服装加工　□交通运输　□工艺美术制作　□装饰　□餐饮服务　□美容美发　□采掘　□其他（请填写）＿＿＿＿，您学习以上内容的原因是＿＿＿＿

（2）学习方式

□电大组织的短期培训　□当地政府组织的短期培训　□所在企业或单位的短期培训　□中专技校组织的培训　□高等职业技术院校组织的培训　□其他成人高校组织的培训　□普通高校组织的培训　□其他社会机构组织的短期培训

五、您目前最关心的问题（可多选，限选 3 项）

□打工挣钱，改善生活条件　□子女上学与就业　□签订劳动合同　□租购住房　□劳动报酬及时足额发放　□同工同酬　□扩大医疗、工伤、养老保险覆盖面　□法律服务和法律援助　□尽快实施农民工养老保险关系转移接续

关系　□就业服务和培训　□改善劳动条件，保证生产安全　□返乡创业的优
惠政策　□结婚生子　□无

新生代农民工职业转换能力调查问卷

尊敬的先生/女士：

　　您好，为了准确了解新生代农民工职业转换能力的现状，且能够进一步做
好新生代农民工教育规划工作，便于更好地服务于地区经济发展，特此进行问
卷调查，此问卷不涉及您的姓名及个人隐私，请您放心填写，感谢配合！本问
卷均为单选题，请选择最贴切的答案。

　　一、个体特征

　　1. 您的性别

　　○男　○女

　　2. 您的年龄

　　○20 岁及以下　○21～25 岁　○26～30 岁　○31～35 岁　○36～40 岁
○40 岁以上

　　3. 您所从事行业的类型

　　○建筑业　○住宿、餐饮服务业　○生产制造业　○批发和零售业　○交
通、运输和邮政业　○采掘业　○其他行业

　　二、社会资本

　　4. 您的亲朋好友数量

　　○很少　○较少　○一般　○较多　○很多

　　5. 您与亲朋好友交流的次数

　　○很少　○较少　○一般　○较多　○很多

　　6. 在城市工作遇到困难时，能求助的城市亲朋好友个数

　　○一个也没有　○1～4 个　○5～8 个　○9～12 个　○12 个以上

　　7. 您参加社会活动的次数

　　○从不参加　○偶尔参加　○经常参加

三、人力资本

8. 您的受教育程度

○小学及以下　○初中　○高中、中专　○大专　○本科及以上

9. 您目前取得的相应的职业资格或技术等级证书

○没有　○初级资格证　○中级资格　○高级资格证

10. 您参加职业技能培训的次数为

○0 次　○1～3 次　○4～6 次　○7～10 次　○10 次以上

11. 您的月均收入

○3000 元及以下　○3001～4500 元　○4501～6000 元　○6001～8000 元 ○8001～10000 元　○10000 元以上

12. 您目前所从事的工作属于

○体力工作　○低技能要求工作　○一般工作　○专业技能工作　○管理工作

13. 在工作单位中，您目前居于哪个岗位层次

○普通员工　○基层管理者　○中层管理者　○高层管理者　○自雇或其他

四、权利资本

14. 您与单位签订的合同类型为

○无合同　○无固定期限劳动合同　○有固定期限劳动合同　○自雇或其他

15. 您的工作环境如何

○很差　○较差　○一般　○较好　○很好

16. 您的维权方式为

○自己解决

○非正式渠道维权（如找老乡、亲戚帮忙）

○正式渠道维权（寻找政府、工会、媒体和法律机构求助）

17. 您现在所有的保险种类（如新农合、城镇养老保险、商业保险、城镇医疗保险）为

○0 种　○1 种　○2 种　○3 种　○4 种　○5 种及以上

五、市民化意愿

18. 您是否愿意在城市就业

○很不愿意　○不愿意　○一般　○愿意　○非常愿意

19. 您是否愿意在城市定居

○很不愿意　○不愿意　○一般　○愿意　○非常愿意

20. 您是否愿意由农村户口转为城镇户口

○很不愿意　○不愿意　○一般　○愿意　○非常愿意

21. 您是否愿意成为城市人

○很不愿意　○不愿意　○一般　○愿意　○非常愿意

六、职业转换能力

22. 您拥有满足工作需求的从业经验、专业知识和技术

○非常不同意　○不同意　○一般　○同意　○非常同意

23. 您有自己的学习方法，并能够通过学习快速掌握新知识和新技能

○非常不同意　○不同意　○一般　○同意　○非常同意

24. 您善于运用多种方法调整心态，以适应新的工作和任务

○非常不同意　○不同意　○一般　○同意　○非常同意

25. 能够迅速融入集体，适应新的工作环境

○非常不同意　○不同意　○一般　○同意　○非常同意

26. 您能够很快通过各种渠道（如亲戚朋友、网络招聘等）找到工作

○非常不同意　○不同意　○一般　○同意　○非常同意

27. 您有足够的积蓄以应对工作转换期间的无工作状态

○非常不同意　○不同意　○一般　○同意　○非常同意

28. 您能够按照自己的职业目标努力工作

○非常不同意　○不同意　○一般　○同意　○非常同意

参 考 文 献

[1] 阿马蒂亚·森. 以自由看待发展 [M]. 于真, 译. 北京: 中国人民大学出版社, 2002.

[2] 白枚. 抓住新矛盾 着力解决发展不平衡不充分难题——"十九大"报告学习体会之新矛盾篇 [J]. 价格理论与实践, 2017 (11).

[3] 蔡继明, 郑敏思, 刘嫒. 我国真实城市化水平测度及国际比较 [J]. 政治经济学评论, 2019, 10 (6).

[4] 蔡武, 陈广汉. 异质型人力资本溢出、劳动力流动与城乡收入差距 [J]. 云南财经大学学报, 2013 (6).

[5] 蔡兴. 教育发展对新型城镇化水平影响的实证研究 [J]. 教育与经济, 2019 (1).

[6] 曹斌. 新化县新型职业农民培育问题研究 [D]. 长沙: 湖南农业大学, 2018.

[7] 曹锐, 钱海婷. 新型城镇化发展视角下农村人力资源现状与发展对策研究 [J]. 农业经济, 2020 (3).

[8] 陈典, 马红梅. 人力资本、社会资本、心理资本与农民工市民化意愿——基于结构方程模型的实证分析 [J]. 农业经济, 2019 (8).

[9] 陈丰龙, 徐康宁, 王美昌. 高铁发展与城乡居民收入差距: 来自中国城市的证据 [J]. 经济评论, 2018 (2).

[10] 陈广桂. 房价、农民市民化成本和我国的城市化 [J]. 中国农村经济, 2004 (3).

[11] 陈亮, 李杰伟, 徐长生. 信息基础设施与经济增长——基于中国省际数据分析 [J]. 管理科学, 2011 (2).

[12] 陈维华, 陈醒. 基于新生代农民工城市融入的成人教育策略 [J].

中国成人教育，2014（14）.

［13］程子非．OECD 国家打造高品质生活的经验及启示［J］．社会政策研究，2019（3）.

［14］褚宏启．城镇化进程中的教育变革——新型城镇化需要什么样的教育改革［J］．教育研究，2015，36（11）.

［15］单菁菁．农民工市民化的成本及其分摊机制研究［J］．学海，2015（1）.

［16］邓玲娟，刘巧花，吴红敏，叶普万．新生代农民工教育需求困境、原因及对策思路——基于西安市的实证分析［J］．经济研究导刊，2011（25）.

［17］刁承泰，黄京鸿．城市发展的经济成本分析——以重庆市为例［J］．重庆建筑大学学报，2005（5）.

［18］丁黄艳．长江经济带基础设施发展与经济增长的空间特征——基于空间计量与面板门槛模型的实证研究［J］．统计与信息论坛，2016（1）.

［19］丁志宏．我国新生代农民工的特征分析［J］．兰州学刊，2009（7）.

［20］杜帼男，蔡继明．城市化测算方法的比较与选择［J］．当代经济研究，2013（10）.

［21］杜海峰，顾东东，顾巍．农民工市民化的成本测算模型的改进及应用［J］．当代经济科学，2015（2）.

［22］杜启平．新生代农民工市民化的终身职业教育体系运行机制［J］．科教导刊（中旬刊），2020（4）.

［23］段成荣，马学阳．当前我国新生代农民工的"新"状况［J］．人口与经济，2011（4）.

［24］范其伟．我国城市化进程中职业教育发展研究［D］．青岛：中国海洋大学，2014.

［25］范晓莉，崔艺苧．异质性人力资本、基础设施与城乡收入差距——基于新经济地理视角的理论分析与实证检验［J］．西南民族大学学报（人文社科版），2018（11）.

［26］方印，陶文娟．论农村土地流转中的投资赔偿请求权［J］．贵州警官职业学院学报，2017，29（4）.

［27］冯虹，沈自友．新生代农民工职业化的困境与出路［J］．当代青年

研究, 2014 (3).

[28] 冯莉, 安宇. 新媒体时代新生代农民工培训问题研究 [J]. 安徽农业科学, 2011, 39 (36).

[29] 傅航. 供给侧结构性改革背景下新生代农民工职业教育策略研究 [J]. 农业经济, 2020 (4).

[30] 傅帅雄, 吴磊, 戴美卉. 新型城镇化农民工市民化的成本核算研究 [J]. 江淮论坛, 2017 (4).

[31] 傅帅雄, 吴磊, 韩一朋. 新型城镇化下农民工市民化成本分担机制研究 [J]. 河北学刊, 2019 (3).

[32] 高帆. "民工荒" 与新生代农民工的权利诉求 [J]. 学习月刊, 2010 (10).

[33] 高红艳. 贵阳市城市化经济成本研究 [D]. 重庆: 西南大学, 2010.

[34] 高伟洪. 新生代农民工市民化教育机制研究——以江西省为例 [D]. 南昌: 江西财经大学, 2013.

[35] (英) 伊特韦尔. 新帕尔格雷夫经济学大辞典: 第 3 卷 [M]. 北京: 经济科学出版社, 1996.

[36] 龚丽娜. 我国新生代农民工培训面临的主要问题和解决思路 [J]. 广州广播电视大学学报, 2011, 11 (5).

[37] 谷莘, 杨世彦. 国外农业职业教育研究综述 [J]. 世界农业, 2009 (12).

[38] 郭珊玲, 吴锦程. 发展农村职业教育, 培育新型职业农民 [J]. 当代继续教育, 2014, 32 (5).

[39] 国务院发展研究中心课题组, 侯云春, 韩俊, 蒋省三, 何宇鹏, 金三林. 农民工市民化进程的总体态势与战略取向 [J]. 改革, 2011 (5).

[40] 韩朝华. 日本的农业结构政策、农业发展困境及镜鉴意义 [J]. 经济思想史学刊, 2021 (2).

[41] 韩云鹏. 新生代农民工教育培训状况及对策思考 [J]. 职教论坛, 2010 (31).

[42] 何颖, 刘洪. 乡村振兴战略背景下劳动力回流机制与引导对策 [J]. 云南民族大学学报 (哲学社会科学版), 2020, 37 (5).

［43］胡方卉，缪炯.新生代农民工职业培训问题探析［J］.黄河水利职业技术学院学报，2012，24（2）.

［44］胡文燕.新生代农民工职业教育的政策困境与政策选择［J］.成人教育，2018（2）.

［45］黄昉苨.驱逐穷人的失败就是城市的胜利［J］.意林，2018（1）.

［46］黄浩.新生代农民工的人力资本提升与职业教育改革［J］.教育现代化，2019（39）.

［47］黄快生，马跃如.国外人力资本理论研究新动向对新生代农民工人力资本投资和积累的借鉴［J］.湖南社会科学，2014（2）.

［48］黄群慧."新常态"、工业化后期与工业增长新动力［J］.中国工业经济，2014，319（10）.

［49］黄晓赟，马建富.基于新生代农民工需求的职业教育与培训体系建构研究［J］.职业技术教育，2010，31（34）.

［50］贾贵浩.新型农民教育培训问题研究［J］.周口师范学院学报，2020，37（1）.

［51］姜乐军.有效学习理论下农民工职业教育质量提升的路径探索［J］.成人教育，2018，38（3）.

［52］姜乐军.职业教育精准助推新生代农民工市民化的策略与路径［J］.成人教育，2019，39（3）.

［53］蒋笃君.新生代农民工市民化的现状、困境与对策［J］.河南社会科学，2019，27（12）.

［54］蒋帆，齐天宇.新生代农民工高职教育需求的实证研究——以上海市为例［J］.高等职业教育探索，2020，19（3）.

［55］蒋乃平.城市化进程与职业教育发展新机遇［J］.教育与职业，2002（3）.

［56］蒋小东.农户农业机械社会化服务需求及影响因素［D］.长沙：湖南农业大学，2020.

［57］康继军，郭蒙，傅蕴英.要想富，先修路？——交通基础设施建设、交通运输业发展与贫困减少的实证研究［J］.经济问题研究，2014（9）.

［58］寇建岭，谢志岿.市民化成本的科学测算与我国城市化模式问题［J］.城市发展研究，2018（9）.

[59] 匡远凤. 选择性转移、人力资本不均等与中国城乡收入差距 [J]. 农业经济问题, 2018 (4).

[60] 李程骅. 新型城镇化战略下的城市转型路径探讨 [J]. 南京社会科学, 2013 (2).

[61] 李飞龙, 赖小琼. 人的发展与中国城乡收入差距——基于马克思城乡交换理论的分析 [J]. 经济学动态, 2016 (7).

[62] 李慧静. 现代农业发展中的职业农民培育研究 [D]. 哈尔滨: 东北林业大学, 2015.

[63] 李俭国, 张鹏. 新常态下新生态农民工市民化社会成本测算 [J]. 财经科学, 2015 (5).

[64] 李建华, 郭青. 新生代农民工特点分析与政策建议 [J]. 农业经济问题, 2011, 32 (3).

[65] 李金龙. 美国 4H 教育对中国新型职业农民培育的启示 [J]. 世界农业, 2016 (12).

[66] 李练军. 新生代农民工融入中小城镇的市民化能力研究——基于人力资本、社会资本与制度因素的考察 [J]. 农业经济问题, 2015, 36 (9).

[67] 李强. 非正规就业视角下农民工市民化的现实困境与路径选择 [J]. 城市问题, 2016 (1).

[68] 李清华, 楚琳, 袁潇. 美国职业院校考试招生制度探析 [J]. 成人教育, 2021, 41 (6).

[69] 李小敏, 涂建军, 付正义, 贾林瑞, 哈琳. 我国农民工市民化成本的地域差异 [J]. 经济地理, 2016 (4).

[70] 李昕, 关会娟. 各级教育投入、劳动力转移与城乡居民收入差距 [J]. 统计研究, 2018, 35 (3).

[71] 李雪燕. 新生代农民工教育需求转化困难的表现及对策 [J]. 西北成人教育学报, 2013 (6).

[72] 李逸波, 周瑾, 赵邦宏, 张亮. 金砖国家职业农民培育的经验 [J]. 世界农业, 2015 (1).

[73] 李永周, 谭蓉, 袁波. 异质性人力资本的国家高新区创新网络嵌入开发研究 [J]. 科技进步与对策, 2015 (12).

[74] 李友得, 范晓莉. 新生代农民工市民化可行能力提升路径研究——

基于职业教育"精准扶贫"的视角 [J]. 职教论坛，2019 (1).

[75] 李月. 发达国家新型职业农民教育培训的经验总结与建议 [J]. 职教通讯，2020 (6).

[76] 李正. 国外农民工社会保障制度对我国的启示 [J]. 湖北函授大学学报，2014，27 (1).

[77] 李志平，陈恒，李丽萍. 城镇化发展模式研究——以黑龙江省为例 [J]. 黑龙江社会科学，2014 (1).

[78] 李中建，郭晴. 职业技术教育——破解新生代农民工向上流动过程中矛盾的关键 [J]. 中国职业技术教育，2016 (11).

[79] 栗雪锋. 浙江省职业农民需求量估算及培育研究 [D]. 杭州：浙江农林大学，2019.

[80] 梁土坤. 医疗保险、群体结构与农民工市民化意愿 [J]. 人口与发展，2020，26 (3).

[81] 廖海敏. 新生代农民工融入城市的诉求与推进路径 [J]. 法制与社会，2007 (10).

[82] 廖茂林，杜亭亭. 中国城市转型背景下的农民工市民化成本——基于广东省实践的思考 [J]. 城市发展研究，2018 (3).

[83] 林碧瑜. 校企合作"订单式"新生代农民工技能培训模式初探——以温州为例 [J]. 科技创新导报，2012 (10).

[84] 林少芸. 发达国家新型职业农民培育的经验及启示 [J]. 农业技术与装备，2020 (8).

[85] 林晓娜，王浩. 社会认同感与新生代农民工反生产行为的关系检验 [J]. 统计与决策，2019 (23).

[86] 林永民，赵金江，史孟君. 新生代农民工城市住房解困路径研究 [J]. 价格理论与实践，2018 (6).

[87] 刘斌. 农民工市民化的住房成本测算及区域比较——研究述评和一个简明的测算框架 [J]. 西部论坛，2020 (6).

[88] 刘传江，程建林. 第二代农民工市民化：现状分析与进程测度 [J]. 人口研究，2008 (5).

[89] 刘传江，程建林. 双重"户籍墙"对农民工市民化的影响 [J]. 经济学家，2009 (10).

[90] 刘传江. 新生代农民工的特点、挑战与市民化 [J]. 人口研究, 2010, 34 (2).

[91] 刘传江, 徐建玲. 第二代农民工及其市民化研究 [J]. 中国人口·资源与环境, 2007 (1).

[92] 刘春香, 李一涛. 印度农业教育研究及其对我国的借鉴意义 [J]. 未来与发展, 2010, 31 (3).

[93] 刘改改. 国际比较视野下新型职业农民培育的经验与启示 [J]. 农业技术与装备, 2020 (10).

[94] 刘俊彦, 胡献忠. 新生代农民工发展状况研究报告 [J]. 中国青年研究, 2009 (1).

[95] 刘晓光, 张勋, 方文全. 基础设施的城乡收入分配效应: 基于劳动力转移的视角 [J]. 世界经济, 2015 (3).

[96] 刘雪梅, 陈文磊. 社会支持对新生代农民工组织承诺的影响机制 [J]. 农业经济问题, 2018 (12).

[97] 刘益真. 发达国家新型职业农民培育经验及其启示 [J]. 合作经济与科技, 2017 (6).

[98] 刘莹莹, 梁栩凌, 张一名. 新生代农民工人力资本对其就业质量的影响 [J]. 调研世界, 2018 (12).

[99] 刘志民, 吴冰. "三化" 进程中农民职业教育与培训政策的国际比较 [J]. 中国农业教育, 2013 (1).

[100] 柳建平, 魏雷. 两代农民工职业流动的影响因素及差异分析 [J]. 软科学, 2017, 31 (2).

[101] 柳一桥. 美国新型职业农民培育经验及借鉴 [J]. 农村经济与科技, 2017, 28 (23).

[102] 楼清清. 贝弗里奇社会保障思想研究 [D]. 金华: 浙江师范大学, 2009.

[103] 鲁强, 徐翔. 我国农民工市民化进程测度——基于 TT&DTHM 模型的分析 [J]. 江西社会科学, 2016, 36 (2).

[104] 陆成林. 新型城镇化过程中农民工市民化成本测算 [J]. 财经问题研究, 2014 (7).

[105] 吕俊丽. 法国职业教育的特点及对我国的启示 [J]. 江苏教育研

究，2015（Z3）.

［106］吕莉敏.城乡一体化背景下新生代农民工教育培训策略研究［J］.职教论坛，2013（4）.

［107］吕炜，杨沫，王岩.城乡收入差距、城乡教育不平等与政府教育投入［J］.经济社会体制比较，2015（3）.

［108］栾卉，关信平.劳动权益对农民工离职意向的影响机制研究——基于七大城市调查数据的实证分析［J］.南开学报（哲学社会科学版），2017（2）.

［109］罗明忠，陶志.农村劳动力转移就业能力对其就业质量影响实证分析［J］.农村经济，2015（8）.

［110］罗能生，彭郁.交通基础设施建设有助于改善城乡收入公平吗？——基于省级空间面板数据的实证检验［J］.产业经济研究，2016（4）.

［111］马建富.新型城镇化进程中农民工人力资本提升的职业教育培训路径［J］.教育发展研究，2014，34（9）.

［112］马欣悦，陈春霞，吕航.新型城镇化视域下新生代农民工市民化的职业教育培训策略［J］.中国职业技术教育，2015（24）.

［113］梅建明，袁玉洁.农民工市民化意愿及其影响因素的实证分析——基于全国31个省、直辖市和自治区的3375份农民工调研数据［J］.江西财经大学学报，2016（1）.

［114］倪超军.新疆少数民族农民工市民化水平测度——基于新疆和全国农民工的比较［J］.新疆农垦经济，2020（6）.

［115］聂建亮，董子越，吴玉锋.从"无休"到退休：农民退休的逻辑与制度设计［J］.学习与实践，2021（7）.

［116］宁永红，吴玉伟，李艳坡.农村剩余劳动力转移与初等职业教育的发展［J］.河南职业技术师范学院学报（职业教育版），2005（3）.

［117］欧阳力胜.新生代农民工市民化：现实基础、发展趋势与路径选择［J］.经济研究参考，2016（10）.

［118］欧阳力胜.新型城镇化进程中农民工市民化研究［D］.财政部财政科学研究所，2013.

［119］潘鸿，刘志强.国外农业科技进步系统运行特点及对我国的启示［J］.农业经济与管理，2010（4）.

［120］皮江红.论新生代农民工职业教育的内容——市民化视角的分析［J］.中国职业技术教育，2014（33）.

［121］全国总工会新生代农民工问题课题组.关于新生代农民工问题的研究报告［J］.江苏纺织，2010（8）.

［122］冉清文，孙丹青.新生代农民工的特点与面临的新挑战［J］.农业经济，2020（12）.

［123］任娟娟.新生代农民工市民化水平及影响因素研究——以西安市为例［J］.兰州学刊，2012（3）.

［124］（日）藤田昌久，雅克－弗朗科斯·蒂斯.集聚经济学［M］.刘峰，张雁，陈海威，译.成都：西南财经大学出版社，2004.

［125］邵敏，武鹏.出口贸易、人力资本与农民工的就业稳定性——兼议我国产业和贸易的升级［J］.管理世界，2019，35（3）

［126］邵宜航，张朝阳.关系社会资本与代际职业流动［J］.经济学动态，2016（6）.

［127］申兵."十二五"时期农民工市民化成本测算及其分担机制构建——以跨省农民工集中流入地区宁波市为案例［J］.城市发展研究，2012（1）.

［128］石智雷.有多少农民工实现了职业上升？——人力资本、行业分割与农民工职业垂直流动［J］.人口与经济，2017（6）.

［129］孙奎立，佟向杰，王国友.社区参与对农民工城市融入的影响研究［J］.人口与社会，2020，36（1）.

［130］孙苏贵，沈蓓绯，胡方卉，马超.新生代农民工职业技术教育困境探究及对策［J］.经济研究导刊，2011（34）.

［131］唐斌."双重边缘人"：城市农民工自我认同的形成及社会影响［J］.中南民族学院学报（人文社会科学版），2002（S1）.

［132］唐踔.新生代农民工教育培训问题探析［J］.成人教育，2011，31（1）.

［133］田书芹，王东强.新生代农民工职业教育培训主体博弈与政府治理能力提升［J］.教育发展研究，2014（19）.

［134］万蕾，刘小舟.培育新型职业农民：美国经验及对中国的思考［J］.农学学报，2014，4（6）.

[135] 万晓萌.农村劳动力转移对城乡收入差距影响的空间计量研究 [J].山西财经大学学报,2016,38(3).

[136] 王北生,文亚婷,王振存,徐明成,陈光磊.教师教育改革项目 "卓越教师培养计划"优化策略研究 [J].郑州师范教育,2017,6(3).

[137] 王川.英国"小康"阶段的职业教育之路 [J].职教论坛,2006 (9).

[138] 王春光.新生代农村流动人口的外出动因与行为选择 [J].中国党政干部论坛,2002(7).

[139] 王建梁,武炎吉.后发未至型教育现代化研究——以印度、巴西、南非为中心的考察 [J].社会科学战线,2020(3).

[140] 王静.大城市流动人口的"职业转换"对工资影响的研究 [J].西北人口,2020,41(2).

[141] 王腊芳,朱丹.城市农民工市民化水平及影响因素分析——基于长沙市的调查数据 [J].现代城市研究,2018(7).

[142] 王立宾,肖少华.美国农业职业培训的特点及启示 [J].中国成人教育,2016(4).

[143] 王巧.新生代农民工继续教育需求研究 [D].福州:福建农林大学,2012.

[144] 王绍芳,王岚,石学军.关注就业技能提升对新生代农民工市民化的重要作用 [J].经济纵横,2016(8).

[145] 王素斋.新型城镇化科学发展的内涵、目标与路径 [J].理论月刊,2013(4).

[146] 王习贤.发达国家农业转移人口市民化的经验与启示 [J].湖南行政学院学报,2014(6).

[147] 王小刚,王建平.走新型城镇化道路——我党社会主义建设理论的重大创新和发展 [J].社会科学研究,2011(5).

[148] 王晓峰,温馨.劳动权益对农民工市民化意愿的影响——基于全国流动人口动态监测8城市融合数据的分析 [J].人口学刊,2017,39(1).

[149] 王鑫明.我国职业教育助力新生代农民工精准脱贫的价值与路径研究 [J].职业与教育,2020(17).

[150] 王志章,韩佳丽.农业转移人口市民化的公共服务成本测算及分

摊机制研究 [J]. 中国软科学, 2015 (10).

[151] 尉淑敏, 王继平. 工作过程导向视角下职业教育课程开发的中德比较 [J]. 职教通讯, 2021 (7).

[152] 魏后凯, 李玏, 年猛. "十四五"时期中国城镇化战略与政策 [J]. 中共中央党校 (国家行政学院) 学报, 2020, 24 (4).

[153] 魏万青, 高伟. 同乡网络的另一幅脸孔: 雇主—工人同乡关系对劳工个体权益的影响 [J]. 社会, 2019, 39 (2).

[154] 文军. 回到"人"的城市化: 城市化的战略转型与意义重建 [J]. 探索与争鸣, 2013 (1).

[155] 吴刚强. 国外再就业培训的立法及启示 [J]. 职业教育研究, 1999 (1).

[156] 吴红宇, 谢国强. 新生代农民工的特征、利益诉求及角色变迁——基于东莞塘厦镇的调查分析 [J]. 南方人口, 2006 (2).

[157] 吴济慧. 新生代农民工就业问题的职业教育策略 [J]. 职教论坛, 2010 (19).

[158] 吴玲燕, 谢丹, 吴明莎. 新生代农民工职业技能培训现状、问题和对策研究 [J]. 科技广场, 2012 (4).

[159] 吴琦. 农民工市民化动态可计算一般均衡模型及其应用 [D]. 长沙: 湖南大学, 2017.

[160] 吴庆国. 技术创新背景下基于政策分析的新生代农民工职业教育 [J]. 教育与职业, 2018 (3).

[161] 吴漾. 论新生代农民工的特点 [J]. 东岳论丛, 2009, 30 (8).

[162] 武小龙, 刘祖云. 中国城乡收入差距影响因素研究——基于2002~2011年省级 Panel Data 的分析 [J]. 当代经济科学, 2014, 36 (1).

[163] 肖凤翔, 刘晓利. 新生代农民工市民化的挑战及对策 [J]. 高等农业教育, 2014 (3).

[164] 谢建社, 谢宇. 新生代农民工融入城市的预期与构想——以珠三角"民工荒"为例 [J]. 城市观察, 2010 (3).

[165] 谢俊贵. 职业转换过程的职业社会学论析——基于失地农民职业转换的观察与思考 [J]. 广州大学学报 (社会科学版), 2013, 12 (5).

[166] 谢颖, 梁浩. 国外职业农民培育分析与启示 [J]. 产业与科技论

坛，2020，19（8）.

[167] 谢勇，王鹏飞. 市民化水平对农民工家庭消费的影响及其机制 [J]. 中央财经大学学报，2019（7）.

[168] 辛宝英. 农业转移人口市民化成本障碍及其对策研究——以农村土地流转为视角 [J]. 马克思主义与现实，2017（6）.

[169] 徐选国，阮海燕. 试论我国适度普惠社会福利与社会工作的互构性发展 [J]. 天府新论，2013（1）.

[170] 徐选国，杨君. 人本视角下的新型城镇化建设：本质、特征及其可能路径 [J]. 南京农业大学学报（社会科学版），2014，14（2）.

[171] 许玉明. 重庆市农民工市民化的成本约束与制度创新 [J]. 西部论坛，2011（2）.

[172] 颜银根. 贸易自由化、产业规模与地区工资差距 [J]. 世界经济研究，2012（8）.

[173] 杨春华. 关于新生代农民工问题的思考 [J]. 农业经济问题，2010，31（4）.

[174] 杨海芬，赵瑞琴，赵增锋. 新生代农民工职业技能培训存在的约束及对策 [J]. 继续教育研究，2010（8）.

[175] 杨海华，俞冰. 新型城镇化进程中的职业教育需求与供给侧改革路径探讨——基于苏州样本 [J]. 职教论坛，2017（21）.

[176] 杨九斌，卢琴. 艰难中的卓越：《莫里尔法》后美国赠地学院之嬗变 [J]. 教育学术月刊，2021（2）.

[177] 杨慷慨. 新生代农民工职业教育与培训：意愿、供给及优化——基于城镇化进程中城市内部二元格局的背景 [J]. 高等职业教育探索，2019（2）.

[178] 杨立，莫俊，唐晓明. 性别差异视角下新生代农民工职教培训：需求、效应及路径 [J]. 市场研究，2019（12）.

[179] 杨柳，杨帆，蒙生儒. 美国新型职业农民培育经验与启示 [J]. 农业经济问题，2019（6）.

[180] 杨琴，吴兆明. 国外职业农民职业教育对我国新型职业农民培育的借鉴与启示 [J]. 成人教育，2020（6）.

[181] 杨先明. 构建农民工市民化的社会成本分摊机制 [J]. 经济界，

2011（3）.

[182] 杨妍玮. 发达国家培育新型职业农民经验及对我国的启示 [J]. 新疆农垦经济，2016（2）.

[183] 杨瞻菲. 德国培育新型职业农民的经验与启示 [J]. 新西部，2016（26）.

[184] 银平均. 新生代农民工：人力资本投资的重要群体之一 [N]. 社会科学报，2019 - 08 - 11.

[185] 于捷. 基于国外经验的新型职业农民培育实践研究 [J]. 学理论，2015（4）.

[186] 俞林，印建兵. 职业能力积累对新生代农民工市民转化的作用机理 [J]. 成人教育，2020（3）.

[187] 俞林，张路遥，许敏. 新型城镇化进程中新生代农民工职业转换能力驱动因素 [J]. 人口与经济，2016（6）.

[188] 岳德荣，王曙明，郭中校，赵国臣，张永锋. 巴西农业生产与科研推广体系 [J]. 农业科技管理，2008（5）.

[189] 詹国辉，张新文. 教育资本对城乡收入差距的外部效应 [J]. 财贸研究，2017（6）.

[190] 张国胜，陈瑛. 社会成本、分摊机制与我国农民工市民化——基于政治经济学的分析框架 [J]. 经济学家，2013（1）.

[191] 张国胜. 基于社会成本考虑的农民工市民化：一个转轨中发展大国的视角与政策选择 [J]. 中国软科学，2009（4）.

[192] 张国胜，谭鑫. 第二代农民工市民化的社会成本、总体思路与政策组合 [J]. 改革，2008（9）.

[193] 张宏如，李群. 员工帮助计划促进新生代农民工城市融入模型——人力资本、社会资本还是心理资本 [J]. 管理世界，2015（6）.

[194] 张辉，易天. 分级教育、人力资本与中国城乡收入差距 [J]. 广西社会科学，2017（11）.

[195] 张继良，马洪福. 江苏外来农民工市民化成本测算及分摊 [J]. 中国农村观察，2015（2）.

[196] 张佳书，杨怡平，崔雅楠. 太原市农民工市民化水平评价指标体系研究 [J]. 中国农学通报，2015（36）.

[197] 张亮，周瑾，赵帮宏. 国外职业农民教育比较分析 [J]. 高等农业教育，2015 (6).

[198] 张伟，陶士贵. 人力资本与城乡收入差距的实证分析与改善的路径选择 [J]. 中国经济问题，2014 (1).

[199] 张旭刚. 农村职业教育服务乡村振兴：实践困境与治理路径 [J]. 职业技术教育，2018，39 (10).

[200] 张逸冰. 农民工市民化的成本分类及分担机制探究 [J]. 农业经济，2019 (8).

[201] 张占斌. 新型城镇化的战略意义和改革难题 [J]. 国家行政学院学报，2013 (1).

[202] 张志明. 中国服务贸易的异质劳动力就业效应——基于行业面板数据的经验研究 [J]. 世界经济研究，2014 (11).

[203] 张梓英. 网络远程教育在新生代农民工教育培训中的作用 [J]. 继续教育研究，2012 (5).

[204] 章莉，吴彬彬. 就业户籍歧视的变化及其对收入差距的影响：2002～2013 年 [J]. 劳动经济研究，2019，7 (3).

[205] 赵莉. 新型城镇化进程中新生代农民工迁移问题研究 [J]. 中国青年政治学院学报，2014，33 (2).

[206] 赵小强. "过劳死" 法律规制研究 [D]. 兰州：兰州大学，2021.

[207] 赵宗峰，赵邦宏，王丽丽. "金砖国家" 职业农民培育比较及对中国的启示 [J]. 黑龙江畜牧兽医，2015 (12).

[208] 甄延临，陈怀录，文达其，姚致祥. 城镇化的经济成本测算——以甘肃天水为例 [J]. 现代城市研究，2005 (10).

[209] 郑爱翔，李肖夫. 新生代农民工市民化进程中职业能力动态演进 [J]. 华南农业大学学报（社会科学版），2019，18 (1).

[210] 郑爱翔. 新生代农民工职业自我效能对其市民化意愿的影响机制研究——一个有调节的中介效应模型 [J]. 农业技术经济，2018 (8).

[211] 郑其斌，吴雨函. 国外乡村振兴立法的特点 [J]. 乡村振兴，2021 (6).

[212] 郑世林，周黎安，何维达. 电信基础设施与中国经济增长 [J]. 经济研究，2014 (5).

［213］郑晓冬，方向明，储雪玲．农村基础设施对收入不平等的影响研究——基于中西部 5 省 218 个村庄调查［J］．农业现代化研究，2018，39（1）．

［214］中国科学院可持续发展战略研究院．中国可持续发展战略报告［M］．北京：科学出版社，2005．

［215］《中国农民工战略问题研究》课题组，韩俊，汪志洪，崔传义，金三林，秦中春，李青．中国农民工现状及其发展趋势总报告［J］．改革，2009（2）．

［216］钟熙维，周银斌．通信基础设施与城乡收入差距——基于我国省级动态面板数据模型的实证研究［J］．开放研究，2016（3）．

［217］周桂瑾，王鑫，芳俞林．新型城镇化进程中职业教育服务新生代农民工职业转换路径研究［J］．成人教育，2018（2）．

［218］朱丹霞，申小中，俞林．新型城镇化背景下新生代农民工市民转化的路径创新［J］．中国职业技术教育，2020（33）．

［219］朱冬梅，黎赞．发达国家农民工教育培训的经验及启示［J］．成都师范学院学报，2014，30（10）．

［220］朱冬梅，黎赞．发达国家农民工教育培训的经验及启示［J］．成都师范学院学报，2014，30．

［221］朱力，赵璐璐，邬金刚．"半主动性适应"与"建构型适应"——新生代农民工的城市适应模型［J］．甘肃行政学院学报，2010（4）．

［222］朱益新，郑爱翔．基于区块链技术的新生代农民工终身职业技能培训体系构建研究［J］．成人教育，2020（4）．

［223］佐赫，孙正林．外部环境、个人能力与农民工市民化意愿［J］．商业研究，2017（9）．

［224］Aschauer D A. Is Public Expenditure Productive？［J］. Journal of Monetary Economics，1989，23（2）.

［225］Brülhart M et al. Enlargement and the EU Periphery：The Impact of Changing Market Potential［J］. World Economy，2004，27（6）.

［226］Getachew Y Y. Public Capital and Distributional Dynamics in a Two-sector Growth Model［J］. Journal of Macroeconomics，2010，32（2）.

［227］Ghosh A，Fouad N A. Career Transitions of Student Veterans［J］.

Journal of Career Assessment, 2016, 1 (24).

[228] Herr E L. Counseling for Personal Flexibility in a Global Economy [J]. Educational and Vocational Guidance, 1992 (53).

[229] Lewis W A. Economic Development with Unlimited Supplies of Labour [J]. The Manchester School, 1954, 22 (2).

[230] Louis M R. Career Transitions: Varieties and Commonalities [J]. The Academy of Management Review, 1980, 3 (5).

[231] Lunneborg C E. Book Review: Psychometric Theory [J]. Applied Psychological Measurement, 1979, 3 (2).

[232] Pavlopoulosa D, Fouargeb D, Muffelsc R, et al. Who Benefits from a Job Change [J]. European Societies, 2014, 16 (2).

[233] Portes A. Economic Sociology and the Sociology of Immigration: A Conceptual Overview [M]. New York: Russell Sage Foundation, 1995.

[234] Seebrog M C. The New Rural-urban Mobility in China [J]. Journal of Socio-Economics, 2000 (12).

[235] Sherman R O. Resiliency During Leadership Career Transitions [J]. Nurse Leader, 2016, 4 (14).

[236] Terry Sicular. The Urban-rural Income Gap and Inequality in China [J]. Review of Income and Wealth, 2007 (8).

[237] Todaro M P. A Model of Labor Migration and Urban Unemployment in Less Developed Countries [J]. American Economic Review, 1969, 59 (1).

[238] Vandana D, Poter R. The Companion to Development Studies [M]. London: Hodder Education, 2008.

后　记

本书是国家社会科学基金教育学青年课题"新型城镇化进程中我国新生代农民工市民化职业教育模式及推进策略研究"（CFA160177）的最终成果。成书之际，在此谨向课题组成员以及帮助我们的同事、朋友和家人表示衷心的感谢。

感谢全国教育科学规划领导小组办公室提供的资助；感谢天津城建大学科技处、天津城建大学经济与管理学院的推动和支持；感谢天津城建大学、南开大学和天津职业大学各位专家学者的帮助。在课题开题、中期交流研讨过程中，各位专家从研究思路延伸、研究内容丰富、研究方法优化等方面给予重点指导，提出了较为细致的修改意见，使得研究更加深入。

感谢天津城建大学经济与管理学院的张韶旸、李秋芳、王朝晖、叶春钰、崔艺芗、陈光、杨鹏、杨志越、杨丽芝、白建荣、赵亿文、张如慧、赵添悦、孟雅鑫等硕士研究生以及已毕业的习俊、罗晓彤、冯晖等本科生们为书稿撰写提供的数据收集、问卷调研、文献资料整理、后期校对等辅助工作和辛勤付出。与本书相关研究已发表在《西南民族大学学报（人文社会科学版）》《现代财经（天津财经大学学报)》《职教论坛》等杂志上，在此，要一并感谢这些杂志的编辑和审稿人。我还要感谢这些研究的合作者给予的帮助，同时也要感谢经济科学出版社给予本书的认可和支持，尤其感谢为本书出版付出辛勤劳动的审稿和编辑人员。本书在撰写中参考并引用了国内外相关领域专家学者的研究成果，在此，一并向这些专家学者们致敬。

本书几经修改、加工和雕琢，但是缺憾之处仍然难免，将通过后续研究及开展持续性探索进行提升和深化。在此也期待各位专家学者予以批评指正，共话"职业教育促进新生代农民工市民化策略与路径"。

范晓莉

2021 年 11 月